ZUFRIEDENHEIT
ist mein Ziel

von
Frank Fuhrmann

FRANK FUHRMANN
Personal Life Coach

FRANK FUHRMANN

ZUFRIEDENHEIT
ist mein Ziel

In 8 Schritten zu einem
erfüllteren Leben

FRANK FUHRMANN
Personal Life Coach

*Dieses Buch ist jedem gewidmet,
der jemals zufriedener sein wollte.*

*Und ich widme es meiner Familie,
meiner liebe- und verständnisvollen Frau Susanne,
meinem feinfühligen und großartigen Sohn Dennis,
meiner lebensfrohen und sehr weisen Tochter Joy.*

*Ihr seid meine Energielieferanten.
Ich trage eure Liebe und eure
Zufriedenheit in meinem Herzen.*

Impressum und ein wichtiger Hinweis

© 2021, Frank Fuhrmann, Aalen

Alle Rechte vorbehalten. Nachdruck, auch auszugsweise, sowie Verbreitung durch Bild, Funk, Fernsehen und Internet, durch fotomechanische Wiedergabe, Tonträger und Datenverarbeitungssysteme jeder Art nur mit schriftlicher Genehmigung des Autors.

Die Ratschläge in diesem Buch wurden vom Autor sorgfältig erwogen und geprüft, dennoch kann eine Garantie nicht übernommen werden. Eine Haftung des Autors und seiner Beauftragten für Personen-, Sach- und Vermögensschäden ist ausgeschlossen. Der Autor weist ausdrücklich darauf hin, dass im Text enthaltene externe Links vom Autor nur bis zum Zeitpunkt der Buchveröffentlichung eingesehen werden konnten. Auf spätere Veränderungen hat der Autor keinerlei Einfluss. Eine Haftung des Autors für externe Links ist ausgeschlossen.

Wichtiger Hinweis:

Die im vorliegenden Buch gegebenen Ratschläge, Übungen und Informationen sind gründlich vom Autor recherchiert, geprüft und nach bestem Wissen dargestellt. Dennoch dienen sie nicht dazu, gesundheitliche Störungen zu behandeln, dafür suchen Sie bitte einen Arzt, Psychologen oder Psychotherapeuten auf. Alle Angaben sind ohne Gewähr und urheberrechtlich geschützt. Der Autor übernimmt keinerlei Haftung für entstehende Schäden oder Nachteile, die sich aus der praktischen Umsetzung der in diesem Buch dargestellten Inhalte und Empfehlungen ergeben.

Lektorat: Karen Christine Angermayer
Korrektorat: Bianca Weirauch
Layout, Umschlaggestaltung und Satz:
KONTRASTE – Graphische Produktion, Björn Fremgen

ISBN: 978-3-7543-1514-9

2. Auflage 2021

Dieses Buch ist auch als E-Book erhältlich.
www.sorriso-verlag.com

Werde Teil der sorriso community:

Herstellung und Verlag: BoD - Books on Demand, Norderstedt

INHALT

Eine Welle von Zufriedenheit — 14
Vorwort von Karen Christine Angermayer

Wie kannst du dieses Buch für dich nutzen? — 18

Das Aufwärmprogramm — 19
- Wie zufrieden bist du heute?
- Die vier Lebensquellen
- Zufriedenheit bereichert dein Leben

Zufriedenheit – Dein Kompass für ein gesünderes, erfolgreicheres und glücklicheres Leben — 24

Die Story — 24
- Big Bear City in Kalifornien, USA
- Der Wunsch nach Veränderung
- Das Trainingscamp für Durchstarter
- Fragen schaffen Klarheit
- Die ersten Schritte in die richtige Richtung

Übungsformen in diesem Schritt
Deine jetzige Lebenssituation
Was macht Stress mit dir?
Deine 4 Lebensquellen wieder auffüllen

1. Schritt
Zufriedenheit mit dir

Sei ganz bei dir und lebe im Hier und Jetzt — 45
- Achtsamkeit = Zielerreichung
- Wenn du sitzt, dann sitzt du
- Bist du positiv unterwegs oder...
- Stell die Stereoanlage in deinem Kopf leiser
- Spüre deine Körperteile
- Atme dich frei

- Finde deinen Ruheort
- Sehr, sehr, sehr langsames Gehen
- 30-mal kauen und rote Ampel sorgen für Achtsamkeit
- Das Lebenshaus

Übungsformen in diesem Schritt

Dein Achtsamkeitstraining
- Wenn ich sitze, dann sitze ich
- Achtsamkeit mit deinen vier Lebensquellen
- Körperwahrnehmung
- Achtsames Atmen
- Geh-Meditation
- Bewusstes Essen
- Achtsamkeit im Alltag
- Die Achtsamkeit App

Was geht in dir vor?

2. Schritt
Zufriedenheit mit deinem Körper

Spüre deinen Körper und nimm dir Zeit für dich   69
- Dein Körper ist das Fundament
- Das Trainingsprogramm
- Dein Körper spricht mit dir
- Sport fühlt sich geil an
- Was ist „Mittagspause"?
- Ein Hauch von Asien
- Regeneration für deine Gesundheit
- Entspannter Geist im entspannten Körper
- Lass deine Seele baumeln
- Behandle dich wie ein neugeborenes Baby

Übungsformen in diesem Schritt

Training
- Aerobes 5-km-Lauftraining
- Training mit dem eigenen Körpergewicht

Regeneration
- Mittagspause

Asiatische Sportarten zur Entspannung und Kräftigung
· Qigong, Yoga, Tai-Chi und Pilates

Gesunder Schlaf
· Schlafgewohnheiten

Superkompensation
· Das Modell

Entspannung und Aktivierung
· Progressive Muskelentspannung
· Mein Morgenritual (Dehnungsprogramm)
· Den Kopf leer schreiben

3. Schritt
Zufriedenheit mit deinem Verstand

Trainiere deine positive Grundeinstellung   95
- Was hat Eis mit einer positiven Einstellung zu tun?
- Eine positive Einstellung will ich haben
- Der Beginn der Aussaat
- Positivität, eine alltägliche Routine
- Trickst uns die Wahrnehmung aus?
- Heute bin ich glücklich, weil...
- Lagerfeueratmosphäre
- Das ist ja der Gipfel
- Ich bin sehr dankbar für...
- Ein positiver Tagesrückblick, das Wundermittel

Übungsformen in diesem Schritt

Der positive Tagesrückblick

Die wertvolle Liste der Dankbarkeiten

Lesung: Der Freundlichkeitstag 15. April 2001

Der positive Tagesrückblick
· Das Übungsblatt

4. Schritt
Zufriedenheit mit deinem Unterbewusstsein

Verstehe dein Unterbewusstsein und erreiche motiviert deine Ziele   **125**
- Bin ich bewusst?
- Wie funktioniere ich unbewusst?
- „Das schaffe ich nicht"
- Steter Tropfen höhlt den Stein
- Schreiben, bis die Finger wund sind
- Was hat ein Eisberg mit mir zu tun?
- Ein Zitat der Weisheit
- Hast du noch alle Murmeln in der Tasche?
- Sind deine Ziele PÖSITIV?
- Sei wieder wie ein Kind

Übungsformen in diesem Schritt

Dein besseres Selbst

Das Zitat aus dem Talmud

Die Glücksmurmeln

Deine Glaubenssätze

Hinterfragen deiner Glaubenssätze

Affirmationen

Ziele PÖSITIV erreichen

Das Motivationskontinuum

Überwinden des inneren Schweinehundes

5. Schritt
Zufriedenheit mit deinen Emotionen

Fülle das Bankkonto deiner positiven Emotionen und sammle Glücksmomente   **165**
- Die Herzmeditation
- Heute 10 % freundlicher als sonst
- Juhu, zehn positive Gefühle

- Kannst du noch genießen?
- Alle Emotionen einladen und kennenlernen
- Bin ich positiv oder negativ unterwegs?
- Du kontrollierst deine Emotionen
- Das Glückskino
- Nimm dir eine kleine Auszeit
- Lass los, was du nicht brauchst

Übungsformen in diesem Schritt

Dein Herzenslied

Der Freundlichkeitstag

Die 10 positiven Emotionen

Positive Emotionen genießen, in der Vergangenheit, Gegenwart oder in der Zukunft

Deine Emotionen entdecken

Die „Positivity Ratio"

Den Emotionen ein Gesicht geben

Der Emotionsschieberegler

Die Meditation der glücklichen Momente

Die Meditationspause

Emotionen loslassen

6. Schritt
Zufriedenheit mit deinen Möglichkeiten

Erkenne und lebe deine Stärken, Ressourcen und Fähigkeiten   **205**

- Da bin ich STOLZ drauf
- So habe ich dich noch nie gesehen
- 24 Stärken und noch mehr
- Stärken im Einsatz
- Das Stärken-Telefonat
- Die Zeitreise, ein Rückblick und ein Ausblick
- Das Leben ist ein Berg und kein Strand
- Der Weg aus dem Tal

- Pendel dich in der Mitte ein
- Welche Ressourcen und Fähigkeiten stehen dir zur Verfügung?
- Der Erste-Hilfe-Koffer

Übungsformen in diesem Schritt
    Du, als du stolz auf dich warst
    Er/sie, als er/sie stolz auf sich war
    Der 24-Stärken-Test aus der Positiven Psychologie
    Deine Stärken auffüllen
    Dein Stärkeneinsatz im Alltag
    Der Stärken-Spiegel
    Das Zufriedenheits-Barometer
    Der Stärken-Schieberegler
    Die Ressourcen-Tankstelle
    Deine Unterstützer

7. Schritt
Zufriedenheit mit deiner Seele

Lebe ein sinnhaftes Leben, nach deinen Werten und deinen Leidenschaften   **239**
- Ein Flow-Erlebnis, das will ich haben
- Der Berg hat Antworten
- Wo finde ich meinen Lebenssinn?
- Wofür brenne ich?
- Was ist mir wichtig?
- So habe ich gelebt
- Die Löffel-Liste
- Ich? Ich baue eine Kathedrale
- Welchen Wert haben deine Werte?
- Was würde ich mit einem gewonnenen Tag machen?

Übungsformen in diesem Schritt
    Wann bist du im Flow?
    Ein Potpourri an Lebensfragen

Was ist der Sinn deines Lebens?
Was ist dir wirklich, wirklich, wirklich wichtig im Leben?
Die Hängematten-Methode
Deine Löffel-Liste
Die Wertekarten
Der gewonnene Tag

8. Schritt
Zufriedenheit mit deiner Lebensbalance

Lebe positive Beziehungen und finde dein inneres Gleichgewicht   273
- Der gewonnene Tag im Disneyland!
- Positive Beziehungen sind Energielieferanten
- Bleib auf deiner Insel
- Lächle in die Welt und die Welt lächelt zurück
- Das 5:1-Verhältnis
- Unterhalte dich mit mir, aber richtig
- Ich bin JETZT hier
- Wer bin ich ohne meine Story
- Ich bin gut, so wie ich bin
- Meine Visionen fürs Leben
- Liebevoller geht das noch
- Enge-Weite: Ich möchte Weite spüren

Übungsformen in diesem Schritt
Wie hat dein gewonnener Tag ausgesehen?
Stopp die Energie-Räuber
Positive Beziehungen
Welche richtig guten Freunde hast du lange nicht mehr angerufen?
Die gelassenere Kommunikation
Ich bin ganz bei mir, im Hier und Jetzt, in dem ich ...
Ohne meine Vergangenheit bin ich ...

Wer möchtest du sein und welchen Fußabdruck möchtest du in deinem Leben hinterlassen?

Ich lebe ein noch liebevolleres Leben, indem ich ...

Die Enge-Weite-Tabellen

Zusammenfassung der 8 Schritte — 310

Schlusswort

Danksagung

Meine Geschichte:
Wie ich dazu kam, dieses Buch zu schreiben

Mein Geschenk an dich

Über den Autor
- Vorträge
- Seminare, Workshops und Trainings
- Coachings
- Master-Kurse
- Produkte
- Kostenloser E-Mail-Newsletter

Literaturhinweise für dieses Buch: Schritt für Schritt

Weitere Literaturhinweise, die mich inspiriert haben

Hörbücher

DVDs

Eine kleine Geschichte zum Schluss

EINE WELLE VON ZUFRIEDENHEIT
von Karen Christine Angermayer

Der Ozean hat eine ungeheure Kraft. Sein Grollen und Murmeln, sein Rauschen und Klatschen ist für mich das schönste und beruhigendste Geräusch, das ich mir vorstellen kann. Die Wellen, die bis an den Horizont reichen, nehmen alles auf und mit sich mit, was man in sich angesammelt hat und was einen gerade beschäftigt an kleinen und großen Erlebnissen, Betrübnissen, Herausforderungen und Siegen. Der Ozean, speziell der Teil um Los Angeles, ist für mich der Quell meiner Zufriedenheit. An seinem Ufer verankere ich mich wieder in mir selbst. Hier finde ich wieder zu mir, zu meiner tiefsten Lebensfreude.

Ich kann gut verstehen, warum Frank Fuhrmann und seine Familie für einige Jahre in Kalifornien gelebt haben, und ich bin mir sicher, sie haben wichtige Spuren dort hinterlassen.

Jeder von uns hat andere Quellen der Zufriedenheit. Manche lieben die Berge. Eine Freundin von mir erklimmt Kaventsmänner, auf die ich nicht im Traum käme. Wenn sie mit leuchtenden Augen davon erzählt, kann ich nachvollziehen, dass sie dort oben, beim Blick auf die Weite und die Vielfalt der Natur, ihren Quell der Kraft und Zufriedenheit findet. Wieder andere macht es zufrieden, wenn sie sich beim Sport ordentlich verausgaben. Und wieder andere werkeln am liebsten zu Hause herum, schaffen Veränderungen, reparieren, erhalten, pflegen das Bestehende... und sind rundum zufrieden.

Ich glaube, dass wir eine viel niedrigere Scheidungsrate auf der Welt hätten, würden wir vor der Eheschließung gemeinsam abklopfen, ob der „Zufriedenheitsindex" beider Partner übereinstimmt: Was macht mich zufrieden? Was macht dich zufrieden? Wann sind wir gemeinsam zufrieden? Und wie können wir beide, jeder für sich, in die Zufriedenheit finden und sie selbst in uns herstellen, eigenverantwortlich? Ich bin der Meinung, das würde Partnerschaften sehr entlasten und befreien.

Kein anderer Mensch kann uns zufrieden machen. Niemand ist für unsere Zufriedenheit verantwortlich. Kein Ehepartner. Kein Kind. Kein Kunde. Kein Chef. Nicht der beste Freund und auch nicht die beste Freundin. Zufriedenheit können wir nur immer wieder aus uns selbst heraus erzeugen. Und Zufriedenheit kommt in Wellen! Wie der Ozean sein Wasser auch immer mal wieder ein Stück zurücknimmt, um mit neuer Kraft heranzurollen, ebbt auch die Zufriedenheit in unserem Leben immer mal wieder ein Stück ab. Dann horchen wir auf (wenn wir uns dessen bewusst sind und nicht nur nörgeln und mit dem Finger auf andere zeigen), stecken uns neue Ziele oder werden zufriedener mit dem, was wir bereits erreicht haben, oder mit den Menschen und Dingen, die uns bereits umgeben. Umso schöner, wenn dann wieder die Flut einsetzt und uns mit tiefster Zufriedenheit umspült.

Was macht Sie zufrieden? Welche ganz kleinen Dinge? Welche großen?

Ich wünsche Ihnen, liebe Leserin, lieber Leser, dass Sie in diesem Buch viele wertvolle und hilfreiche Schlüssel für Ihre eigene, höchstpersönliche Welle der Zufriedenheit finden. Alle Übungen, die Frank auf den nächsten Seiten zusammengestellt hat, sind hochwirksam und dabei sehr einfach zu erledigen. Ich habe es selbst erprobt. Besonders gefallen haben mir... Halt, ich will nichts verraten. Es wären auch zu viele Anregungen, um sie hier aufzuzählen.

Es ist Frank wunderbar gelungen, einen großen, umfangreichen und vielfältigen Werkzeugkoffer zusammenzustellen. Frank ist Sportler und ich kann sagen: Seine Übungen zu machen ist bei Weitem einfacher, als sich das Joggen anzugewöhnen oder das tägliche Work-out! Viel einfacher. Probieren Sie es aus.

Und selbst wenn manchmal die ganz große Zufriedenheit noch weit entfernt scheint, das ganz große Glück noch nicht zum Greifen nah ist, weil das Leben vorher noch ein paar Aufräumarbeiten für uns bereithält, dürfen wir doch alle immer wieder darauf vertrauen, dass es möglich ist. Zufriedenheit ist möglich. Glück ist möglich. Liebe ist möglich. Sie sind immer da – auch wenn sie sich kurz mal zurückgezogen haben.

Sie wissen ja, das bedeutet nur, dass sie schon bald mit voller Kraft wieder auf uns zurollen. Halten Sie Ihr Surfbrett bereit.

Herzlichst,

Karen Christine Angermayer
Bestsellerautorin und Geschäftsführerin sorriso Verlag GmbH

WIE KANNST DU DIESES BUCH FÜR DICH NUTZEN?

In diesem Buch geht es um deine Persönlichkeit und deren Weiterentwicklung. Ich zeige dir, welch ein wundervolles Geschöpf du bist. Da es sich um ein sehr persönliches Thema handelt, habe ich dieses Buch in der Du-Form geschrieben. So kannst du besser in dich eintauchen, um dich selbst neu zu entdecken.

In den folgenden Kapiteln durchlaufen Nicole und Klaus, zwei Menschen wie du und ich, ein Trainingsprogramm für eine gesteigerte Lebenszufriedenheit. Dabei werden ihnen von mir, ihrem Coach, immer wieder Fragen gestellt. Sollte eine Frage dabei sein, die dich anspricht, nimm dir bitte etwas Zeit und beantworte die Frage für dich selbst. Viel Spaß beim Reflektieren und bei deinen eigenen Erkenntnissen!

Damit du so viel wie möglich für dich aus diesem Buch herausholen kannst, möchte ich dich bitten, dass du dich während des Lesens in deine aktuelle Lebenssituation hineinversetzt: Denk an deine Wünsche, Sorgen und Ziele. So kannst du dich während der Lektüre immer wieder fragen: Wie kann mir dieses Training ähnlich wie Nicole und Klaus in meiner jetzigen Situation weiterhelfen?

In dem Camp, in dem Nicole und Klaus während ihrer Teilnahme am Programm wohnen, sind wichtige Kernaussagen auf Tafeln geschrieben, die überall im Camp verteilt sind. Sie sind für jeden Besucher gut lesbar, damit sie in Erinnerung bleiben. Hier im Buch findest du sie fett gedruckt in jedem Kapitel.

DAS AUFWÄRMPROGRAMM

Wie zufrieden bist du heute? Wie sieht es aus mit deiner Lebenszufriedenheit in den verschiedenen Bereichen deines Lebens? Da hätten wir zum einen dich als Person, dann dich in deinem beruflichen Umfeld, dich im Bereich der Beziehungen und dich mit deiner Frage nach deinem Lebenssinn. Hast du in allen Bereichen eine gleich hohe Lebenszufriedenheit oder gibt es Unterschiede? Wenn ja, welche?

Nimm dir ein Blatt Papier und schreibe deine Gedanken auf, damit du bewusst über deine Gedanken und Antworten reflektieren kannst. Würdest du dir wünschen, in dem einen oder anderen Bereich noch zufriedener zu sein? Oder bist du schon sehr zufrieden mit deinem Leben und wünschst dir von diesem Buch noch den ein oder anderen Tipp, besonders wenn das Leben mal nicht so gradlinig verläuft, wie du es dir vorgestellt hast? Stell dir öfter mal diese wichtigen Fragen, denn sie sind es, die dir helfen, den richtigen Weg zu finden.

Stehst du vor einer großen Veränderung? Oder hast du gerade eine schwierige Umstellung in deinem Leben hinter dir? Ist diese Veränderung eine freudige oder eine schmerzhafte? Fragst du dich, wie du damit umgehen kannst? Hat dich dieses Ereignis fast aus deiner gewohnten Bahn geworfen, und du hast Schwierigkeiten, wieder aufzustehen? All das ist im Verlauf eines Lebens völlig normal und stellt uns auf die Probe. Du hast immer die Wahl, ob du durch diese Umstände wachsen willst oder ob du in eine Opferrolle verfallen möchtest. Mit diesem Buch werde ich dir Ideen, Anregungen und Aktivitäten an die Hand geben, die dir helfen können, aus eigener Kraft in deiner Situation das Beste zu machen.

Ein wesentlicher Bestandteil dieses Buches ist, dir zu zeigen, wie du es mithilfe deiner vier Lebensquellen, dem Körper, dem Verstand, den Emotionen und der Seele, schaffen kannst, ein gesundes, erfolgreiches und zufriedenes Leben zu führen.

Ich empfehle dir: Pass auf deine vier Lebensquellen auf. Achte darauf, dass sie stets bis zum oberen Bereich gefüllt sind und sich im Gleichgewicht befinden. Stell dir diese Quellen wie sprudelnde Quellbecken für vier Flussläufe vor.

Solange die Quellen sprudeln, aktiv sind und sich gegenseitig im Gleichgewicht halten, ist alles in Ordnung. Dann wirst du körperlich gesund sein, in schwierigen Situationen einen kühlen Kopf bewahren, deine Emotionen werden in einer ausgewogenen Mitte sein und deine Seele lässt die Beine baumeln und ist zufrieden mit sich und der Welt.

Die 4 Lebensquellen

Mit **Achtsamkeit** ins **Gleichgewicht**

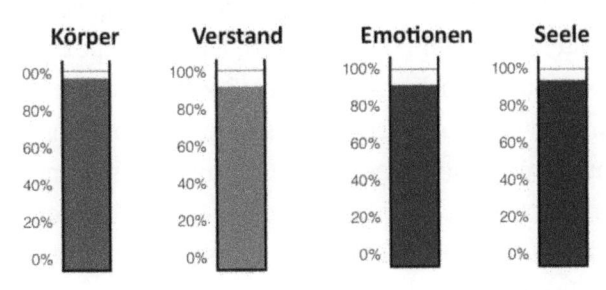

Körper	Verstand	Emotionen	Seele
00% – 100%	0% – 100%	0% – 100%	0% – 100%

Lieber Leser, wie ist dein heutiges subjektives Wohlbefinden oder deine Zufriedenheit? Bitte trag deine Füllstände in die einzelnen Quellen ein.

Wa

pa**Die 4 Lebensquellen**

Mit **Achtsamkeit** ins **Gleichge**

Körper	Verstand	Emotionen
0% – 100%	0% – 100%	0% – 100%

siert, wenn eine der Quellen weniger wird oder gar versiegt? Nehmen wir einmal an, dass das Wasser in der Quelle des Verstandes aufgrund von Gedanken der Angst abnimmt, wie zum Beispiel bei dem Gedanken: „Hoffentlich behalte ich meinen Job!" Sollte dich dieser Gedanke über einen längeren Zeitraum begleiten und belasten, wird sich das auf das Gleichgewicht der vier Lebensquellen sehr negativ auswirken. Bei diesem Gedanken wird sich auch die Quelle der Emotionen sehr schnell mit einklinken. Sie wird aufgrund von negativen Emotionen wie Angst, Sorgen und Verzweiflung auch weniger sprudeln und an Füllstand verlieren.

Sollten die Füllstände der Quellen Verstand und Emotionen für einen längeren Zeitraum weniger werden, wird das Konsequenzen auf die gesamte Balance nach sich ziehen. Du kannst dir sicher vorstellen, dass es nicht sehr zufriedenstellend ist, den ganzen Tag mit negativen und belastenden Gedanken, begleitet von negativen Emotionen, durch die Welt zu laufen. Diesen Zustand solltest du so schnell wie möglich ändern und diese Quellen wieder auffüllen.

Wie du das am besten machst, zeige ich dir noch anhand einiger Beispiele in diesem Buch. Doch nun zurück zu unserem Beispiel. Wenn die beiden Quellen Verstand und Emotionen weniger werden oder gar versiegen, was glaubst du, passiert dann mit den beiden anderen Quellen, dem Körper und der Seele, auf lange Sicht? Die Quelle der Seele wird unter diesen Voraussetzungen wahrscheinlich in ein Ungleichgewicht geraten. Die Quelle des Körpers kann aufgrund dieser Stressfaktoren und eines geschwächten und vernachlässigten Immunsystems krank werden.

Damit du ein zufriedenes, gesundes und erfolgreiches Leben führen kannst, ist es elementar wichtig, achtsam zu sein, alle vier Lebensquellen zu beobachten und auf deren Signale zu hören und zu reagieren. Und das nicht erst, wenn es zu spät ist.

Zufriedene Menschen leben länger, sind gesünder, haben mehr Erfolg und bessere Beziehungen!

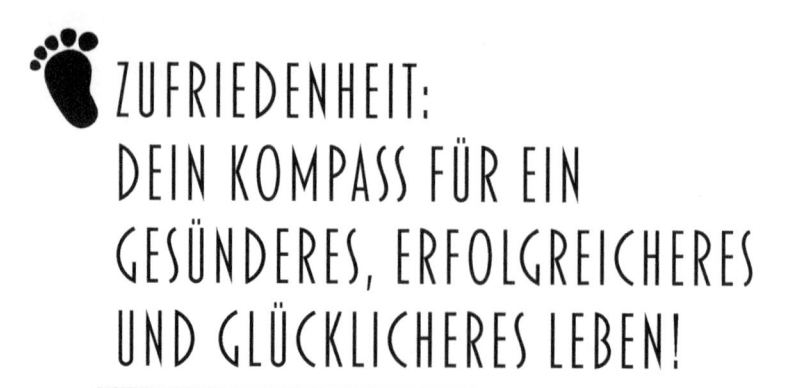

ZUFRIEDENHEIT: DEIN KOMPASS FÜR EIN GESÜNDERES, ERFOLGREICHERES UND GLÜCKLICHERES LEBEN!

Big Bear City – Die Story

Es ist 7:00 Uhr morgens. Ein wundervoller Montag bricht in dem schönen Ort Big Bear City in Kalifornien, USA, an. Big Bear City, das ist ein gemütliches Bergdorf in 2.100 Metern Höhe und liegt in den San Bernardino Mountains, östlich von Los Angeles. Seinen Namen verdankt dieser Ort den vielen Bären, die auch heute noch in den angrenzenden Wäldern leben. Ich wohne in dem für mich schönsten Ort der Welt und bekomme auch noch Geld dafür – kneif mich, ist das nur ein Traum?

Doch wer bin ich eigentlich und wie bin ich nach Big Bear gekommen? Mein Name ist Frank Fuhrmann und ich bin mit meiner Frau Susanne und meinem Sohn Dennis nach Kalifornien ausgewandert, um als Manager im Sportsektor (Tennis) zu arbeiten. Mit vielen Stolpersteinen, wie sich noch herausstellte. Denn unser Arbeitsvisum wurde in erster Instanz abgelehnt. Wir saßen in unserer gekündigten Wohnung auf Umzugskisten und hatten keinen Job, als nachts um 1:30 Uhr der vernichtende Anruf unserer Anwältin kam. Sie teilte uns mit, dass unser Einwanderungsvisum abgelehnt worden war. Was für eine Enttäuschung. Doch all unsere Mühen wurden am Ende doch belohnt. Da ich einer von 13 USSC NIKE Tennis Camp Direktoren werden sollte, schrieb die Firma NIKE an den Kongress und meinem Ersuchen wurde stattgegeben.

> *Wenn dein innerer Wunsch nach Veränderung immer größer wird, solltest du ihm nachgehen!*

Jetzt fragst du dich bestimmt, warum nach Kalifornien? Hat das Leben in Deutschland nicht genug zu bieten? Doch, das hat es, aber es war schon immer mein Traum, in die große weite Welt auszuwandern. Eines Tages fällte ich zusammen mit meiner Frau diese Entscheidung, und wir unternahmen alles, damit dieser Traum in Erfüllung gehen konnte. Wir schrieben 800 Bewerbungen à acht Seiten und druckten diese mit einem 24-Nadel-Drucker (Einzelblatteinzug) nächtelang aus. Als Rückmeldung bekamen wir acht mögliche Jobangebote, die ich im folgenden Sommer alle bereiste. Doch da in Amerika der Einstellungsprozess etwas schneller läuft als bei uns, konnte ich keinen der Jobs annehmen, da ich in Deutschland meine Kündigungsfrist einhalten wollte. Doch ein Manager sah in mir die Chance, ein schon in die Jahre gekommenes Sommercamp wieder auf die Beine zu bringen, und gab mir die Gelegenheit dort anzufangen. Gott sei Dank.

Big Bear City und Big Bear Lake sind zwei wundervolle Zufluchtsorte für die Menschen aus den Ballungsgebieten in Kalifornien. Viele Stadtmenschen haben sich hier oben eine Zweitwohnung angeschafft und genießen ein freies Wochenende oder ein paar Ferientage in den Bergen. Noch dazu ist Big Bear das südlichste Skigebiet in Kalifornien und auch wegen seiner farbenfrohen vier Jahreszeiten ein sehr begehrtes Reiseziel. Besonders Menschen aus dem immer heißen Palm Springs genießen die Abkühlung in den Bergen. Durch seine Höhenlage hat der Ort auch nie mit dem morgendlichen Frühnebel zu kämpfen wie die Menschen am Fuße des Berges.

An jedem Morgen ist die Luft in den Bergen sehr klar, aber auch ein wenig frisch und kühl. Es riecht nach Piniennadeln, und die Sonne strahlt vom azurblauen Himmel auf das idyllische Fleckchen Erde nieder. Dieses wunderschöne Naturschauspiel kann ich an mehr als 330 Tagen im Jahr genießen und ich habe das Gefühl, dass ich mich an dem makellosen blauen Himmel niemals sattsehen kann. Und dieser blaue Himmel ist es, der an Sommertagen die Menschen zu ihrem Hautschutz greifen lässt, denn die Sonne ist in dieser Höhe sehr intensiv.

Abseits der kurvigen Bergstraße und kurz nach dem Ortsschild Big Bear City liegt ein großes Sportcamp, versteckt hinter dem Pinienwald. Ein auffällig großes Schild, direkt an der Straße, weist mit lustigen sporttreibenden Bären darauf hin. Nachdem man rechts abgebogen ist, geht es auf einer nicht befestigten Straße, einer sogenannten „Dirt Road", weiter bis zum Camp. Die Bäume werden lichter und schon taucht das erste Haus, mein Wohnhaus, am Straßenrand auf. Erwin Ranch Road 36. Noch ein kleines Stück an drei Tennisplätzen vorbei und dann biegt man rechts ab, auf den großen Camp-Parkplatz. Vom Parkplatz aus kann man die „Main Cabin", das Haupthaus, sehen, aber auch die fünf weiteren Cabin-Häuser, in denen die Gäste untergebracht werden. Wie im Film „Dirty Dancing", nur ein wenig rustikaler!

> *Suche dir öfter mal einen Ort, der fernab von deinem hektischen Alltag ist und der dich zum Abschalten einlädt!*

Ein Ort voller Erinnerungen. Wie viel Menschen haben an diesem Ort schon die wunderschönsten Momente ihres Lebens erlebt? Ein Sportcamp der Extraklasse. In den Sommerferien verwandelt es sich in ein Sommerferiensportcamp für über 1.500 Kinder. In den restlichen Monaten des Jahres wird es von Erwachsenen für Sport-, aber auch für andere Freizeitaktivitäten gebucht. Doch was macht dieses Camp so einzigartig? Es ist ein Ort, an dem man den Alltag vergessen kann, an dem man die Beine baumeln lassen kann oder sich mit ganzem Herzen seinen Hobbys zuwendet. Ein Ort, der für jeden Anspruch etwas bietet und an dem die Menschen ihren Leidenschaften nachkommen können.

Auf dem 15 Hektar großen Gelände befinden sich 13 Tennisplätze mit drei unterschiedlichen Belägen, davon zwei sogar mit rotem Tennissand wie in Europa, was eine Rarität in den Staaten ist. Außerdem gibt es zwei Basketballfelder, zwei Fußballfelder, einen Rollhockeyplatz, einen Kletterturm und ein beheiztes Schwimmbad. Ein wahres Schlaraffenland für alle Sportbegeisterten. Und das ist noch nicht alles, das Camp hat sogar einen „Frisbee Golf Parcour". Was das ist? Na, Golf spielen, aber mit Frisbees. Da gab es zum Beispiel ein Par 3, 180 Meter lang. Der Spieler versucht, mit so wenigen Würfen wie möglich ein Zielschild mit seinem Frisbee zu treffen. Hat er das geschafft, werden seine Würfe, die er dafür benötigt hat, zusammengezählt und addiert. Das ist Frisbee-Golf, macht richtig Spaß und ist sehr entspannend, wenn man nicht zu ehrgeizig eingestellt ist.

Und den Spaß spürst du auch heute noch, wenn du in das Camp fährst, diese unbändige Freude in der fast noch unberührten Natur. Die lachenden und weinenden Gesichter, die romantischen Abende mit Gitarrenmusik am Lagerfeuer oder die einzigartigen Ausflüge mit den eigenen Booten und Jetskiern auf dem See. Wer wünscht sich das nicht, einen wundervollen Tag im Paradies, fernab der Großstadthektik. Mit sportlichen Aktivitäten, die den Menschen helfen, sich nach

Herzenslust auszutoben, sich zu entspannen oder ihre eigene Mitte zu finden.

Da Big Bear so hoch in den Bergen liegt, bietet sich dieser Ort ideal für Leistungssportler an, die Höhentraining machen wollen. Die Luft an diesem Ort ist dünner als auf Meereshöhe. Die Sportler nutzen das, um ihre Sauerstoffkapazitäten zu erweitern. Viele Sportler treffen sich hier, um ihre Leistungen zu verbessern, aber auch, um sich mit Gleichgesinnten auszutauschen. Aber es gibt noch einen wichtigeren Grund für die Menschen, das Camp zu besuchen, denn es ist berühmt für das Training im Mentalbereich.

Der Bereich, den Sportler, Führungskräfte und leistungsorientierte Menschen über viele Jahre vernachlässigt haben, obwohl er gerade im Spitzensport über 80% der späteren Leistung ausmacht. Hier treffen sich Menschen, die in diesem Bereich schon viel geleistet haben und die ihren starken Wissensdrang befriedigen wollen. Tagsüber werden die mentalen Programme trainiert, angewendet und analysiert. Am Abend werden dann am Lagerfeuer Geschichten über allerlei sportliche und berufliche Erfolge erzählt und die „Best-Of"-Praktiken der einzelnen Trainer und Coaches ausgetauscht.

Das ist nun seit vielen Jahren mein Arbeitsplatz. Ich leite als Manager, Trainer und Coach dieses Camp 24/7. Kurz gesagt, als „Mädchen für alles" bin ich für alles und jeden zuständig und das mit ganzem Herzen. Dabei habe ich mich spezialisiert und mich stark auf den Mentaltrainerbereich konzentriert. Durch meine vielen Jahre, in denen ich selbst als Tennis- und Squash-Profi unterwegs war, konnte ich viele Erfahrungen auf der psychologischen Ebene sammeln, die ich heute nur allzu gerne weitergebe.

Der gute Ruf eilt dem Camp voraus, und so kommen auch Menschen zu diesem Camp, die mit ihrer mentalen und körperlichen Belastbarkeit an ihre Grenzen gestoßen sind. So auch an diesem noch frühen Morgen. Aus dem Pinienwald fährt ein Auto auf das Camp zu. Ein Mittelklassewagen mit einheimischem Nummernschild, also von einer Autovermietung. Das müssen Gäste aus dem Ausland sein. Zwei Personen steigen aus. Eine Dame, ich schätze sie auf Ende dreißig, und ein Herr, vielleicht Mitte vierzig. Beide sportlich-elegant gekleidet, auch ihr Körperbau ist sehr sportlich. Dennoch verrät ihre Körpersprache, dass es ihnen nicht gut geht.

Obwohl heute ein wundervoller Morgen ist, sind ihre Blicke gesenkt und sie gehen schweren Schrittes auf den Multisportkomplex zu, auf dem auch das Haupthaus steht. In diesem Gebäude werden Mahlzeiten eingenommen, eine Erste-Hilfe-Station befindet sich im ersten Stock, und dort habe ich auch mein Büro: ein großer Schreibtisch, Besprechungstisch und ein wunderschöner Rundumblick auf das gesamte Camp. Von meinem Schreibtisch aus sehe ich die zwei auf das Haupthaus zukommen und gehe zur Begrüßung nach draußen auf das Sonnendeck.

Die Schultern des Mannes hängen tief und der gesamte Oberkörper ist in sich zusammengefallen. Bei der Frau ist zu erkennen, dass sie sehr in sich gekehrt ist und ihre Mimik keine Fröhlichkeit zeigt. Ich bin gespannt und neugierig, welche Geschichte diese beiden Gäste mitbringen. Der Name der Dame ist Nicole, sie ist 40 Jahre alt, alleinstehend, beruflich unterfordert, frühere Profihandballspielerin. Er heißt Klaus, ist 48 Jahre alt, verheirateter Familienvater dreier Kinder, Führungskraft und Hobbysportler.

> *Damit du in einer verfahrenen Situation wieder klar sehen kannst, hilft oft ein Perspektivwechsel. Schau dir die Situation mal von einer anderen Seite an!*

Ich heiße Nicole und Klaus herzlich willkommen und lade sie zu einer Tasse Kaffee in das Haupthaus ein. In der kleinen Runde ist das Eis schnell gebrochen und das Gespräch wird etwas privater und geht tiefer. Die beiden kennen sich schon länger. Sie haben keine Geheimnisse voreinander und wir setzen die Unterhaltung gemeinsam fort. Beide sprechen über ihre Lebensumstände und Situationen, in denen sie sich gerade befinden. Sie haben auch klare Vorstellungen, wie ihr Leben aussehen könnte, wenn sie ihre Probleme hinter sich gelassen haben.

Nicole war zehn Jahre lang in einer Beziehung, die dann ohne Kinder auseinanderging. Ihr Wunsch ist es, sich in der jetzigen Lebensphase mehr auf die berufliche Karriere zu konzentrieren und eine neue Herausforderung annehmen zu können. Aufgrund der vielen Jahre in der festen Beziehung und der jahrelangen Pflege ihrer vor Kurzem verstorbenen Mutter hat sie sich wenig weitergebildet und traut sich einen solchen Schritt im Augenblick nicht zu. Ihr fehlt es an einer positiven Einstellung und an einem ausgeprägten Selbstwertgefühl. Doch tief im Inneren weiß sie, dass die Entscheidung, die sie getroffen hat, die richtige für sie ist und sie möchte diesen Schritt auf alle Fälle tun.

Klaus möchte wieder mehr zu sich finden und sucht eine sportliche Aktivität, die ihm hilft, vom anstrengenden Alltag abzuschalten. Die täglichen beruflichen Herausforderungen, seine Sandwichposition als Führungskraft und die von ihm nicht als optimal erlebte Vaterrolle bei drei Kindern lassen ihm wenig Platz zum Atmen. Wieder etwas ausgeglichener zu sein und mehr Zeit für sich selbst ist das, was er sich von ganzem Herzen wünscht und damit verbunden auch mehr Zeit mit der Familie. Er hatte auf unangenehme Weise lernen müssen, dass „das Leben ein Berg ist und kein Strand" (indianisches Sprichwort), denn er hatte inzwischen auch schon gesundheitliche Probleme (Bandscheibenvorfall kurz vor einer OP). Und jetzt ist er an diesem Ort, um sich Rat zu holen und sich selbst wieder zu finden.

Beide haben in den letzten Jahren einiges durchlebt. Ich mache mir einige Notizen während unseres

Gespräches, um sie später in ein für die Teilnehmer speziell angefertigtes Journal zu übertragen. Dieses komplett ausgefüllte Journal, mit allen Ausgangssituationen, den unterstützenden Übungen und den von den Teilnehmern erzielten Resultaten, bekommen sie am Ende des Mentaltrainings mit nach Hause. Damit können sie dann die Schritte, die sie gegangen sind, für sich noch einmal Revue passieren lassen. Den Rest des Tages haben die beiden frei.

Ich zeige ihnen ihre Quartiere und gebe ihnen vor der Verabschiedung noch eine kleine Hausaufgabe für den Abend: Ich überreiche ihnen ein Journal, in das sie in den nächsten drei Wochen alle Aufgaben eintragen sollen. Außerdem bitte ich sie, in Ruhe über die folgenden Fragen zu reflektieren und ihre Antworten aufzuschreiben, damit diese als Gesprächsgrundlage beim nächsten Termin zur Verfügung stehen.

Lieber Leser, viele der Übungen, die Nicole und Klaus in ihrem Journal haben, findest du als Übungen auch hier im Buch, damit du sie gleich umsetzen kannst. Viel Spaß dabei.

Wie beschreibst du deine jetzige Lebenssituation?

_____

_____

_____

Was möchtest du in deinem Leben erreichen?

_____

_____

_____

Was sind deine Ziele in den verschiedenen Lebensbereichen?

Privat:

_____

Beruflich:

_____

Freizeit:

_____

Finanziell:

_____

Für was bist du in deinem jetzigen Leben dankbar?

_____

_____

_____

Ich liebe Fragen. Fragen helfen, Denkanstöße zu starten, sich über etwas Gedanken zu machen, was sonst im hektischen Alltag nicht bewusst wahrgenommen wird. Nimm dir öfter mal die Zeit, um zu reflektieren. Stell dir einfach eine Frage, die dich jetzt oder in den nächsten Tagen beschäftigen wird. Eine Frage, die dir besonders wichtig erscheint oder die dir gerade in den Kopf kommt. Besonders nachhaltig ist es, den gesamten Reifeprozess schriftlich festzuhalten. Das ist sehr nützlich für eventuelle spätere Ergänzungen und hilft unserem Gedächtnis.

Stell dir öfter Fragen über Dinge, die dich beschäftigen. Nimm dir die Zeit, diese schriftlich zu beantworten und darüber zu reflektieren. Deine Antworten werden dein Leben bereichern!

Die Lebenssituation von Nicole:

In den letzten Jahren lebte ich nicht mein Leben. Ich fühlte mich die gesamte Zeit fremdbestimmt. Ich strengte mich in meinem Beruf sehr an, habe meiner Meinung nach alles gegeben, aber ich bin nicht richtig weitergekommen. Das war sehr frustrierend, denn die mir zugewiesenen Aufgaben konnte ich schnell erledigen. Aus meinem Gefühl heraus fand ich mich in weiten Teilen meines Berufs eher unterfordert.

In meiner 10-jährigen Beziehung habe ich alles unternommen, damit Friede und Harmonie in unserem Haus herrschen. Den Haushalt erledigte ich ganz alleine, obwohl ich abends oft körperlich erledigt war. Trotzdem kam es immer wieder zu Streitigkeiten zwischen mir und meinem Mann. Das hat mich sehr mitgenommen, denn ich wollte doch, dass es funktioniert.

Und ganz nebenbei pflegte ich in den letzten sechs Jahren meine krebskranke Mutter. Sie ist leider oder Gott sei Dank vor einem halben Jahr gestorben. Ich bin sicher, dass der Tod eine Erlösung für sie war, bei all ihren Schmerzen. Aber sie fehlt mir sehr. Doch *ich möchte mich wiederfinden*, mich, Nicole. Und wenn ich mich finde, möchte ich mich wieder *mit Selbstbewusstsein* in neue Aufgaben stürzen und wieder Spaß am Leben haben.

Wo bin ich, Nicole, bei all dem, und wie finde ich mein Selbstbewusstsein wieder? Im Augenblick komme ich mir so hilflos vor, allein gelassen, von meinem Ex-Mann und von meiner Mutter.

Die Lebenssituation von Klaus:

Mein Leben ist einfach viel zu schnell. In all meinen Lebensbereichen, Familie, Beruf und Finanzen, habe ich das Gefühl, dass ich die Kontrolle verliere. Immer neue Herausforderungen, komplexere Aufgaben und die fehlende Zeit für die

Familie sind mir mit der Zeit einfach über den Kopf gewachsen. Ich wusste schon immer, dass das Leben aus Veränderungen besteht, denen es sich anzupassen gilt.

Ein gutes Zitat beschreibt das folgendermaßen: „Schaff dir für des Lebens Wechselfälle – eine dicke Pelle." Doch mir fehlen Ausgeglichenheit und Ruhe, diesen Veränderungen zu begegnen. Ich bin immer häufiger unausgeglichen, leicht aufbrausend und stehe ständig unter Strom. Ich würde gerne *mehr Zeit für mich* haben, für *meine Hobbys* und *für meine Familie.* In den letzten Wochen, Monaten, Jahren habe ich meine Hobbys immer stärker vernachlässigt, *ich möchte gerne wieder mehr Sport treiben.*

Ich fühle mich wie in einem Hamsterrad. Und doch meine ich, dass ich in dieser Gesellschaft, in meinem Beruf und in der Familie „meinen Mann" stehen muss und deswegen gar nicht langsamer werden kann. Wie kann ich da noch mithalten? Ich möchte doch eigentlich nur ruhiger werden und das Leben auch mal genießen können.

Den nächsten Morgen beginne ich um 6:30 Uhr mit einem wunderschönen 8-Meilen-Lauf, an der frischen Luft, in der freien rauen Natur und auf meiner Lieblingsstrecke über Stock und Stein. Das ist für mich die schönste Art, um Kräfte für den Tag zu sammeln. Dann eine erfrischende Dusche, in der ich völlig ins Hier und Jetzt eintauche und ganz bei mir bin. Zusammen mit meiner Familie gehe ich um 7:30 Uhr ins Haupthaus zum Frühstücken. Dort treffe ich Nicole und Klaus, die sich bei uns schon ein wenig wie zu Hause fühlen. Kein Wunder bei diesem herrlichen Buffet. Ich begrüße auch die anderen 25 Gäste, die zurzeit bei uns im Camp „Urlaub" machen. Darunter sind Sportler, Geschäftspersonen und Paare, die sich auf einen neuen Abschnitt in ihrem Leben vorbereiten und unsere Hilfe gerne in Anspruch nehmen.

Ich bin mit Nicole und Klaus für heute, Dienstag, um 9:00 Uhr verabredet. Wir treffen uns für einen Spaziergang zum Fußballfeld. Klaus und Nicole bringen ihr Journal, in das sie ihre Antworten auf meine Fragen vom Vortag niedergeschrieben haben, und ihr Schreibzeug mit. Los geht's. Wir laufen in Richtung Erwin Lake, ein leider schon ausgetrockneter See an der westlichen Seite von Big Bear City. Ich habe noch weitere Fragen für die beiden vorbereitet, die sie mir im Gehen beantworten. Diese Fragen handeln davon, wie sie mit Stress umgehen und wie sich ihr Leben anfühlen würde, wenn es stressfrei wäre.

(?) Lieber Leser, beantworte die folgenden Fragen auch für dich: Was stresst dich und wie gehst du damit um?

Wie gehst du mit dem Stress um,
den eine Veränderung meistens mit sich bringt?

_____

_____

_____

Wie würdest du dich fühlen,
wenn dieser Stress nicht mehr da wäre?

_____

_____

_____

Was kannst du dazu beitragen,
dass der Stress abnimmt?

_____

_____

_____

Wie würde dein erster Gedanke
in die richtige Richtung aussehen?

_____

_____

_____

Im Anschluss reflektieren wir gemeinsam die Antworten und jeder bekommt 15 Minuten Zeit, um einen ersten Lösungsgedanken schriftlich zu fixieren.

Klaus´ erster Gedanke:

Ich möchte Veränderungen gelassener gegenübertreten!

Nicoles erster Gedanke:

Ich möchte wieder mehr Vertrauen in mich haben!

Finde heraus, was dich stresst, analysiere es und entwickle Strategien, wie du damit umgehen kannst!

Mögliche Strategien, um mit Stress umzugehen:
1. Zuerst herausfinden und erkennen: Was stresst mich eigentlich?
2. Zu wissen, dass du dich stresst und du dir damit schadest! (Es sind oft nicht die Umstände, sondern deine Reaktion darauf, die den Stress bei dir auslösen.)
3. Überlege dir einen ersten, kleinen Schritt zu mehr Entspannung.
4. Aus dieser Entspannung heraus kannst du noch leichter weitere Strategien für dich entwickeln.

„Nicole und Klaus, stellt euch mal vor, ihr seid eine Quelle. Wie sieht es mit eurem Füllstand aus? Horcht mal in euch hinein und findet heraus, wie es in euch aussieht. Ist sie schon fast leer, da ihr euch in einem Hamsterrad befindet und nicht mehr wisst, wie ihr für euch sorgen könnt? (Das wäre sehr kritisch für eure Gesundheit.) Oder ist die Quelle halb voll, da ihr ab und zu für euch sorgt? Oder sogar dreiviertel voll, da ihr oft daran denkt, sie aufzufüllen? Ich möchte euch zeigen, wie ihr achtsam diese Energie wieder aufbauen könnt", erkläre ich den beiden.

Eine ähnliche Übungsform habe ich bei Sylvia Kéré Wellensiek in ihrem Buch „Fels in der Brandung statt Hamster im Rad" auf den Seite 47-49 gefunden.

„Wir haben schon über die vier Lebensquellen gesprochen. Die Übung ist an diese angelehnt und wird euch helfen, sie wieder aufzufüllen. Nehmt bitte ein Blatt Papier und zeichnet zwei senkrechte Spalten und vier waagerechte Spalten. Oben links tragt ihr ein ‚Füllt deine Quelle auf' und oben rechts steht ‚Leert deine Quelle'. Auf der linken Seite von oben nach unten ist die erste Spalte der Körper, die zweite der Verstand. Die dritte Spalte sind die Emotionen und die vierte ist die Seele. Jetzt überlegt, wie ihr eure Energie wieder auffüllen könnt.

**❓ Lieber Leser, spiel ruhig mit:
Was füllt oder leert deine Quellen?**

Was füllt deine Quelle auf?   Was leert deine Quelle?

Körper (z. B. Sport, Schlaf, Spaziergänge)   (z. B. Schlafmangel, Alkohol, Stress)

_____   _____

Verstand (z. B. Ruhe, Buch lesen, zeichnen)   (z. B. Stress, Lärm, Mobbing)

_____   _____

Emotionen (z. B. Sport, lachen, geben, Liebe)   (z. B. Wut, Sorgen machen, Unzufriedenheit)

_____   _____

Seele (z. B. Waldspaziergang, entspannende Musik)   (z. B. fehlende private Kontakte)

_____   _____

In diesem Buch wirst du für jede Quelle weitere Übungen oder Strategien finden, wie du sie wieder auffüllen kannst. Sie zeigen dir, wie du am besten mit dir umgehen kannst, um gesund, erfolgreich und zufrieden zu sein.

Du kannst diese Übung auch gerne gemeinsam mit deinem Partner oder Freunden durchführen. Durch den anschließenden Austausch der aufgeschriebenen Erkenntnisse erweiterst du deinen eigenen Horizont und bekommst zusätzlich Ideen geliefert, wie du deine jeweiligen Lebensquellen noch auffüllen kannst.

Der 1. Schritt

SEI GANZ BEI DIR UND LEBE IM HIER UND JETZT

Zufriedenheit mit dir

Als wir um 11:30 Uhr wieder im Camp ankommen, gehen wir in einen der Besprechungsräume. Das ist einer der schönsten Räume im gesamten Camp. Es ist mein absoluter Lieblingsraum, denn hier ist alles aus Holz, um genauer zu sein, aus massivem Holz: die Decke mit ihren Verzierungen, die Wände mit ihren Ornamenten, und die riesengroße Tischplatte ist sogar aus einem großen Baum herausgeschnitten worden. Wir nehmen in den gemütlichen Klubsesseln Platz und besprechen das weitere Vorgehen. Eine reichliche Getränkeauswahl steht auf dem Tisch bereit, so kann das Training beginnen.

„Ich zeige euch jetzt die erste Grundlage auf dem Weg zur Erreichung eurer Ziele", eröffne ich das Training. „Dieser erste Schritt wird euch helfen und eine solide Basis für euren gesamten weiteren Lebensweg sein."

Du erreichst dein Ziel leichter, wenn du täglich achtsam bist!

„Die Achtsamkeit hilft euch, im Hier und Jetzt zu sein. Sie unterstützt euch dabei, dass ihr ganz bei euch seid, und zeigt, wie man die Vergangenheit, aber auch die Zukunft ausblenden kann. Denn oft sind es die Erfahrungen der Vergangenheit und die Gedanken an eine eventuell eintreffende Zukunft, die euch Angst machen und blenden. Achtsam zu sein bedeutet nicht, ein buddhistischer Mönch zu werden, sondern nur ganz bewusst das zu tun, was ihr gerade macht. Das lässt sich an vielen kleinen Dingen des Alltags trainieren.

Zum Beispiel bei dir, Nicole. Du hast einige schwierige Situationen durchleben müssen. Diese vergangenen Situationen sind mit negativen Emotionen und Gedanken behaftet. Sie hängen wie schwere Bleigewichte an deinen Beinen und halten dich auf beziehungsweise ziehen dich runter. Es wird für dich wichtig sein, diese Situationen achtsam anzunehmen und sie eine nach der anderen zu analysieren, damit du dich von den alten Fesseln befreien kannst. Doch im Augenblick brauchst du eher Entspannung und Klarheit für deine weitere Planung und die findest du nur im Hier und Jetzt.

An dir, Klaus, sind so viele Seile befestigt, die dich nach allen Seiten ziehen, dass du nicht mehr weißt, in welche Richtung du zuerst gehen sollst. Auch für dich ist es nun elementar wichtig, dir mithilfe von Achtsamkeitstraining jeden deiner Lebensbereiche nacheinander anzuschauen, um eine adäquate Lösung zu finden. Eine Lösung, die dir hilft zu erkennen, was du wirklich willst und mit welchen Möglichkeiten und Entscheidungen du deinem Ziel immer näher kommen kannst.

Ich möchte euch zu dem Thema Achtsamkeit eine sehr alte Geschichte aus dem *Zen-Buddhismus* erzählen, die deutlich macht, was wahre Achtsamkeit bedeutet:

Ein Schüler fragte seinen Meister, warum dieser immer so ruhig und gelassen sein könne. Der Meister antwortete:
   ‚Wenn ich sitze, dann sitze ich.
   Wenn ich stehe, dann stehe ich.
   Wenn ich gehe, dann gehe ich.
   Wenn ich esse, dann esse ich.'

Der Schüler fiel dem Meister ins Wort und sagte:
‚Aber das tue ich auch! Was machst du darüber hinaus?'
Der Meister blieb ganz ruhig und wiederholte wie zuvor:
   ‚Wenn ich sitze, dann sitze ich.
   Wenn ich stehe, dann stehe ich.
   Wenn ich gehe, dann gehe ich ...'

Wieder unterbrach ihn der Schüler: ‚Aber das tue ich doch auch!'
   ‚Nein', sagte da der Meister.
      ‚Wenn du sitzt, dann stehst du schon.
      Wenn du stehst, dann gehst du schon.
      Wenn du gehst, dann bist du schon am Ziel.'

(Trotz intensiver Recherchen ist es mir nicht gelungen, eine genauere Quelle als die des Zen-Buddhismus herauszufinden.)

*Wenn ich sitze, dann sitze ich.
Wenn ich stehe, dann stehe ich.
Wenn ich gehe, dann gehe ich.
Wenn ich esse, dann esse ich!*

(Quelle: Zen-Buddhismus)

Geht es euch nicht auch manchmal so wie dem Schüler? Erwischt ihr euch gelegentlich dabei, dass ihr eine Sache macht, aber mit euren Gedanken schon bei der nächsten Aufgabe seid? Nehmen wir mal als Beispiel etwas ganz Alltägliches und Neutrales: Ihr möchtet entspannt duschen. Eine Tätigkeit, bei der ihr wunderschön abschalten könnt, wenn ihr euch einfach auf das Erlebnis konzentriert. Ihr spürt, wie das Wasser sanft an eurem Körper hinunterläuft, wie dankbar ihr seid, einfach so duschen zu können mit fließend warmem und kaltem Wasser. Und doch ist man häufig dabei mit den Gedanken schon nicht mehr beim Duschen, sondern bei der nächsten Aktivität.

Beim Duschen könnt ihr sogar eins werden mit der Natur, denn Wasser gehört zu den vier Elementen (Feuer, Luft, Wasser und Erde) und ist ein sehr wertvolles Gut. All das könnt ihr spüren, wenn ihr nur duscht und ganz im Hier und Jetzt seid, in diesem Augenblick. Allein der Gedanke an ein solches Duschen lässt mich schon entspannen.

Achtsamkeit ist das wichtigste Werkzeug, um bewusst eure vier Lebensquellen, den Körper, den Verstand, die Emotionen und die Seele, genauer anzuschauen. Seid achtsam und hört gut zu, damit ihr wichtige Erkenntnisse für euch und euer eigenes Leben daraus ziehen könnt."

Ich erzähle Nicole und Klaus, was es mit den vier Lebensquellen auf sich hat, und schildere einige wahre Geschichten, die das Leben so geschrieben hat. Ich schließe mit dem Satz: „Achtet auf eure vier Lebensquellen, lasst sie angefüllt und in Balance sein für ein gesundes, erfolgreiches und zufriedenes Leben."

„Was glaubt ihr, warum das Gleichgewicht in den vier Lebensquellen so wichtig ist für die Erreichung eurer Ziele?", frage ich die beiden. „Ich habe da eine Idee", sagt Klaus. „Wenn eine oder mehrere dieser vier Quellen weniger wird oder versiegt, gerate ich in ein Ungleichgewicht. Ich könnte krank werden oder mich nicht so konzentrieren, wie ich das möchte, und würde dadurch mein Ziel nicht mehr erreichen. Sagen wir, wenn die Quelle des Körpers weniger wird, bedeutet das doch, dass mir die Kraft, die Ausdauer und, wenn es schlimm kommt, die Gesundheit fehlen, um ans Ziel zu kommen", sinniert er weiter. „Ja, genauso könnt ihr euch das Modell vorstellen", bestätige ich. „Heute kann ich euch aus eigener Erfahrung sagen, wie wichtig diese Balance für mich und mein Leben war, ist und sein wird. Durch die gesundheitlichen Probleme mit meinem Herzen wurde ich täglich achtsamer und habe in mich hineingehört. Es hat eine Weile gedauert, bis ich die richtigen Ansätze, Antworten und Stellschrauben gefunden habe. Ich stellte fest, dass ich damals mit einer sehr negativen und ängstlichen Denkweise unterwegs war.

Ich hatte zwei unbewusste Ängste: Existenzangst und Verlustangst. Die Verlustangst beruhte darauf, dass ich Angst hatte, meine Frau könnte mich verlassen, wenn ich weiter so hart, so viele Stunden und so viele Tage, arbeiten würde. Ich bin zwar nicht den ganzen Tag durch die Gegend gelaufen und habe mir ständig gesagt ‚Meine Frau wird mich verlassen', doch im Unterbewusstsein arbeiteten diese Gedanken weiter. Und wie ihr wisst: Steter Tropfen höhlt den Stein. So auch bei mir. Als ich anfing, meine Emotionen und die dazugehörigen Gedanken zu erkennen und zu verstehen, konnte ich etwas dagegen tun. Ich löste sie auf und konnte mit meinen Trainingsmethoden die Quellen wieder auffüllen.

Nehmen wir den Körper. Wie sehr pflegt ihr euren Körper? Gebt ihr ihm die richtige Dosierung von Belastung und Entspannung? Wir sollten unseren Körper so behandeln, wie wir ein neugeborenes Kind umsorgen. Gebt ihm gesundes Essen, lasst ihn Kräftigungsübungen machen, lasst ihn genug schlafen und sich regenerieren. Kümmert euch um die richtige Menge an frischer Luft und Tageslicht. Sorgt euch um seine Organe, sein Immunsystem und unterstützt beides nach bestem Wissen und Gewissen.

Wie sieht es mit dem Verstand aus? Lernt eure Gedanken kennen und entscheidet, ob es ein bewusster oder unbewusster Gedanke war. Bewusste Gedanken sind leicht zu wiederholen, aber die gedanklichen Abläufe aus dem Unterbewusstsein lassen sich nur schwer ergründen. Besonders wichtig ist es aber, beim Unterbewusstsein herauszufinden, ob es gerade in einer positiven oder einer negativen Gedankenspirale unterwegs ist. Trainiert eure Gedanken, nutzt den Verstand aktiv und gebt ihm aber auch mal eine Ruhepause.

Nehmt eure Emotionen bewusst wahr, nennt sie beim Namen und analysiert, was sie euch sagen wollen. Positive oder negative Gedanken und Emotionen haben ihre Daseinsberechtigung. Kommt nicht auf die Idee, alle negativen Emotionen zu ignorieren oder wegzuschieben. Gerade negative Emotionen haben sehr oft wichtige Botschaften in sich versteckt. Deswegen erkennt, was sie euch sagen wollen, und reagiert dann darauf.

Achte auf deine vier Lebensquellen, fülle sie immer wieder auf und halte sie im Gleichgewicht!

Achtet auch auf eure Seele! Bei ihr es ist wichtig, dass sie in sich in Balance ist. Positive Beziehungen sind ein wichtiger Faktor für eine intakte Seele. In der Seele sind unsere Werte, unsere Sinnhaftigkeit und unsere Leidenschaften verankert. Leben wir ein Leben im Einklang mit diesen wichtigen Eigenschaften und handeln wir aus einem inneren Gleichgewicht heraus, dann stellt sich auch die Motivation an unsere Seite, um all unsere Ziele zu erreichen."

„Ist das nicht, was wir alle wollen?", frage ich meine beiden Schüler. „Ich habe an meiner eigenen Gesundheit feststellen können, wie wichtig dieses innere Gleichgewicht wirklich ist. Dann habe ich dieses Modell in den Leistungssport und auf Firmen übertragen und beobachtet, welche unglaublichen Ergebnisse mit einem soliden Gleichgewicht zu erzielen sind. Nicole und Klaus, ich wünsche mir für euch beide, dass ihr mit dem Training der Achtsamkeit nach und nach eure Lebensquellen wieder auffüllen könnt. Dass ihr spürt, wie sich langsam, aber sicher Kraft, Mut, Hoffnung und der Glaube an euch selbst in euch manifestieren. Genießt das Achtsamkeitstraining als Entspannung, als Konzentration auf das Wesentliche und als Basis für alle lösungsorientierten Entscheidungen. Ich möchte euch nun einige Trainingsmöglichkeiten zum täglichen Üben mit an die Hand geben."

„Ist Achtsamkeitstraining und Meditation eigentlich das Gleiche?", will Nicole wissen. „Sie sind sich sehr ähnlich", antworte ich ihr. „Die Ziele, die man mit Achtsamkeitstraining und Meditation erreichen will, sind gar nicht so weit voneinander entfernt. Beide Techniken verfolgen den gleichen Wunsch. Einfach ausgedrückt: mehr Ruhe in den Kopf zu bringen! Es ist nur möglich, einen klaren Gedanken fassen zu können, wenn in unserem Verstand Ruhe einkehrt und uns nicht eine Vielzahl an Gedanken wie ein Wasserfall die Fähigkeit nimmt, Ruhe einkehren zu lassen.

Ich stelle immer wieder fest, dass die meisten Menschen behaupten, sie hätten noch nie meditiert. Ich dagegen weiß, dass jeder Mensch sogar täglich meditiert, in den verschiedensten Alltagssituationen. Hier ein kleines Beispiel: Wann habt ihr euch das letzte Mal einen wunderschönen Sonnenuntergang angeschaut? Die meisten Menschen, wenn sie sich nicht gerade mit jemandem unterhalten, achten nur auf die Sonne und sind vollkommen bei sich, ohne störenden Gedanken. Das ist auch der Grund, warum wir uns nach solch einem Erlebnis so wohlfühlen, weil wir ganz da waren, in diesem einen Moment. Und das ist in meinen Augen schon eine kleine Meditationsform, die auch noch viel Spaß macht und uns sehr gut bekommt."

„Sollen wir denn versuchen, gar nicht zu denken?", will Klaus wissen. „Nein, das ist erstens sehr schwierig und zweitens würdet ihr euch bei dem Versuch, gar nicht zu denken, so unter Druck setzen, dass das mit Entspannung wiederum nichts zu tun hat", erwidere ich. „Das Ziel von Achtsamkeitstraining oder Meditation ist, die Gedanken kommen zu lassen, völlig wertfrei, und sie dann ziehen zu lassen, noch bevor ihr euch in einen gedanklichen Rattenschwanz verstricken könnt. Die buddhistischen Mönche haben wunderschöne Bilder für diesen Vorgang. Zum Beispiel: Nehmt den kommenden Gedanken, setzt ihn auf eine Wolke am Himmel oder auf ein Blatt im Fluss und lasst den Gedanken ziehen. Das ist am Anfang gar nicht so leicht, doch ich sage euch, dass ihr mit etwas Übung wahre Meister darin werdet. Ich werde euch verschiedene Techniken und Übungen vorstellen, die euch darin ein großes Stück weiterbringen können.

Im klassischen Achtsamkeitstraining MBSR (Mindful Based Stress Reduction) von Jon Kabat-Zinn gibt es zwei Modelle: Einmal das bewusste Achten auf euren Körper, der sogenannte Body Scan, und das Achten auf eure Atmung. Beides ist sehr gut nachzulesen im Buch von Jon Kabat-Zinn ‚Gesund durch Meditation, Das große Buch der Selbstheilung'.

Ich habe für mich herausgefunden, dass ‚Der Body Scan' eine Meditationstechnik ist, die bei Sportlern sehr beliebt ist. Man konzentriert sich auf die eigenen Körperteile wie den Fuß, die Arme oder den Bauch. Man kann sich aber auch auf alles konzentrieren, was sich im Körper abspielt, zum Beispiel in den Organen, Muskeln oder Blutbahnen.

> *Lenke deine Konzentration auf einzelne Körperteile und nimm diese bewusst und ohne zu bewerten wahr!*

Durch eine geschulte Achtsamkeit gelingt es euch, in einen guten Kontakt zu eurem Körper zu treten. Das ist für jeden Menschen sehr hilfreich, denn so spürt ihr, wie euer Körper in den verschiedenen Situationen reagiert, und ihr könnt so die nötigen Maßnahmen zur Vorbeugung treffen.

Die zweite Art des Achtsamkeitstrainings, die ich selbst bevorzuge, ist das bewusste Achten auf die Atmung. Diese Art von Training lässt sich in ähnlicher Form auch gut im Buch von Thich Nhat Hanh ‚Geh-Meditation' auf den Seiten 13-21 nachlesen.

Das Wunderbare an der Atmung ist, ihr habt sie immer dabei. Und das Atmen ist eine so gleichmäßige, ruhige und immer wiederkehrende Aktion, dass es einem leichtfällt, dabei abzuschalten. Ihr könnt euch bei der Atmung auf drei Bereiche des Körpers konzentrieren: den Bauch, die Brust bzw. den Oberkörper und den Kopf.

Bei der Bauchatmung dehnt sich der Bauch beim Einatmen aus, beim Ausatmen zieht er sich wieder zusammen. Das liegt am Zwerchfell. Da es sich beim Einatmen in den Bauchraum absenkt, wird dieser größer und umgekehrt.

Der zweite Bereich ist die Brust- oder Oberkörperatmung. Bei ihr können wir beobachten, wie sich der Brustkorb bzw. die Rippenbögen beim Einatmen ausdehnen und beim Ausatmen wieder zusammenziehen.

Zu guter Letzt haben wir die Kopfatmung. Hier lässt sich gut beobachten, wie sich die Nasenflügel beim Einatmen weiten und die Luft von den feinen Härchen in unserer Nase gereinigt wird und wie sich dieser Vorgang beim Ausatmen in umgekehrter Reihenfolge wiederholt.

Der Vorteil von Achtsamkeitstraining mithilfe der Atmung ist, dass du diese jederzeit, an jedem Ort und in fast jeder Situation durchführen kannst. Die Wirkung ist mit etwas Training, selbst bei einem sehr kleinen Zeitfenster, hervorragend.

Optimale Voraussetzungen dafür sind ein ruhiger Ort, ein Stuhl und eine geführte Meditation auf CD mit einer Sprechstimme, mit der ihr in Resonanz gehen könnt. Wer möchte, kann seine Schuhe dabei ausziehen, dann habt ihr eine bessere Erdung. Zu empfehlen wäre auch, den Gürtel zu öffnen oder zumindest zu lockern, denn sonst gibt es Schwierigkeiten bei einer entspannten Bauchatmung. Beide Trainings können im Sitzen oder Liegen durchgeführt werden. Ich persönlich bevorzuge die Variante im Sitzen, da ich im Liegen zu leicht einschlafe und dann das ganze Training verpasse.

Klaus, ich empfehle dir das Achtsamkeitstraining mit der Atmung, denn das ist ein guter Start für dich, um einfach mal ruhiger zu werden. Damit erhöht sich auch deine Chance, wieder auf deine Intuition zu hören. Sie hat bestimmt viele gute Antworten für dich parat, die du aber vor lauter Aktivitäten schon lange nicht mehr gehört hast. Stimmt's?

Außerdem bietet sich diese Art von Training auch wunderbar an als kleine Meditationspause zwischen zwei wichtigen Projekten oder Aufgaben. Wie eine kurze Zigarettenpause. Nur viel gesünder und optimal, um sich kurz mal aufzutanken und die Energiespeicher zu füllen.

Werde dir deiner Atmung bewusst, sie wird dir in schwierigen Situationen helfen, ruhig zu bleiben. Das Gute ist, du hast sie immer dabei, und das in jeder Lebenssituation!

Eine weitere Übungsform ist die Gehmeditation. Meine Ausführungen sind in etwas abgeänderter Form an die Grundgedanken von Thich Nhat Hanh in seinem Buch ‚Geh-Meditation' angelehnt.

Bei dieser Art von Achtsamkeitstraining werdet ihr gefühlt sehr, sehr, sehr langsam gehen. So nehmt ihr die wunderschöne Umgebung wieder bewusst wahr, jedes kleine Detail. Außerdem unterstützt dieses Training eure Atmung und macht euch das Zusammenspiel von Atmung und Bewegung bewusster.

Diese Übung wird so durchgeführt, dass ihr bei jedem Einatmen und bei jedem Ausatmen drei langsame Schritte macht, völlig entspannt und gleichmäßig. Bei längerem Training kann sich die Schrittzahl auf einen Schritt pro Ein- und Ausatmung verändern.

Ich empfehle euch, dieses Training zuerst alleine zu üben. Das unterstützt eure Achtsamkeit und ihr seid nicht so schnell abgelenkt. Wenn ihr möchtet und die Umgebung es zulässt, könnt ihr die Übung auch gerne barfuß machen. Dabei habt ihr die Möglichkeit, euch mal wieder mit Mutter Natur zu verbinden, was wir meiner Meinung nach viel zu selten machen.

Nicole, ich kann mir vorstellen, dass die Gehmeditation dir sehr gut gefällt. Zum einen hast du so die Gelegenheit abzuschalten, zu entspannen, runterzukommen und ganz bei dir zu sein. Aber auf der anderen Seite bewegst du dich vorwärts und stehst nicht still. Wenn ich dich richtig verstanden habe, ist es das, was du dir im Augenblick wünschst, um weiter vorwärtszukommen in deinem Leben. Probiere es aus und entscheide selbst, welche Art von Achtsamkeitstraining für dich passt. Probiert verschiedene Arten aus, um die für euch bestmögliche Form des Trainings zu finden!

Eine vierte Variante von Achtsamkeitstraining ist für jeden geeignet, der eine gesunde Nahrungsaufnahme und eine bessere Verdauung haben möchten. Das Training des bewussten Essens. Das bedeutet, dass ihr euer Essen wahrnehmt. Was esst ihr gerade? Könntet ihr mit verbundenen Augen erkennen, was da auf eurem Teller liegt, allein durch den Geschmack? Und würdet ihr herausschmecken, mit welchen Gewürzen dieses Essen zubereitet wurde? Wo kommt das Essen her, wie lange hat es gebraucht, um jetzt auf eurem Teller zu liegen, und wie viele Menschen haben daran gearbeitet?

Auch empfiehlt es sich, die Nahrung gut zu kauen. Eine buddhistische Faustregel besagt: ‚Kaue jeden

Bissen 30-mal.' Das Schöne bei dieser Übung ist, dass ihr nicht in fünf Minuten mit dem Essen fertig seid (wie vielleicht sonst), sondern erst nach einer halben Stunde. Was optimal wäre, denn der Magen braucht eine Weile, 20 Minuten, um genau zu sein, um euch das Signal zu senden, dass er voll ist und keine Nahrung mehr benötigt. So schnell, wie viele Menschen essen, spüren sie diesen Punkt des Völlegefühls nie oder meist zu spät.

> *Durch achtsames Essen hilfst du deinem Körper beim Verdauen, bei deiner Gewichtskontrolle und unterstützt einen gesunden Stoffwechsel!*

Ihr könnt aber auch jede andere Gelegenheit aus dem Alltag nutzen, um achtsam zu sein, wie zum Beispiel achtsames Telefonieren und achtsame Gesprächsführung. Das bedeutet, dass ihr euch ganz dem Gegenüber zuwendet, auf jedes Wort hört, seine unterschiedlichen Tonlagen erkennt. Auch dass ihr die Signale, die er mit seiner Körpersprache sendet, wahrnehmt, obwohl ihr sie gar nicht sehen könnt.

Ich persönlich habe zum Beispiel rote Ampeln für mich als ‚Anker' für die Achtsamkeit entdeckt. Stehe ich an einer roten Ampel, nutze ich diese Zeit, um achtsam einige Atemzüge zu tun. Früher regte ich mich über jede rote Ampel auf, besonders wenn ich zu spät losgefahren war. Diese Art von Entspannung hilft mir sehr vor einem wichtigen Gesprächstermin, bei dem ich einen ruhigen und besonnenen Kopf brauche.

Ihr seht, dass es für jeden Bereich eures Lebens wichtig sein kann, achtsam zu sein. Nicole und Klaus, ihr sammelt am heutigen Nachmittag eure eigenen Erfahrungen mit dem Achtsamkeitstraining. Probiert aus, welche Art für euch die richtige ist. Für das klassische Entspannungstraining habe ich euch eine sehr schöne App ‚Die Achtsamkeit App; Meditation für Jedermann' von Dr. med. Marc Loewer rausgesucht. Dort findet ihr Trainings von drei bis 30 Minuten, was sich von der zeitlichen Intensität prima in den Alltag integrieren lässt. Für die Gehmeditation habe ich eine DVD für euch, die sehr anschaulich zeigt, wie die einzelnen Phasen ablaufen.

Ich freue mich, euch heute Abend beim Essen wiederzusehen. Ihr könnt mir dann berichten, wie das Achtsamkeitstraining für euch war und welche Übungsform des Meditierens es euch angetan hat!"

Meine beiden Gäste gingen in ihre Quartiere, um das, was sie gerade gelernt hatten, erst einmal zu verinnerlichen. Ich selbst ging in mein Büro, um Unterlagen für einen Vortrag, den ich am Wochenende in San Francisco halten würde, vorzubereiten.

Am Abend treffen wir uns zum gemeinsamen Essen im Haupthaus wieder. Durch die Weitläufigkeit des Camps, die verschiedenen angebotenen Programme und die unterschiedlichen Locations hat man das Gefühl, fast allein auf diesem Camp zu sein. Bei den Mahlzeiten hat man dann wiederum die Möglichkeit, Gleichgesinnte zu treffen und sich auszutauschen. An den einen Tischen sitzen Sportler, die im Laufe des Tages ihre Trainingsprogramme absolvieren, an anderen sitzen Trainer und Coaches zusammen, die über ihre neusten Trainingsmethoden fachsimpeln, und viele weitere Menschen, die sich für die Widrigkeiten des Lebens stärken wollen.

> *Rote Ampeln, 30-mal kauen oder tiefes Ein- und Ausatmen sind alltägliche Routinen, um die Achtsamkeit zu trainieren!*

Im großen, offenen Kamin brennt und knistert das Holz, es riecht wunderbar nach frischem Kartoffelauflauf und viele brennende Kerzen geben der ganzen Atmosphäre etwas sehr Gemütliches. An allen Tischen wird eifrig geredet, diskutiert und gelacht – alles, wofür dieser Ort so berühmt ist.

„Liebe Nicole und lieber Klaus, da ich für die nächsten zwei Tage beruflich in San Francisco unterwegs bin, um ein Seminar im betrieblichen Gesundheitsmanagement zu halten, habe ich euch noch eine Aufgabe zusammengestellt, die ihr solange umsetzen könnt. Ab morgen beginnt ihr dann schon mit dem zweiten Schritt eures Trainingsprogramms.

Ihr habt ja nun erfahren, wie wichtig die vier Lebensquellen sind. Um euch die Quellen noch auf eine andere Art und Weise näherzubringen, möchte ich euch noch eine Metapher für die vier Quellen vorstellen. Nehmt an, ihr baut ein Haus. Zuerst braucht es eine solide Grundlage, ein Fundament, und dies ist bei eurem Lebenshaus der Körper. Also werdet ihr ab morgen beginnen, euer Fundament, euren Körper, zu trainieren.

Die Wände des Hauses sind der Verstand, und das Dach sind die Emotionen. Die beiden gehören, wie auch im richtigen Leben, einfach zusammen. Wie bei der Henne und dem Ei sind sich die Gelehrten bis heute noch nicht zu 100% sicher, was zuerst da war, die Gedanken oder die Emotionen. Aber das spielt auch keine große Rolle.

Und zu guter Letzt kommt die Seele. Die Seele ist der Garten, der dem Haus eine persönliche Note gibt und gleichzeitig auch der Ruhepol ist in dieser hektischen Welt. Und damit haben wir euer Lebenshaus errichtet. Ich finde, dass das Lebenshaus eine gute Brücke zum besseren Verstehen und zum Hervorheben der Wichtigkeit der vier Lebensquellen ist."

Nicole und Klaus nicken, sie haben das Bild gut verstanden. Ich verlasse die beiden kurz und komme mit einer sehr sportlichen und durchtrainierten Dame zurück. „Darf ich euch vorstellen? Das ist Susi. Sie ist euer Personal Body Coach für die nächsten Wochen und wird sich um eure Körper kümmern. Sie zeigt euch Übungen, wie ihr in kleinen Zeitfenstern am Arbeitsplatz oder zu Hause trainieren könnt, um dem Körper die nötige Energie und Kraft zu geben, die er braucht, um seine Tätigkeiten unbeschadet durchzuführen. Aber nicht nur das: Sie wird euch auch erklären, wie wichtig Regeneration, Atmung, Ernährung und Schlaf für einen gesunden Körper sind. Habt ihr darauf Lust?"

Nicole und Klaus sehen sich an und grinsen. „Wir haben beide seit Längerem keinen Sport getrieben, ist das ein Problem?", fragt Nicole. „Nein, überhaupt nicht!", lacht Susi. „Ich habe eure Unterlagen gelesen und weiß, dass ihr beide schon Sport gemacht habt. Also sind euch wahrscheinlich viele der Übungen bekannt. Ich starte ganz langsam mit euch, und ihr werdet merken, dass sich schon nach kurzer Zeit die ersten Erfolge einstellen. Wir sehen uns morgen um 6:00 Uhr noch vor dem Frühstück. Gute Nacht!"

Ich selbst habe auch noch eine Aufgabe für Nicole und Klaus:

„Auch wenn ihr ab morgen mit dem Körpertraining beginnt, bleibt es eure Aufgabe, weiterhin das Thema Achtsamkeit zu üben. Wenn das Gefühl hochkommt, dass Veränderungen euch stressen und sich nicht gut anfühlen, dann werdet in diesen Momenten achtsamer. Einfach kurz innehalten und langsamer werden. Nehmt euch Zeit, die verschiedensten Alltagssituationen zu analysieren und eure Reaktion darauf zu beobachten. Schreibt auf, was ihr in diesem Moment denkt, spürt und fühlt. Diese Aufgabe wird euch in Zukunft helfen, mit den unterschiedlichsten Lebenssituationen, die euch stressen, bewusster umzugehen und schneller zu einem lösungsorientierten Verhalten zu kommen.

Das Langsamerwerden hilft euch und besonders dir, Klaus, aus dem Hamsterrad auszusteigen und die Dinge mit einer gewissen Distanz anzusehen. Vergesst die Achtsamkeit nicht und atmet bewusst durch die Nase. Ihr merkt vielleicht, dass der innere Schweinehund, der innere Kritiker oder einfach ‚das Ego' sich immer mal wieder zu Wort melden und euch das Leben schwer machen. Jetzt gilt es, das bewusst mitzubekommen und darauf ohne Bewertung zu reagieren. Euer wahres Ich kann zum Vorschein kommen und es fällt euch leichter, wichtige und für euch richtige Entscheidungen zu treffen."

Folgende Fragen können euch dabei helfen:

? Lieber Leser, horch einmal in dich selbst hin und sei erstaunt, was dich erwartet:

„Was denkst du gerade?"

„Was fühlst du jetzt?"

„Wie geht es meinem Körper dabei?"

„Wie kann mir mein Gedanke und meine Empfindung in dieser Situation nützen oder schaden?"

„Wie kann ich aus dieser Situation etwas Positives ziehen?"

„Liegt eine Verbesserung dieser Situation in meinen Händen?"

*Die Vergangenheit ist vorbei.
Die Zukunft ist noch
nicht geschrieben.
Die Gegenwart ist real
und kann durch dich
beeinflusst werden!*

Ich frage die beiden: „Zum Abschluss eines jeden Schrittes möchte ich gerne wissen: Was hat euch dieser Schritt gebracht? Welche Erkennisse nehmt ihr persönlich aus diesem Schritt mit und wie kann dieser Schritt euch eurem Ziel näherbringen?"

Nicole:

Mir hat die Achtsamkeit geholfen, erst einmal richtig anzukommen. Meine ganzen Erlebnisse waren noch so frisch in meinem Gedächtnis, dass ich gar nicht richtig abschalten konnte. Das Training der Achtsamkeit hat mir geholfen, ganz bei mir zu sein und nicht bei allen Dingen, die um mich herum passieren. Ich bin dadurch wieder mehr bei mir und fühle mich geerdeter.

Und, Frank, du hattest recht, mir hat die Gehmeditation am meisten zugesagt. Sich mit der Natur zu verbinden, ganz bei mir und meiner Atmung zu sein und trotzdem zu spüren, wie ich Teil des großen Ganzen bin, gibt mir ein Gefühl von Vertrauen. Und dieses Vertrauen speist auch mein Selbstbewusstsein, dass ich alles schaffen kann, was ich mir vorgenommen habe.

Klaus:

Ich weiß gar nicht, wo ich anfangen soll. Zu Beginn dieses Trainings war ich viel zu sehr in meinem Hamsterrad und meinen Gedanken gefangen. Ich hatte echte Schwierigkeiten abzuschalten. Es ist mir auch schwergefallen, im Kopf ruhiger zu werden, meine Gedanken haben sich wie in einem Karussell gedreht. Doch nach etwas Übung konnte ich für mich feststellen, dass es langsamer wurde. Noch nicht still, aber langsamer.

Allein dieses Gefühl zu haben, dass es auch langsamer geht, hat mir die Augen geöffnet und mir gezeigt, dass die Achtsamkeit der Weg ist, um bewusster und klarer zu denken. Für mich persönlich ist der Body Scan mein Favorit. Mich auf meinen Körper zu konzentrieren, verbindet mich mit meiner Vorstellung, wieder mehr Sport zu treiben, und das gefällt mir sehr gut.

FAZIT FÜR DEN 1. SCHRITT:
Sei ganz bei dir und lebe im Hier und Jetzt

Der 2. Schritt

SPÜRE DEINEN KÖRPER UND NIMM DIR ZEIT FÜR DICH

Zufriedenheit mit deinem Körper

Am Mittwochmorgen, ich bin schon unterwegs nach San Francisco, trifft sich Susi mit Nicole und Klaus noch vor dem Frühstück auf dem Fußballfeld. „Wie geht ihr mit eurem Körper um?", will Susi gleich zu Beginn von den zweien wissen.

Sie hilft der Antwort etwas nach: „Stellt euch vor, ihr seid an einem Flughafen und möchtet in den Urlaub fliegen. Dann wünscht ihr euch doch sicher, dass das Flugzeug gut gewartet wurde, oder? Würdet ihr in das Flugzeug einsteigen, wenn ihr wüsstet, dass es genauso gründlich gewartet wird, wie ihr euren eigenen Körper wartet?" Es folgt eine lange Pause und dann müssen beide grinsen. „Nein, ich würde nicht in das Flugzeug einsteigen", antwortet Nicole. „Niemals", ist die kurze und deutliche Antwort von Klaus. „In meinen offenen Seminaren stelle ich die gleiche Frage und 72 % aller Teilnehmer beantworten sie mit NEIN. Denn sie wissen genau, dass sie mit ihrem Körper nicht sorgsam umgehen", erzählt Susi den beiden.

„Ich möchte heute mit etwas Leichtem beginnen. Wir werden eine 5-km-Runde gehen oder laufen, wie es euer Trainingszustand erlaubt. Es geht hier nicht darum, wer Erster wird, sondern nur darum, dass ihr eurem Körper helft, wieder kräftiger zu werden. Also bitte kein falscher Ehrgeiz. Ich habe hier eine Tabelle für euch, mit deren Hilfe werden wir jetzt eure aerobe Pulsgrenze festlegen, und zwar die Ober- und Untergrenze. Aerobes Training bedeutet, dass ihr die Intensität des Trainings so steuert, dass ihr eure Energiegewinnung nur mit Sauerstoff erreicht. Der Vorteil dabei ist, dass ihr länger durchhaltet.

Diese Pulsgrenze berechnet sich folgendermaßen. Ihr zieht bitte euer Lebensalter von der Pulszahl 220 ab, das Ergebnis ist die individuelle 100-%-Belastungspuls-Obergrenze. Diese solltet ihr für einen längeren Zeitraum nicht übersteigen. Bei Personen mit gesundheitlichen Problemen liegt diese Grenze sogar noch tiefer. Jetzt zieht ihr 15 % von den 100 % ab und seid bei 85 %. Das ist eure aerobe Trainingspuls-Obergrenze. Die Untergrenze ist bei 65 % von den 100 %. Ihr beide bekommt jetzt von mir einen Brustgurt und eine Pulsuhr. Bitte gebt eure Pulsober- und Untergrenze in die Uhr ein, sodass diese euch mit einem Alarmton warnt, wenn ihr euch zu stark oder zu wenig belastet.

Hier ist das fertige Rechenbeispiel für Euer Alter:

Nicole: 40 Jahre   100 % = 180 Puls   85 % = 153 Puls   65 % = 117 Puls
Klaus: 48 Jahre   100 % = 172 Puls   85 % = 146 Puls   65 % = 112 Puls

Hier noch ein paar Rechenbeispiele für dich, lieber Leser:

20 Jahre   100 % = 200 Puls   85 % = 172 Puls   65 % = 131 Puls
26 Jahre   100 % = 194 Puls   85 % = 165 Puls   65 % = 126 Puls

34 Jahre	100 % = 186 Puls	85 % = 158 Puls	65 % = 121 Puls
56 Jahre	100 % = 164 Puls	85 % = 138 Puls	65 % = 107 Puls
64 Jahre	100 % = 156 Puls	85 % = 133 Puls	65 % = 101 Puls
76 Jahre	100 % = 144 Puls	85 % = 122 Puls	65 % = 94 Puls

Das tägliche Training ist dazu da, euren Körper zu pflegen, zu fördern und zu reparieren. Ja, reparieren, denn ein sinnvolles Training hilft, den Kreislauf anzuregen, die Sauerstoffaufnahme zu verbessern und die Zellneubildung voranzutreiben.

Ihr solltet aber mindestens 3- bis 4-mal pro Woche für 30 Minuten trainieren."

Nicole und Klaus sehen Susi mit offenen Augen und Mündern an. Sie wissen, dass Susi es so meint, wie sie es gesagt hat, und Susis Körpersprache lässt daran auch keinen Zweifel aufkommen. Wie heißt das Sprichwort noch gleich: „She walks her talk. Sie lebt selbst vor, was sie anderen beibringt." Na dann mal los!

Der Morgen ist kühl, aber es wird einer dieser wundervollen Tage mit blauem Himmel. „Postkartenwetter!", sagt Susi mit strahlendem Gesicht. Vor lauter Müdigkeit haben Nicole und Klaus diesen Aspekt noch gar nicht berücksichtigt, bis Susi sie darauf hinweist. Sie gehen an rustikalen, wunderschönen Holzhäusern vorbei, jedes ein Unikat. Man könnte meinen, dass jeder Besitzer seinem Haus einen ganz persönlichen Stempel aufdrücken wollte.

Da Nicole und Klaus aus Deutschland sind, wo das Bauen in verschiedenen Stilen in einer Straße durch Bauvorschriften niemals möglich wäre, kommen die beiden aus dem Staunen nicht mehr heraus. Als sie am ausgetrockneten Erwin Lake ankommen, gibt Susi das Tempo für einen lockeren Ausdauerlauf vor. Nicole und Klaus schaffen es super mitzuhalten und sind glücklich, wieder Sport zu treiben.

Dass Sport auch Einfluss auf unsere Psyche hat, ist unumstritten. Menschen, die Sport treiben, sind in der Regel glücklicher als Stubenhocker. Sportliche Aktivitäten können Ängste, Depressionen und den eigenen Stresslevel senken. Aber auch die eigene Konzentrations- und Leistungsfähigkeit werden durch den Sport gesteigert. Nicht zu vergessen formt Sport auch unseren Körper und kann so zu einem besseren Selbstbild beitragen. Es gibt nichts Schöneres als einen Körper, der nach dem Sport mit dir spricht und sagt, wie glücklich er ist, dass er sich aktiv bewegen konnte.

Das Glücksgefühl, Sport zu treiben, den Körper zu spüren und die verdiente Erholung im Anschluss fühlen sich richtig gut an.
Hol dir dieses Gefühl öfter!

Nach einer schönen, entspannenden Dusche, mit abwechselnd kaltem und warmem Wasser, kommen Nicole und Klaus gut erfrischt zum Frühstück. Das schmeckt heute irgendwie viel besser und sie sind auch viel wacher als sonst. Die reichliche Auswahl am Frühstücksbuffet, die netten Gespräche an den Tischen und die gemütliche Atmosphäre machen diese Zeit im Camp zu etwas ganz Besonderem.

Heute sitzen sie mit zwei Sportlern, beide Basketballer, an einem Tisch. Klaus ist sofort Feuer und Flamme und fragt sie regelrecht über ihren Sport aus. Aber auch Nicole hat ihren Spaß und so wird aus dem Gespräch eine Verabredung für den späten Nachmittag – zum „zwei gegen zwei"-Basketballspiel auf dem Camp. Das ist genau das, was Klaus sich gewünscht hatte. Endlich wieder Ballsport betreiben!

Doch nach dem Frühstück geht es erst einmal wieder zu Susi, die schon mit einem freundlichen Lächeln auf sie wartet. „Ich möchte euch heute verschiedene Trainingsformen zeigen, die ihr in euren täglichen Ablauf einbinden könnt. Jede dieser Übungen führt ihr heute ohne Geräte durch. Ihr arbeitet nur mit dem eigenen Körpergewicht. Das hat den Vorteil, dass ihr das Trainingsprogramm, egal, wo ihr seid, durchführen könnt und dass ihr euren Körper besser kennenlernt."

Sie starten auf der Wiese hinter dem Haupthaus und Susi macht jede einzelne Übung vor, damit die beiden sie kopieren können. Der gesamte Körper wird berücksichtigt, von den Füßen bis zum Kopf. Die Übungsformen beinhalten dehnende, kräftigende und entspannende Elemente. Nicole und Klaus bekommen alle Abläufe auch in schriftlicher Form und auf einer DVD, damit sie jederzeit mit den Übungen weitertrainieren können.

Als sie zum Mittagessen kommen, sind sie etwas müde, aber überglücklich. Sie haben Muskeln wiederentdeckt, von denen sie nicht wussten, dass sie diese noch besitzen. Aber es fühlt sich richtig gut (geil) an.

Nach dem Essen bekommen sie eine besondere Aufgabe: Sie sollen 90 Minuten lang Mittagspause halten und sich ausruhen. Das haben die beiden schon lange nicht mehr getan. In ihrem hektischen Alltag gab es immer wieder Situationen, in denen sie sich müde und angeschlagen fühlten, doch sie reagierten nicht darauf. Hätten sie zu dem Zeitpunkt schon auf ihren Körper gehört und früher schon mal eine Mittagspause gemacht, wäre ihr Körper heute in einem anderen Zustand.

> *Wenn du Müdigkeit, Konzentrationsmangel oder Erschöpfung spürst, dann spricht dein Körper mit dir. Gib dem Körper, was er braucht, und erhole dich!*

Im Sommercamp, mit 150 Kindern pro Woche, nannten wir die Mittagspause „toes on bed", das heißt so viel wie „Zehen auf dem Bett". Es war unglaublich, was wir Betreuer manchmal zu sehen bekommen haben. Natürlich wollten wir, dass die Kinder Pause machten, damit sie am Nachmittag wieder fit waren, um Sport zu treiben. Doch die Kinder hatten ihre eigene Form von „toes on bed" entwickelt. Sie lagen mit dem Bauch auf dem Fußboden, fast wie ein Stern, alle Köpfe in der Raummitte zusammen, die Zehen natürlich auf dem Bett, und spielten Karten. Wir Betreuer mussten sehr lachen, denn das war nicht das, was wir erwartet hatten. Aber immerhin, unsere Regel wurde eingehalten und deswegen konnten wir nichts dazu tun.

Nach der Mittagspause treffen sich Nicole und Klaus wieder mit Susi, doch diesmal fahren sie nach Big Bear Lake, um dort zu trainieren. Dieser See hat einige kleine und sehr versteckte Uferstellen mit Sandstrand. Ein solches Stück Strand hat Susi für diesen Nachmittag ausgesucht. Sie stellt Nicole und Klaus noch weitere Trainingsmöglichkeiten vor, damit, wie bei einem Buffet, für jeden etwas Passendes dabei ist. Heute Nachmittag stehen etwas besinnlichere Sportarten auf dem Programm, denn es geht ja auch darum zu lernen, was der Körper braucht oder möchte. Und das lässt sich besser lernen, wenn man Zeit hat, in sich hineinzuhören. Die Sportarten heißen Pilates, Yoga, Tai-Chi und Qigong. Aus einem mit Batterie betriebenen CD-Player kommt besinnliche Musik. Susi zeigt jede einzelne Übung ganz genau. Natürlich können die beiden diese Abläufe nicht beim ersten Mal gleich richtig, aber sie bekommen ein Gefühl dafür, ob es ein Training ist, das sie zu Hause weiter durchführen möchten.

Nach zweieinhalb Stunden, die mit kleinen Pausen versehen sind und wie im Fluge vergehen, machen die drei sich wieder auf den Weg zum Camp. Nicole und Klaus machen sich noch frisch und anschließend treffen sie Susi im großen Besprechungszimmer wieder. „Heute stand der Sport natürlich im Vordergrund", beginnt Susi die Einleitung für die letzte Trainingseinheit des Tages. „Doch unser Thema ist das Hineinhören in den Körper, um herauszufinden, wie er mit uns spricht. All das wollen wir jetzt erarbeiten. Horcht mal in euren Körper hinein und schreibt alles auf, was er euch sagt: Was geht gerade in ihm vor? Ich weiß, das fällt nicht leicht, da ihr so etwas sicher noch nie gemacht habt, aber versucht es einfach mal.

Erinnert ihr euch an das Achtsamkeitstraining der ersten Tage? Dieses Training könnt ihr jetzt zur Unterstützung einsetzen. Wie beim Achtsamkeitstraining werdet ihr jetzt den Körper durchscannen und in jeden Körperteil hineinhören, was er zu sagen hat.

Lerne, auf deinen Körper zu hören, er hat wichtige Botschaften für dich!

Das wäre eine Möglichkeit. Eine weitere ist, an den heutigen Tag zu denken und zu überlegen, bei welchen Übungen der Körper mit euch gesprochen hat. Das können Aussagen sein wie: ‚Ich spüre mein linkes Knie, wenn ich es beuge', ‚Hier in der Höhe fällt es mir sehr schwer zu atmen' oder ‚Weiter runter kann ich nicht, da meine Sehnen und Muskeln kürzer geworden sind'. Solche Sätze hören wir ständig vom Körper, doch leider reagieren wir nicht darauf, sondern machen immer weiter. Nehmen wir zum Beispiel die Körperaussage: ‚In dieser Höhenluft fällt es mir schwer zu atmen.' Wie sollten wir darauf reagieren?

Wir könnten zum Beispiel so reagieren: Nur weil jetzt Joggen auf dem Programm steht, heißt das ja noch lange nicht, dass ich über meine körperlichen Grenzen gehen soll. Ich kann ja auch schnell gehen, bis mein Körper sich an die Höhe gewöhnt hat.

Doch in eurem Alltag passieren leider immer wieder zwei Dinge: Erstens hört ihr nicht achtsam zu, wie der Körper mit euch redet, und zweitens, selbst wenn ihr es hört, würdet ihr aus Zeitgründen nicht darauf reagieren. Damit müsst ihr aufhören. Denn euer Körper ist euer Fundament, und wenn das Fundament krank wird, leidet ihr sehr stark darunter. Viele der Krankheiten, die Menschen in unserer zivilisierten Welt bekommen, hätten verhindert werden können, wenn sie nur auf ihren Körper gehört hätten."

Es wird eine sehr intensive Übung und auch sehr persönlich, denn sowohl Nicole als auch Klaus erkennen, dass sie sehr nachlässig mit sich und ihrem Körper umgegangen sind. „Warum habe ich nie auf mich gehört? Ich versuche ständig, es allen Menschen recht zu machen, aber ich habe mich dabei vergessen", stellt Nicole erschrocken fest. Die Journale der beiden füllen sich immer mehr, mit Übungen, eigenen Erkenntnissen und besonderen Highlights, die sie nie vergessen möchten.

Auch Klaus kann ein solches Highlight für sich aufschreiben, denn dieses In-alle-Richtungen-gezogen-Werden, und das über einen langen Zeitraum, spürte er besonders an seinem Körper. Seine Bandscheibe meldete sich immer wieder, seine Kopfschmerzen wurden immer stärker und seine Organe spielten nach und nach auch immer wieder verrückt. Susi bedankt sich für die intensive Zeit und lässt Nicole und Klaus, die immer noch sehr nachdenklich sind, in den Feierabend ziehen. Da war ja noch das Basketballspiel, jetzt aber los!

Am nächsten Tag macht Susi ihr Programm mit Nicole und Klaus weiter. Susi wechselt geschickt zwischen Übungsblöcken, in denen sie richtig schwitzen müssen, Training im Fitnessstudio und Entspannungsübungen. Und zusätzlich lernen Nicole und Klaus auch noch, wie wichtig es für unseren Körper ist, richtig zu atmen.

Trainingsprogramme wie Yoga und Qigong achten neben den Bewegungsabläufen auch sehr auf die Atmung. „Da euch die ruhigen und gleichmäßigen Abläufe des Qigong sehr gefallen haben, habe ich eine zusätzliche Sonnenuntergangsentspannung in das Programm eingebaut", erklärt Susi. Nicole und Klaus sind begeistert, fallen aber auch an diesem Abend wieder todmüde ins Bett – mit dem sehr befriedigenden Gefühl, etwas für den Körper getan zu haben.

Als ich am Freitag aus San Francisco zurückkomme, treffe ich Nicole und Klaus auf dem Deck des Haupthauses. Sie sind gerade dabei, ihr Journal weiterzuführen. „Wie geht es euch", will ich von den beiden wissen. „Wir haben uns sehr gut eingelebt. Doch mit der Höhenluft und der direkten Sonneneinstrahlung haben wir noch ein wenig Anpassungsprobleme", geben mir die zwei zur Antwort. Sie haben einen leichten Muskelkater, doch ansonsten hat ihnen das Training mit Susi sehr viel Spaß gemacht.

„Es freut mich, dass es euch so gut geht", erwidere ich. „Ich weiß, wie intensiv diese Höhenlage auf manche Menschen wirkt. Heute möchte ich euch einen wichtigen positiven Gegenspieler zur Bewegung und zum Training vorstellen. Die Entspannung oder Regeneration. Unser Körper ist nicht dafür konzipiert, nur zu arbeiten, nur zu funktionieren oder nur Leistung zu bringen.

Wie bei einer Wippe gilt es auch hier, einen Ausgleich zu schaffen. Für den Körper ist es nicht gesund, nur Gas zu geben und das Wippenende für lange Zeit am Boden zu haben. Genauso ungesund ist es, wenn der Mensch nur rumgammelt und nichts tut, also die Wippe auf der anderen Seite zu lange auf dem Boden ist. Hier gilt es, immer wieder für Ausgleich zu sorgen. Gerade deswegen ist es wichtig, auf den Körper zu hören, um in schwierigen Phasen des Lebens die Wippe wieder in Balance zu bringen.

Stelle die Balance zwischen Belastung und Erholung her, wie bei einer Wippe. Diese Balance schenkt dir eine gesunde Leistungssteigerung!

Ich habe gehört, dass euch die Übung, auf den Körper zu hören, sehr gutgetan und für eine Menge Aufklärung gesorgt hat. Das freut mich sehr, denn das ist die Voraussetzung, um im entscheidenden Moment die richtige Pause, Entspannung oder Regeneration zu setzen. Ähnlich wie beim sportlichen Training werde ich euch heute ein Potpourri aus mehreren Möglichkeiten anbieten, die ihr zu eurer Entspannung einsetzen könnt.

Doch bevor ich euch die verschiedenen Techniken zeige, mit denen ihr regenerieren könnt, möchte ich euch die wichtigste Erholung vorstellen. Das ist unser Schlaf. In Fortbildungen zum Thema Schlaf hört man eine Vielzahl an Varianten von der Dauer und der Tiefe des richtigen Schlafes. Die Schlafforscher haben herausgefunden, dass der Mensch im Durchschnitt sieben bis acht Stunden pro Nacht schlafen sollte. Wie lange schlaft ihr im Schnitt?" „Ich schlafe in stressigen Situationen nicht mehr als fünf bis sechs Stunden pro Nacht", sagt Klaus. Nicole meint: „Bei mir sind es auch schon mal nur vier pro Nacht gewesen, dann aber auch mal wieder acht."

„Das Ziel ist, dass ihr euch einen guten Schlafrhythmus antrainiert", erkläre ich den beiden. „Das bedeutet, dass ihr abends möglichst zur selben Zeit ins Bett geht und mindestens 60 Minuten davor kein Fernsehen schaut. Es ist auch wichtig, keine späten Mahlzeiten (nicht nach 18:00 Uhr) zu sich zu nehmen, sodass der Körper vor dem Schlafen genügend Zeit hat, das Essen auch zu verdauen. Versucht alle elektronischen Geräte weitestgehend aus dem Schlafzimmer zu verbannen.

Vor dem Schlafengehen noch eine leichte Lektüre lesen oder ein entspannendes Sachbuch ist eine gute Alternative zum Fernsehen. Durch diesen feststehenden Rhythmus kommt ihr besser in die erholende Tiefschlafphase. Natürlich können auch eine gute Matratze, die Decke und das Kissen ein wichtiger Faktor sein, um gut zu schlafen. Wichtig ist noch, dass es im Schlafzimmer nicht zu warm ist und dass ihr, wegen der erhöhten Luftfeuchtigkeit, nicht zu viele Zimmerpflanzen im Schlafzimmer stehen habt."

Ein langer, gesunder und tiefer Schlaf ist die beste Erholung für deinen Körper!

„Als nächste, naheliegende und doch für viele Menschen in Vergessenheit geratene Erholung möchte ich euch das Thema Pausen mitgeben. Wenn wir eine gewisse Anzahl an Stunden am Computer gearbeitet haben, dann brauchen wir eine Pause. Genau wie ein Sportler, der nach einer Leistung eine Pause zum Regenerieren braucht. Schade, dass unser Gehirn nach intensiver Leistung nicht verkrampft wie ein Muskel, sonst würden Menschen eher reagieren und eine Pause einbauen. Doch so ganz wahr ist das nicht, denn das Gehirn reagiert auf Überforderung meistens mit Kopfschmerzen. Doch hört ihr darauf?

An den letzten zwei Tagen hat euch Susi gebeten, eine Mittagspause von 90 Minuten einzuhalten. Wie war diese Pause für euch und was waren die ersten Gedanken darüber?" „Als ich hörte, dass es 90 Minuten sind, dachte ich, es wäre ganz schön lang. Ich glaube, meine Reaktion kommt daher, dass ich schon ewig keine Pause mehr gemacht habe", antwortet Klaus. „Ich war schon irritiert beim Wort Mittagspause. Ich kann mich nicht mehr erinnern, wann ich zuletzt eine gemacht habe", gibt Nicole kleinlaut zu. „Doch nach der Pause mit einem kleinen 20-Minuten-Power-Nap habe ich mich frisch und erholt gefühlt. Fast wie neugeboren ging es in die zweite Hälfte des Tages", schildert Nicole ihre Erfahrungen.

Die Hauptaufgabe von Regeneration und Erholung ist ja, dass der Körper seine Energiespeicher wieder auffüllen kann. Das bedeutet, er kümmert sich um sein Immunsystem, seine Organe, und auch die Zellerneuerung kann vorangetrieben werden. Diese drei wichtigen Punkte kommen bei einem gestressten Körper zu kurz. Denn in dem Augenblick, in dem unser Körper im Kampf- oder Fluchtmodus steckt, was er bei Stress macht, ist ihm die Versorgung des Körpers egal. Das bedeutet, die Ausschüttung von Adrenalin und Cortisol wird hochgefahren und die lebenswichtigen Funktionen werden runtergefahren. Auf lange Sicht ist das aber sehr ungesund für unseren Körper.

„Diese Situation kennt ihr doch sicher: Endlich Urlaub, ihr habt euch schon das ganze Jahr darauf gefreut. Dann seid ihr im Urlaub, euer Adrenalin- und Cortisol-Spiegel sinkt, der Körper kann anfangen, sich um sich selbst zu kümmern und... Ihr werdet krank. In dieser Zeit versucht der Körper, alles zu reparieren, was ihr mit eurem Stress kaputtgemacht habt. Also kümmert euch um euren Körper, damit ihr ein gesundes und langes Leben lebt.

Die Pflege des Immunsystems, der Organe und der Zellneubildung können im Zustand der Erholung erfolgreicher durchgeführt werden!

Programme wie autogenes Training, progressive Muskelentspannung, Meditation, Achtsamkeitstraining, Yoga oder Qigong sind optimale Unterstützer der Regeneration und auch ein wichtiger Teil von Entspannung. Ich sage deshalb „ein wichtiger Teil", da diese Programme auch anstrengend sein können, besonders am Anfang, bis die Übungsabläufe so automatisiert sind, bis sie euch leichtfallen.

Seid ihr im Gleichgewicht mit eurer Belastung, Ermüdung und Regeneration, dann habt ihr die Möglichkeit, genau wie ein Leistungssportler eine Leistungssteigerung herbeizuführen. Im Leistungssport nennen wir Trainer den optimalen Bereich für den nächsten Belastungsreiz das Fenster der Superkompensation. Wenn sich ein Mensch nach seiner Belastung genügend Zeit zur Erholung gibt und erst im gut erholten Zustand den nächsten Trainingsreiz setzt, kann er so eine kontinuierliche Leistungssteigerung herbeiführen. Eine kleine Darstellung soll euch den Sachverhalt verständlich machen.

(© W.-U.

Superkompensation

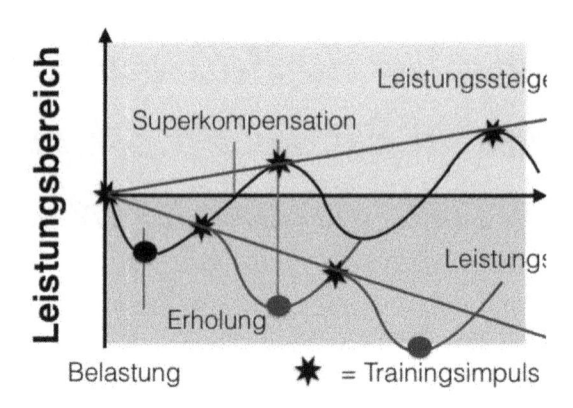

Boeckh-Behrens/W. Buskies (2006); Fitness-Krafttraining, Die Superkompensation)

Die hellgraue Linie, die nach rechts oben zeigt, skizziert, wie sich eine Leistungssteigerung darstellen kann. Aber nur genau dann, wenn der nächste Trainings- oder Belastungsreiz im gut erholten Zustand erfolgt, also im Bereich der Superkompensation. Aber im Umkehrschluss könnt ihr euch auch in den Keller trainieren oder arbeiten, indem ihr den nächsten Trainings- oder Belastungsreiz zu früh in die Erholungsphase setzt. Dies wird durch die dunkelgraue Linie dargestellt. Im beruflichen Kontext und bei einer fehlenden Lebensbalance wird dieser Impuls auf lange Sicht zu einem starken Leistungsabfall oder einem Burn-out führen.

Das war eine Menge Theorie, jetzt wird es Zeit für die Mittagspause. Heute Nachmittag werden wir uns das Ganze in der Praxis anschauen. Lasst euch das Essen schmecken, genießt die Mittagspause und bis nachher!"

Nach der 90-minütigen Pause sehen wir uns wieder. Nicole und Klaus wirken sichtlich erholt. „Jetzt am Nachmittag möchte ich euch drei verschiedene Aspekte der Regeneration zeigen", beginne ich. „Die erste Entspannungsübung ist für den Körper gedacht. Wir beginnen im Liegen und werden ein Dehnungsprogramm durchführen.

Zuerst bitte ich euch, bestimmte Muskelpartien sehr stark anzuspannen und dann wieder zu lockern (progressive Muskelentspannung). Das Ziel dieses Trainings ist die körperliche Entspannung, gleichzeitig aber auch eine bessere Durchblutung durch weiter geöffnete Gefäße.

Beginnen wir mit den Armen und den Händen. Spannt alle Muskeln in den Armen an, ballt die Hände zu einer Faust, haltet das für vier tiefe Atemzüge und dann wieder locker lassen. Jetzt machen wir das Gleiche mit den Beinen und den Füßen. Anspannen für vier tiefe Atemzüge und wieder entspannen. Und zu guter Letzt den gesamten Körper anspannen und dann wieder loslassen. Vielleicht habt ihr schon mal eine Katze beobachtet, wenn sie morgens aufsteht, und noch bevor sie etwas unternimmt, spannt sie den gesamten Körper an, dehnt sich dabei und lässt dann wieder entspannt los. So kann der Tag beginnen.

Als Nächstes führen wir ein kurzes Dehnungsprogramm durch, mein tägliches Morgenritual. Immer noch auf dem Boden liegend möchte ich, dass ihr den Rücken dehnt. Stellt das linke Bein angewinkelt auf den Boden und geht mit eurem rechten Fuß von außen an das linke Knie. Nun drückt ihr das linke Bein (Knie) sachte nach rechts runter Richtung Boden. Achtet bitte darauf, dass die Schultern auf dem Boden bleiben, wenn du möchtest, kannst du die Arme T-förmig vom Körper weglegen, das gibt Stabilität. Schön langsam, nicht mit Gewalt und nur so weit, wie es deinem Körper möglich ist. Auch diese Übung halten wir wieder für vier tiefe Atemzüge und kommen in die liegende Position zurück. Jetzt das gleiche mit der anderen Seite.

Im Anschluss werden wir den Gesäßmuskel dehnen. Dafür stellt ihr wieder das linke Bein auf die Erde und diesmal legt ihr euren rechten Fuß, genauer gesagt den äußeren Knöchel, auf das linke Knie. Jetzt greift ihr mit der rechten Hand durch die Öffnung den vorderen Teil des linken Knies und mit der linken Hand kommt ihr von der anderen Seite. Die beiden Hände fassen sich an und ziehen nun das linke Bein zu sich heran, sodass auf diese Weise der rechte Gesäßmuskel gedehnt wird. Und morgen verraten wir euch die Auflösung des Knotens. Natürlich machen wir die gleiche Übung auf der anderen Seite auch noch.

Nun ist der Oberschenkel vorne an der Reihe. Du legst dich auf die linke Seite und greifst mit der linken Hand nach vorne zu deiner linken Fußspitze. Sollte dein Arm zu kurz sein, kannst du das Bein auch anwinkeln, es dient nur zur Stabilisation. Jetzt greifst du mit der rechten Hand die rechte Fußfessel und ziehst den Fuß langsam nach hinten. Achte darauf, dass der Oberschenkel des rechten Beines waagerecht und parallel zum Boden ist. Auch hier dehnst du nur so weit, bis du ein leichtes Ziehen spürst, und hältst diese Position für vier Atemzüge. Danach kommt der andere Oberschenkel dran.

Für die Adduktorenmuskeln setzt ihr euch aufrecht hin. Die beiden Beine zieht ihr so zu euch heran, dass sich die beiden Fußsohlen vor euch berühren, die Innenseiten der Beine nach oben schauen und die Knie nach rechts und links außen. Mit den beiden Händen fasst ihr jetzt eure Fußfesseln an und drückt gleichzeitig mit euren Ellenbogen die beiden Knie ein wenig Richtung Boden. Sollte das Ziehen nachlassen, könnt ihr den Druck etwas erhöhen, doch vorsichtig, denn an dieser Stelle sind die meisten Menschen nicht sehr gelenkig.

Als Nächstes dehnen wir die Oberschenkelrückseite. Dazu setzt ihr euch wieder hin und streckt das linke Bein geradeaus nach vorne. Das rechte Bein legt ihr, wie bei der Adduktorendehnung, mit der Innenseite des Beines nach oben und die rechte Fußsohle berührt den inneren Oberschenkel des linken Beines. Der Oberkörper sitzt ganz aufrecht. Jetzt greift ihr mit beiden Händen und einem geraden Rücken langsam den linken Fuß des ausgestreckten Beines. Sollten eure Arme zu kurz und euer Bein zu lang sein, dann reicht es auch, wenn ihr mit den beiden Händen das linke Schienbein anfasst und dadurch eine Dehnung hervorruft. Diese Dehnung ist sehr intensiv, sodass ihr genau spürt, ob ihr genug dehnt oder nicht. Und natürlich führt ihr diese Dehnung auf beiden Seiten durch.

Jetzt fehlt euch noch die Dehnung der Waden. Bitte stellt euch hin und sucht euch eine Wand, damit ihr einen leichten Gegendruck aufbauen könnt. Ihr stellt euch mit circa einem Meter Abstand vor der Wand auf, das Gesicht zur Wand und beide Hände in Brusthöhe an die Wand. Als Nächstes werdet ihr mit dem rechten Fuß einen halben Schritt Richtung Wand machen, den linken Fuß komplett auf der Erde und das linke Bein gestreckt lassen. Damit nun eine Dehnung erfolgt, werdet ihr mit dem rechten Bein leicht in die Knie gehen, den gesamten Körper dabei etwas nach vorne schieben und das linke Bein durchgedrückt lassen. Eure Hände stützen sich dabei an der Wand ab, so könnt ihr die Balance halten. Anschließend kommt die andere Wade dran.

Zu guter Letzt werden wir jetzt im Stehen noch die Arme dehnen. Streckt den linken Arm Richtung Decke und knickt jetzt im Ellenbogen ein, sodass ihr euch mit der linken Hand den Rücken (Hals) kratzen könnt. Jetzt fasst ihr mit eurer rechten Hand den linken Ellenbogen an und zieht diesen leicht nach rechts. Das Gleiche natürlich auch auf der anderen Seite. Die zweite Dehnung ist für die Schulter und das hintere Schulterblatt. Ihr winkelt den linken Arm vor eurem Körper nach rechts an und legt die linke Hand auf die rechte Schulter. Jetzt fasst ihr wieder mit der rechten Hand unter den Ellenbogen (Oberarm) und zieht diesen nach rechts. Das sieht dann so aus, als wolltet ihr euch selber mit dem linken Arm erwürgen. Mit dem anderen Arm führen wir die gleiche Dehnung durch. So, das war's fürs Erste, wie geht es euch jetzt?

Könnt ihr die Reaktion im Körper spüren?", will ich wissen, nachdem sie die Übung durchgeführt haben. Beide können gravierende Unterschiede feststellen. „Ich fühle jeden Muskel in meinem Körper, aber gleichzeitig fühle ich mich auch sehr entspannt und voller Energie. Das ist ein sehr angenehmes Gefühl", bestätigt Nicole.

„Auf diese Art und Weise könnt ihr jederzeit im Büro, in der Freizeit oder vor einer sportlichen Tätigkeit den Körper aktivieren und den Energielevel steigern", erkläre ich ihnen. „Lasst uns nun auf dieser wunderschönen, aus einem Baumstamm angefertigten Bank Platz nehmen. Ich habe Kissen für euch zurechtgelegt und auch eine Decke, denn am Nachmittag wird es manchmal etwas kühler in den Bergen.

Nun geht es um die zweite Entspannung, die des Verstandes. Ihr beide habt ja am Anfang eures Aufenthaltes gelernt, wie ihr mithilfe von Achtsamkeitstraining und Meditation eure Gedanken reduzieren könnt. Heute möchte ich euch eine Übung vorstellen, die zusätzlich hilft, den Kopf zu entlasten.

> *Schreib einfach mal alles auf, was dich zu einem bestimmten Thema beschäftigt. Du wirst sehen, das ist sehr entspannend!*

Entscheidet euch bitte für ein Thema, das euch fast täglich im Kopf beschäftigt. Fällt euch etwas ein?" Beide überlegen eine Weile, doch dann sagt Klaus: „Das Thema Zeit und keine Zeit haben ist immer wieder in meinem Kopf." „Mein Thema ist diese Fremdbestimmtheit", antwortet Nicole. „Also, dann sind das genau eure Themen für die nächsten 15 Minuten. Ich möchte, dass ihr die Übung völlig wertfrei und ohne viel Nachdenken durchführt. In dieser Übung gibt es kein Richtig oder Falsch, sondern nur diese Aufgabe, die einfach spielerisch gemacht wird. Bitte nehmt euer Journal und schreibt alles auf, was euch zu euren Themen in den Kopf kommt. Einfach nur aufschreiben, ohne zu analysieren, zu bewerten oder zu korrigieren. Viel Spaß!"

Nach Ablauf der 15 Minuten bitte ich die beiden, ihre Journale zu schließen und das Geschriebene in Ruhe zu lassen. „Ihr könnt euch den Inhalt gerne im Laufe der nächsten Tage anschauen, aber auch dann bitte völlig wertfrei. Wie fühlt sich jetzt euer Kopf an, nachdem ihr vieles aufs Papier gebracht habt?"

> *Behandle deinen Körper, wie du ein neugeborenes Baby oder einen Welpen behandeln würdest. Gehe genauso zärtlich und liebevoll mit deinem Körper um!*

Nicole fühlt sich sichtbar erleichtert und sagt: „Das grenzt ja schon an Zauberei. Endlich wird der Kopf ruhiger, entspannter und ich kann wirklich sagen, auch friedlicher. So habe ich mich schon lange nicht mehr gefühlt, jemand hat den Ballast aus meinem Kopf genommen." „Ich kann es noch nicht so genau definieren, aber es fühlt sich gut an", ergänzt Klaus.

„Das freut mich. Und jetzt kommen wir zur letzten Entspannungsübung, sie ist für eure Seele bestimmt: Nutzt den geistig entspannten Zustand und lasst eure Seele baumeln. Lasst euren Blick einfach in die Ferne schweifen. Genießt diese Ruhe, die Natur, das Grün, die Pferdekoppeln und die Bergspitzen in der Ferne.

Bald wird die Sonne untergehen, erfreut euch an diesem Schauspiel, einfach ohne Worte und in Frieden. Bis morgen."

Nicole:

Durch das körperliche Training konnte ich mich selber wieder spüren, dieses Training war nur für mich und niemand anderen. Das hat sich sehr gut angefühlt, etwas für mich zu tun. Ich habe in den letzten Tagen auch Übungen durchgeführt, von denen ich nie gedacht hätte, dass ich sie schaffen kann, aber ich konnte. Für mein Selbstbewusstsein waren das sehr große Schritte in die richtige Richtung. Und wenn ich darüber nachdenke, dass nur ich für meinen Körper, meine Gesundheit und meine Pausen zuständig bin, so habe ich mir vorgenommen, dass ich darauf penibel achtgeben werde.

Als ich mich um alle anderen Menschen gekümmert habe, bin ich zu kurz gekommen. Mir hat das Modell mit der Wippe die Augen geöffnet und gezeigt, dass nur eine ausbalancierte Wippe den gewünschten Erfolg bringt. Mein Lieblingstraining in den letzten Tagen war das Training mit dem eigenen Körpergewicht. Da brauche ich niemanden dazu, ich kann mir die Zeiten frei einteilen und ich bin ganz bei mir.

Klaus:

Endlich wieder Sport treiben, das hat mir so gefehlt. Sich mal so richtig auszupowern, mal ins Schwitzen und Schnaufen zu kommen, hilft mir, den Kopf leer zu machen. Wenn ich Sport treibe, dann habe ich nicht mehr das Gefühl, dass zehn Menschen gleichzeitig etwas von mir wollen. Das fühlt sich richtig gut an, entspannend. Nach der sportlichen Betätigung fällt es mir auch viel leichter, eine Pause einzulegen, um zu regenerieren.

Ich habe mir vorgenommen, diese wertvollen regenerativen Pausen auch während der Arbeit einzubauen, um wieder klarer denken zu können. Besonders angetan bin ich aber auch von diesen Soft-Übungen, wie ich sie jetzt einfach mal nennen möchte. Besonders Qigong hat mir die Augen geöffnet. Ich bin begeistert, dass gerade Übungsformen mit ruhigen, langsamen und besinnlichen Bewegungsabläufen mich dabei unterstützen, ausgeglichener zu werden. Sport hilft mir auf jeden Fall dabei, mein Hamsterrad langsamer drehen zu lassen und vielleicht so langsam, dass es mir leichter fällt, auch mal aus dem Rad auszusteigen.

FAZIT FÜR DEN 2. SCHRITT:
Spüre deinen Körper und nimm dir Zeit für dich

Der 3. Schritt

TRAINIERE DEINE POSITIVE GRUNDEINSTELLUNG

Zufriedenheit mit deinem Verstand

Das freie Wochenende verbringen Nicole und Klaus in Big Bear Lake. Das ist der direkte Nachbarort von Big Bear. Er liegt nur vier Meilen entfernt, direkt am See. Auf dem Weg dahin passiert das Auto den kleinen Flughafen von Big Bear. Hier verkehren kleine Sportmaschinen und laden Personen aus der Stadt zu einem Kurztrip in die Berge ein. Immer am See entlang fahren Nicole und Klaus, bis fast zum Ortsende, dem Village, einem kleinen, aber feinen Einkaufsparadies von Big Bear Lake.

Sie schlendern durch die malerische Ortschaft mit den vielen kleinen Boutiquen im Westernlook und machen Besorgungen: die berühmten Mitbringsel für Freunde und Verwandte. Anschließend gönnen sie sich einen Eisbecher in der berühmten Eisdiele „North Pole". Was für eine Farbenvielfalt, so viele Eissorten und so viele Toppings (Streusel), einfach unglaublich. Da sie die gesamte Woche fleißig trainiert haben, ist dieses Eis jetzt ihre Belohnung und die Kalorien werden nicht gezählt.

Sonntags mieten sie sich ein Camp Boot und verbringen den ganzen Tag auf dem See. Ein gelebter

Traum! Das Motorboot ist komplett aus Teakholz gefertigt, alles in einem dunklen Braun gehalten, mit Platz für acht erwachsene Personen. Sehr gemütliche Sitze laden zum Genießen ein. Dieser klare Bergsee, das ruhige Wasser, die Aussicht auf die umliegenden Berge und zur Krönung noch der Blick auf die Prachthäuser, die ihre Grundstücke direkt am See haben... Nicole und Klaus haben in der letzten Woche viel über Entspannung gelernt und lassen sich ohne Motor auf dem See treiben. Entspannung pur.

Am nächsten Tag beginnt ihre Woche Nummer zwei. Ich bin im Camp bei der regelmäßigen Montagmorgenbesprechung, die zu Beginn einer jeden Woche mit allen Trainern, Coaches und dem gesamten Personal durchgeführt wird. Die Essenspläne werden erstellt, die Zeitfenster für die Trainer und Coaches verteilt, die Fortschritte der Klienten werden besprochen und weitere Ziele festgelegt.

Gleich im Anschluss daran treffe ich mich mit Nicole und Klaus. „Na, wie war euer Wochenende? Habt ihr die freie Zeit genießen können und trotzdem weiter trainiert und auch Ruhephasen bewusst wahrgenommen?", will ich von den beiden wissen. „Wir haben Besorgungen in Big Bear Lake gemacht und sind am Sonntag auf den See rausgefahren. Das war unbeschreiblich schön und sehr entspannend!", erzählt Nicole fröhlich. „Aber wir haben jeden Tag mit unserem Sportprogramm weitergemacht", erzählt Klaus begeistert.

„Ihr habt jetzt in den letzten Tagen sehr viel über euren Körper erfahren. Ihr habt verstanden, wie ihr es schaffen könnt, mit einem gesunden, trainierten und ausgeruhten Körper ein solides Fundament für euer Lebenshaus aufzubauen", fasse ich die Ergebnisse der letzten Woche zusammen. „Das ist die optimale Grundlage für alle weiteren Schritte, die ihr in den nächsten drei Wochen erleben werdet. Wie hat denn die letzte Woche auf euch persönlich gewirkt?", will ich wissen.

„Also, ich kann eine ganz klare Veränderung wahrnehmen. Während mein Körper die letzten Wochen aufgrund der vielen Arbeit und des ständigen Hin-und-her-gerissen-Seins sich schlapp angefühlt hat, bin ich jetzt energiegeladen", antwortet Klaus wie aus der Pistole geschossen. Nicole antwortet etwas besonnener: „Ich habe festgestellt, dass ich besonders nach dem Sport meine Ruhephasen besser genießen kann als früher. Wenn ich vor dem Training eine Pause gemacht habe, ist mein Verstand nie still gewesen, sondern hat ständig über alles Mögliche nachgedacht. Das habe ich als sehr anstrengend empfunden. Doch jetzt ist das anders. Ich kann besser abschalten und fange an, die Ruhephasen und die gewonnene Zeit für mich zu genießen."

„Super, dann bitte ich euch, das Erlernte auch zu Hause für euch in den Alltag einzubauen und für den Rest eures Lebens weiter so zu trainieren", sage ich. Aus meiner Erfahrung als Trainer weiß ich genau, wie schnell der Mensch in alte Muster zurückfällt. „Als Nächstes werdet ihr euch damit beschäftigen, eine positive Einstellung einzuüben. Mit ihr werdet ihr euch auf den weiteren Weg zum Erreichen eurer Ziele machen", erkläre ich den weiteren Vorgang. „Was ist in euren Augen eine positive Einstellung?", frage ich die beiden. „Nehmt euch ruhig Zeit, über diese Frage nachzudenken. Ihr könnt euch bei einem gemütlichen Spaziergang darüber austauschen. Wir treffen uns in einer Stunde auf dem Volleyballfeld. Bitte bringt dann jeder einen Satz mit, der für euch die positive Einstellung am treffendsten beschreibt. Auf dem Volleyballfeld ist unsere Gedenktafel der positiven Einstellung. Alle bisherigen Teilnehmer haben sich auf dieser Tafel verewigt und heute seid ihr an der Reihe."

Nicole und Klaus machen sich auf den Weg. Sie kennen die nähere Umgebung des Camps jetzt schon besser, besonders durch ihre Trainingseinheiten mit Susi. Ein kleiner Pfad an den Pinienbäumen vorbei lädt zu einer gemütlichen, drei Kilometer langen Runde ein. Die beiden treffen pünktlich wieder am Volleyballfeld ein und bringen zwei Ergebnisse mit.

„Schön, euch wiederzusehen", stelle ich fest. „Seid euch bewusst, bevor wir eure Ergebnisse offen teilen, dass Aussagen wie eure aus dem Blickwinkel des Betrachters immer richtig sind. Es gibt hier kein Richtig oder Falsch, sondern nur die eigene Meinung, und die ist wichtig. Nicole, lies du bitte als Erste vor, was für dich eine positive Einstellung bedeutet. Dann du, Klaus. Wenn wir eure beiden Aussagen gehört haben, könnt ihr euch auf dieser Tafel verewigen und euren Namen unter eure Aussage schreiben. Dann können künftige Teilnehmer auch von eurer Weisheit profitieren."

Und das sind die Ergebnisse der beiden:

Nicole:

Meine positive Grundeinstellung ist meine innere Kraft, die mich immer wieder aufrichtet, wenn das Leben mich aus dem Gleichgewicht geworfen hat.

Klaus:

Meine positive Einstellung hilft mir, das Glas als halb voll zu sehen, und das in jeder Lebenssituation.

„Vielen Dank", sage ich. „Das sind tolle Aussagen. Ich möchte, dass ihr wisst, dass diese Aussagen nicht in Stein gemeißelt sind. Je nach Lebenssituation, nach den Umständen oder der eigenen Verfassung kann sich eine solche Aussage jederzeit wieder verändern. Ihr könnt immer etwas hinzufügen oder neu schreiben. Danke erst einmal für eure Offenheit. Wenn ihr diese Aussagen noch einmal durchlest, welche Gedanken kommen euch in Bezug auf die Anfang letzter Woche gefassten Ziele als Erstes in den Kopf? Zur Erinnerung für euch, eure Ziele sind:

Nicole:

Ich möchte wieder mehr Vertrauen in mich haben!

Klaus:

Ich möchte Veränderungen gelassener gegenübertreten!

„Mir hilft diese Aussage sehr", sagt Nicole, „denn wenn ich meine innere Kraft wiederfinden kann, dann kann ich mit den unterschiedlichsten Lebenssituationen fertigwerden." „Auch ich kann sagen, dass die Sichtweise eines halb vollen Glases mich dabei unterstützen wird, mit Veränderungen im Leben gelassener umzugehen", ergänzt Klaus. Ich nicke. „Sehr gut. Mit diesen positiven Gedanken und dem sehr positiven Ergebnis werden wir den Vormittag beenden. Wir treffen uns nach dem Mittagessen im großen Besprechungsraum wieder. Dort planen wir das weitere Vorgehen. Lasst es euch schmecken!"

Das brauche ich nicht zweimal zu sagen, denn das Mittagessen im Camp, bestehend aus drei verschiedenen Menügängen, ist ein Highlight an ausgewogenem Essen. Die Camp-Teilnehmer haben immer die Wahl zwischen Fisch, Fleisch und einem vegetarischen Gericht. Dazu gibt es noch die Option zweier Tagessuppen und eine große Auswahl an Desserts. Einfach lecker.

Nach der Mittagspause kommen Nicole und Klaus zu mir in den Besprechungsraum. „Ich werde euch jetzt zeigen, welche Möglichkeiten wir haben, um uns eine positive Grundeinstellung anzutrainieren", lasse ich die beiden wissen. „Stellt euch bitte vor, ihr möchtet einen Baum pflanzen. Ihr geht in die Gärtnerei, besorgt euch einen dementsprechenden Setzling und pflanzt ihn zu Hause im Garten ein.

Ich möchte euch zeigen, wie ihr eine positive Einstellung in eurem Verstand einpflanzen könnt. Dann liegt es an euch, diesen Setzling zu pflegen, zu gießen und ihn ins Sonnenlicht zu stellen, damit er gut gedeihen und wachsen kann. Damit dieser Setzling von Beginn an einen optimalen Nährboden bekommt, besorgt ihr in der Regel noch einen Sack mit guter Erde. Diese bietet dem Setzling in den nächsten Wochen genügend Nahrung und Unterstützung, damit er gut angehen kann. Genauso verhält es sich bei euch: Damit sich eine positive Einstellung in euch manifestieren kann, solltet ihr dafür die optimalen Vorrausetzungen schaffen."

Ich schaue beiden in die Augen. „Seid ihr von ganzem Herzen, mit einer gesunden Offenheit und eurem ganzen Willen bereit, dieses Vorhaben zu unterstützen? Und das nicht nur zu 60%, sondern wirklich zu 100%?"

Die beiden nicken. „Gut. Da dieser Prozess etwas dauert, braucht ihr all eure Stärken und Ressourcen, wie zum Beispiel Ausdauer und Geduld. Denn ihr werdet nicht sofort Ergebnisse sehen! Aber ihr werdet die ersten positiven Erlebnisse schon nach wenigen Tagen haben und wissen, ihr seid auf dem richtigen Weg. Mit folgender Übung macht ihr den ersten Schritt zu eurer eigenen positiven Einstellung. Ihr werdet jeden Tag aufmerksam nach Dingen, Situationen oder Gelegenheiten Ausschau halten, die euch glücklich, zufrieden oder fröhlich machen. Damit ihr das auch schriftlich festhalten könnt, werdet ihr noch in dieser Besprechung ein Geschenk von mir bekommen. Lasst euch überraschen." Ich zwinkere den beiden zu.

„Wie bei jedem Training brauchen wir tägliche Rituale. Bei unserem Setzling sind die Sonne, der zusätzliche Dünger und natürlich immer wieder etwas Wasser die täglichen Unterstützer des Wachstums. Also brauchen auch wir Menschen tägliche Rituale, mit denen wir unser Trainingsprogramm unterstützen. Ein solches Ritual werden wir mit dem sogenannten ‚Positiven Tagesrückblick' etablieren. Eine Übungsform, die ich im Inntal Institut in Bad Aibling von meiner Ausbilderin Daniela Blickhan lernen durfte.

(Daniela Blickhan (2015);
Buch: Positive Psychologie, Ein Handbuch für die Praxis; Seiten 76+77)

Ihr bekommt jetzt von mir ein persönliches Positiver-Tagesrückblick-Tagebuch. So könnt ihr mit der Übung gleich heute, besser gesagt, jetzt beginnen. Wir werden die erste Tagebuchseite zusammen ausfüllen und über die Einzelheiten oder Besonderheiten gleich im Anschluss sprechen, damit ihr ganz sicher seid, wie es funktioniert.

Die Aufgabe hört sich ganz einfach an. Aber auf den zweiten Blick ist es für den einen oder anderen gar nicht so leicht. Ich bitte euch für die nächsten drei Monate, jeden Abend den positiven Tagesrückblick kurz vor dem Schlafengehen zu schreiben. Am besten legt ihr das Tagebuch auf euren Nachttisch, dann habt ihr es immer griffbreit. Schreibt bitte drei Ereignisse, Situationen oder Gelegenheiten auf, die euch glücklich oder zufrieden gemacht haben. Für viele Menschen ist diese Aufgabe schon sehr schwer. Was ist heute passiert... hm... und sie denken nach und es will ihnen einfach nichts einfallen. Vielleicht suchen manche Menschen nach zu großen Dingen und übersehen dabei die kleinen schönen Momente, die in ihrem Leben passieren.

Wichtig ist unsere Wahrnehmung. Wir gehen oft mit einer negativen Einstellung durchs Leben und wundern uns, dass uns ständig negative Situationen umgeben. In diesen negativen Momenten finden genauso viele positive Ereignisse statt, doch leider bekommen wir diese durch unsere negative Denkweise nicht mit. Natürlich gilt diese Aussage auch andersherum: Sind wir mit einer positiven Einstellung unterwegs, werden wir mehr Positives erleben. Also meine Bitte an euch: Setzt eine positive Brille auf, damit ihr am Ende des Tages drei positive Ereignisse aufschreiben könnt.

Deine positive Einstellung hilft dir, im Alltag immer mehr positive Situationen wahrzunehmen!

Jetzt habt ihr diese drei Erlebnisse aufgeschrieben. Stellt euch nun zusätzlich folgende Frage: „Warum war dieses Ereignis für mich schön?" Mit der Frage bekommt ihr die Möglichkeit, nochmals in die Situation einzutauchen und die schönen Emotionen, die das Ereignis mit sich gebracht hat, zu fühlen. Und die könnt ihr dann so lange, wie ihr möchtet, genießen.

Zum Abschluss hat Daniela Blickhan noch eine sehr wichtige Frage hinzugefügt: „Was habt ihr dazu beigetragen?" Diese Frage zu beantworten ist für euch ein großer Gewinn, denn wenn ihr wisst, was ihr dazu beigetragen habt, dann könnt ihr es ja immer wieder tun. Also sucht so viele Situationen oder Ereignisse, wie es geht, damit ihr unzählige glückliche Momente genießen könnt.

Doch auch hier liegt eine Stolperfalle. Eine Teilnehmerin schrieb zwar, dass sie auf einem Konzert war und sie das glücklich gemacht hat. Aber auf die Frage, was sie dazu beigetragen habe, sagte sie: „Gar nichts, denn die Sängerin hat ja so schön gesungen und nicht ich." Doch bei genauerem Hinsehen stellte sie dann fest, dass sie eine Eintrittskarte gekauft hat, zum Konzert gefahren ist, sich mit einem offenen Herzen und gespitzten Ohren in dieses Konzert gesetzt hat und es so genießen konnte.

Hier nun Euer Geschenk." Ich überreiche den beiden ein sehr schönes, gebundenes Buch. „Dies ist euer persönliches Tagebuch in eurer Lieblingsfarbe. Schreibt euren Namen und eure Adresse darauf. Nutzt es ab heute jeden Abend vor dem Schlafengehen und tragt drei Glücksmomente ein. Zum Üben schreibt jetzt bitte für euch drei Erlebnisse auf, die ihr gestern als besonders glückliche Momente erlebt habt. Wenn ihr Fragen habt, hebt gerne die Hand."

Ich habe vor der Besprechung den Raum zu einem gemütlichen, ruhigen und besinnlichen Ort hergerichtet. In den vier Ecken des Raumes brennen große Kerzen in gusseisernen Halterungen und es erklingt leise Meditationsmusik. Nicole und Klaus haben nun Zeit, in sich zu gehen und nach den für sie glücklichen Momenten des gestrigen Tages zu forschen. Als kleine Hilfestellung habe ich den beiden noch gesagt, dass sie sich den gestrigen Tag wie eine Perlenkette vorstellen können, an der sie sich von Perle zu Perle hangeln und so den Tag in Gedanken von morgens bis abends durchgehen können. Sie schreiben eifrig. Ich kann in ihren Gesichtern sehen, dass ihnen diese Übung gefällt und sie positive Emotionen verspüren.

Danach tauschen wir uns in dieser schönen Atmosphäre aus. „Es fiel mir schwer, mich an drei Situationen zu erinnern, die mir gutgetan haben, aber der Tipp, sich den Tag wie eine Perlenkette vorzustellen, hat mir geholfen. So konnte ich die einzelnen Stationen des Tages noch mal in Gedanken durchgehen", sagt Nicole. Klaus lässt sich etwas mehr Zeit, bevor er uns antwortet. „Ich habe gespürt, wie es mir mein Ehrgeiz, alles besser, schneller und perfekter zu erledigen, anfangs sehr schwer gemacht hat, etwas aufzuschreiben. Doch der Hinweis, wir sollten auch mal auf die Kleinigkeiten des Tages achten, hat mir sehr geholfen. So wurde ein Lächeln der Bedienung in der Eisdiele zu einem glücklichen Moment", stellt Klaus mit Freude fest.

Halte jeden Tag nach Dingen Ausschau, die dich glücklich machen, mögen sie auch noch so klein sein!

Ich bedanke mich bei den beiden für die gelungene Arbeit und lade sie für heute Abend zum Lagerfeuer ein. Beide nehmen die Einladung mit Freude an und fragen, ob sie etwas mitbringen sollen. „Nicole, ich habe in deinen Unterlagen gelesen, dass du als Kind und Teenager Gitarre gespielt hast: Wir haben Gitarren hier, wenn du möchtest, kannst du uns beim Lagerfeuer auf der Gitarre begleiten." Ihr Gesicht wird knallrot und ihre Sprache klingt so, als habe sie einen Frosch im Hals. „Aber ich habe doch so lange nicht gespielt, ich weiß gar nicht, ob ich das noch kann", sagt sie spürbar unsicher. „Wir würden uns darüber sehr freuen, natürlich nur, wenn du es selbst auch möchtest", beruhige ich sie.

Es wird ein wunderschöner Abend unter dem kalifornischen Sternenhimmel, eine laue Nacht im Schein des großen Lagerfeuers. Alle Gäste nehmen auf den im Kreis gelegten Heuballen Platz. Fast das gesamte Camp ist da und natürlich auch Freunde, mit denen wir schon seit vielen Jahren zusammenarbeiten. Aber auch viele Trainer und Leistungssportler aus den nahe liegenden Stützpunkten sind gekommen, alle unterhalten sich angeregt.

Zum Naschen gibt es S'mores. Das ist eine amerikanische Lagerfeuerspezialität. Man erhitzt Marshmallows über der Flamme, indem sie auf die Spitze eines Stocks gesteckt werden, bis sie leicht blubbern und weich werden. Anschließend werden sie zusammen mit einem Stück Schokolade zwischen zwei Graham Crackers (Butterkekse gehen auch) gepresst und gegessen. Lieber Leser, das musst du mal probieren, einfach lecker. (Hinweis: Für Menschen, die keine klebrigen Finger mögen, ist diese Spezialität wahrscheinlich nichts.) Die Stimmung am Lagerfeuer ist herzlich und fröhlich. Es wird sehr viel gelacht, und das liegt nicht nur an den leckeren Cocktails, die serviert werden.

Die ersten Lieder werden angestimmt. Wir haben vier Gitarren dabei und jeder, der will, kann die Lieder begleiten. Da Lagerfeuer in der amerikanischen Camp-Tradition weitverbreitet sind, kennt jeder sehr viele der Lieder. Die Stimmung wird immer ausgelassener und alle singen mit.

Plötzlich steht Nicole auf, greift zu einer Gitarre und spielt auch mit. Erst noch ganz leise, kaum hörbar, nach und nach selbstbewusster, und am Ende des Abends ist sie ganz in ihrem Element. Es ist traumhaft schön, live dabei sein zu dürfen, wenn eine solche Verwandlung bei einem Menschen zu beobachten ist! Wenn eine Person mit einem anfangs geringen Selbstwert es schafft, sich aus eigener Kraft mehr und mehr in einer sehr selbstbewussten Rolle wiederzufinden. Es ist für uns alle ein unvergesslicher Abend und spät, sehr spät beginnt die Schlafenszeit.

Wenn du etwas aus Leidenschaft machst, dann gelingt es dir auch und so baust du dein Selbstwertgefühl auf!

Der nächste Morgen beginnt etwas später als sonst, was an dem wundervollen Abend liegen könnte. Ich treffe Nicole und Klaus wieder beim Frühstück und schaue in das immer noch absolut glückliche Gesicht von Nicole. Sie bedankt sich überschwänglich für den gestrigen Abend und wird sofort wieder rot. Auch Klaus hat der Abend sehr gut gefallen, denn die Gespräche mit den Leistungssportlern berührten sein Sportlerherz und schenkten ihm Motivation, wieder mit dem Sport zu beginnen.

Dieser gemütliche Lagerfeuerabend und die Trainingseinheiten haben Nicole und Klaus schon viel zufriedener gemacht, als sie es noch vor einer Woche waren. Wir verabreden uns nach dem Frühstück zu einer ausgedehnten Wandertour auf einen der nahe gelegenen Berge. „Also, zieht festes Schuhwerk an, bringt Schreibzeug mit und holt euch in der Küche ein Lunchpaket. Um 11:00 Uhr gehen wir vom Parkplatz aus los", rufe ich den beiden noch hinterher.

Gesagt, getan – Abmarsch. Ziel dieser Wanderung ist ein nahe gelegenes Gipfelkreuz auf dem Sugarloaf Mountain. Dieser Trip wird alles, was wir in den letzten acht Tagen gelernt haben, miteinander kombinieren. Der sportliche Aspekt kommt bei einer Bergwanderung nicht zu kurz. Auch werden wir zwei längere Pausen zur Regeneration einlegen, um etwas zu reflektieren und den Gipfel zu genießen.

Wir gehen also achtsam und anfänglich noch sehr schweigsam los. Besonders Klaus ist sehr still und nachdenklich. So kenne ich ihn nicht, also frage ich nach: „Klaus, ist alles okay, worüber denkst du nach?" „Ich denke über die Broschüre von Big Bear nach und dass es in den Bergen noch viele Bären geben soll. Wenn ich ehrlich bin, habe ich großen Respekt vor diesen Tieren."

„Das ist auch gut so", erwidere ich, „diesen Respekt sollte man der Natur entgegenbringen. Doch mach dir keine Sorgen, denn ich bin von den lokalen Wildhütern ausgebildet worden und weiß, wie man reagieren sollte, wenn ein Bär auftaucht. Doch ich bin schon so oft in diesen Bergen unterwegs gewesen und habe noch nie einen Bären gesehen, und wenn, dann nur von Weitem. Denn die Bären sind eher scheu und wollen nichts von uns. Die einzige Situation, in der es brenzlig werden könnte, ist, wenn sich eine Bärin angegriffen fühlt und ihre Junge verteidigt. Doch in dieser Jahreszeit brauchen wir uns darum nicht zu sorgen. Ich hoffe, ich kann dich damit ein wenig beruhigen." Klaus nickt, so ganz überzeugt scheint er mir aber noch nicht.

Wir marschieren immer weiter den Berg hinauf. Erst noch durch dichte Pinienwälder, an einem Bachlauf hinauf, dann durch felsenzerklüftete Berghänge.

Es ist immer wieder ein erhabenes Gefühl, Zeuge sein zu dürfen, zu welchen wundersamen Erscheinungen die Natur fähig ist. Wir gehen zwei Stunden durch diese majestätische Landschaft, bis wir an eine etwas felsigere Landschaft kommen und uns an einer Quelle niederlassen. Diese Quelle wird am Fuße des Berges zusammen mit anderen Quellen zu einem größeren Fluss. Doch hier oben in den Bergen ist die sprudelnde Quelle nicht größer als ein Waschbecken. Ein Naturschauspiel, das uns dem Wunder der Erde ein wenig näherbringt. Wir sind am richtigen Ort für unsere nächste Übung.

> *Die Natur ist dein Ursprung; wann immer du die Gelegenheit hast, verbinde dich wieder mit ihr!*

Wir setzen uns auf einen Baumstamm und machen eine Pause. Dann öffnen wir unsere leckeren Lunchpakete und trinken unser Wasser. Die Camp-Küche versteht es, selbst bei einer solch relativ kleinen Ration auf die Geschmäcker der Teilnehmer einzugehen, unglaublich. Nach der Stärkung bitte ich Nicole und Klaus, ihre Journale herauszuholen, damit sie sich Notizen machen können. Den beiden sind unsere Trainingsmethoden inzwischen sehr gut bekannt und sie wissen, dass sich nach jeder Übung etwas zum Besseren verändert. Also sitzen sie mit freudiger Erwartung und einem Lächeln im Gesicht auf ihrem Baumstamm.

„Die heutige Übung ist die Übung der Dankbarkeit. Und dafür gibt es keinen besseren Ort als die freie Natur in ihrer ganzen Herrlichkeit. Ich möchte euch zu einer Übung einladen, die sich ‚Die wertvolle Liste der Dankbarkeiten' nennt.

Ich habe diese Übung an die ‚100 Dankbarkeiten' von Robert Holden aus England angelehnt. Robert Holden ist ein weiterer wichtiger Ausbilder und Mentor von mir. Seine Übung findest du in seinem Buch ‚Be happy, release the power of happiness in YOU' auf der Seite 115.

Nehmt euch ruhig Zeit und schreibt alles auf, wofür ihr dankbar seid. Das können Erfahrungen, Beziehungen, Situationen, Bücher, Orte, Lieder, Dinge, Filme, Gelegenheiten und vieles mehr sein. Schreibt alles auf, was euch in den Sinn kommt.

Wenn ihr anschließend noch etwas Zeit habt, dann könnt ihr euch sogar fragen, was dazu geführt hat, dass ihr genau dieses Ereignis oder diese Person gewählt habt, und warum ihr gerade dafür dankbar seid. Doch bevor ihr mit der Übung beginnt, möchte ich euch etwas vorlesen.

Diese Mail habe ich vor vielen Jahren zur Freundschaftswoche erhalten und sie schafft, wie ich finde, eine optimale Grundstimmung für diese Übung." Ich hole einen ausgedruckten Brief aus meiner Tasche und lese den beiden vor.

"Geht es uns wirklich so schlecht?
Einige Fakten, die zum Nachdenken anregen sollen. Wenn wir die ganze Menschheit auf ein Dorf von 100 Einwohnern reduzieren, aber auf die Proportionen aller bestehenden Völker achten würden, wäre dieses Dorf so zusammengestellt:

57 Asiaten
21 Europäer
14 Amerikaner
   (Nord u. Süd)
8 Afrikaner

52 weiblich
48 männlich

70 Nicht-Weiße
30 Weiße

70 Nicht-Christen
30 Christen

89 Heterosexuelle
11 Homosexuelle

6 Personen besitzen 59 % des gesamten Weltreichtums und alle 6 Personen kommen aus den USA

80 haben keine ausreichenden Wohnverhältnisse

70 Analphabeten

50 sind unterernährt

1 wird sterben

2   werden geboren

1   hätte einen PC

1   (nur einer) hätte einen akademischen Abschluss

Wenn man die Welt aus dieser Sicht betrachtet, wird jedem klar, dass das Bedürfnis nach Zusammengehörigkeit, Verständnis, Akzeptanz und Bildung notwendig ist.

Falls du heute Morgen gesund und nicht krank aufgewacht bist, bist du glücklicher als eine Million Menschen, welche die nächste Woche nicht erleben werden.

Falls du nie einen Kampf des Krieges erlebt hast, nie die Einsamkeit durch Gefangenschaft, die Agonie des Gequälten, oder nie Hunger gespürt hast, dann bist du glücklicher als 500 Millionen Menschen auf der Welt.

Falls du in die Kirche gehen kannst ohne die Angst, dass dir gedroht wird, man dich verhaftet oder dich umbringt, bist du glücklicher als drei Milliarden Menschen der Welt.

Falls sich in deinem Kühlschrank Essen befindet, du angezogen bist, ein Dach über dem Kopf hast und ein Bett zum Hinlegen, bist du reicher als 75% der Einwohner dieser Welt.

Falls du ein Konto bei der Bank hast, etwas Geld im Portemonnaie und etwas Kleingeld in einer kleinen Schachtel, gehörst du zu 8% der wohlhabenden Menschen auf dieser Welt.

Falls du diese Nachricht liest, bist du doppelt gesegnet worden, denn:

1. Jemand hat an dich gedacht und
2. Du gehörst nicht zu den zwei Milliarden Menschen, die nicht lesen können.
   Und ... du hast einen PC!"

(Wie ich schon sagte, habe ich dieses Schreiben anlässlich der Freundschaftswoche am 15. April 2001 per E-Mail von einem Sportkameraden U. Bauer bekommen. Nach intensiver Recherche habe ich den Urheber dieser Mail nicht herausbekommen. Wenn jemand den Urheber kennt, möchte er sich bitte bei mir melden, damit ich ihn nachtragen kann.)

Ob die Zahlen den heutigen wissenschaftlichen Studien und Berechnungen im Detail standhalten, kann ich nicht mit Bestimmtheit sagen. Doch auch wenn diese Zahlen den realen Zahlen nur in etwa nahekommen, sind meine Kursteilnehmer nach dem Hören des Briefes immer sehr dankbar geworden für alles, was sie schon in ihrem Leben besitzen, und es fällt ihnen viel leichter, sich auf diese Übung einzulassen.

Wie auch in meinen Seminaren herrscht für eine lange Zeit Stille nach dieser Betrachtung. Eine Zeit, um zu reflektieren, wie gut es uns doch eigentlich geht und auf welchem hohen Niveau wir in Deutschland tagtäglich jammern. Ich lasse die beiden alleine und setze mich in Sichtweite auf einen Felsen, von dem aus ich das ganze Valley überblicken kann.

Ich erinnere mich noch gut daran, wie sehr mir diese Übung der Dankbarkeit vor einigen Jahren geholfen hat. Ich habe für mich festgestellt, ähnlich wie bei der positiven Grundeinstellung, dass die Dankbarkeit nicht selbstverständlich ist. Durch eine tägliche Praxis konnte ich das Positive aus der Dankbarkeitsübung in meinen Tagesablauf integrieren und automatisieren.

Nutzt die Dankbarkeit als ein tägliches Trainingstool, denn sie bringt viele Vorteile mit sich. Mithilfe der Dankbarkeit verändert ihr den Blick auf eure Welt und könnt das Gefühl von Neid mehr und mehr loslassen. Sie macht euch insgesamt zufriedener, hebt eure Stimmung und ihr werdet fröhlicher sein. Das Üben geht direkt ins Herz, denn eure Emotionen werden die der Liebe, des Friedens und des Glücks sein. Durch die Dankbarkeit werdet ihr erkennen, was euch wirklich wichtig ist im Leben, und eure Werte danach ausrichten. Auch das Zusammenleben mit anderen Menschen wird durch die Dankbarkeit harmonischer und verbindender.

Hier eine kleine Liste von Dingen, für die ich dankbar bin, als Anregung für dich, lieber Leser:

- meine wundervolle Partnerin
- meine zwei gesunden und glücklichen Kinder
- mein gemütliches Zuhause
- Freunde, die immer für mich da sind
- den Freiraum, den mein Partner mir lässt
- meine Arbeit, die mir viel Spaß macht
- die Wunder der Natur
- meine Gesundheit
- wenn Menschen ein warmherziges Lächeln haben usw.

Dankbarkeit ist eine Einstellung, die dich, ohne dich mit anderen zu vergleichen, zufrieden und glücklich macht!

Nach einer Stunde sind Nicole und Klaus schon bei 40 und 50 Danksagungen angekommen. Den Rest, so haben wir es abgesprochen, schreiben sie heute Abend vor dem Schlafengehen. „Diese Übung braucht ihre Zeit und sollte auch nicht in einen sportlichen Wettstreit ausarten, nach dem Motto ‚Wer schafft mehr'", lasse ich die beiden wissen. „Auch wenn euch gefühlte zehn Minuten lang nichts einfällt, vertraut mir, es gibt noch viele Dinge, für die ihr dankbar sein könnt."

Ich bin dankbar für:

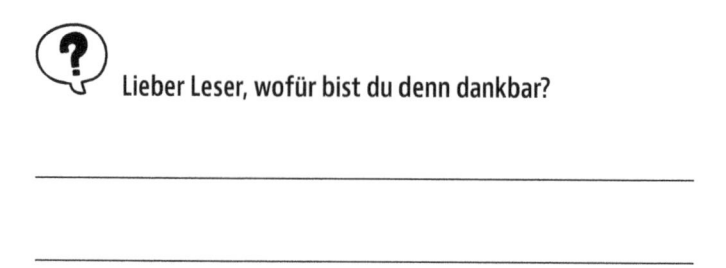

❓ Lieber Leser, wofür bist du denn dankbar?

_____

_____

_____

_____

_____

_____

_____

_____

Wir machen uns weiter auf den Weg zum Gipfel, der von unserem Standort aus in einer halben Stunde gut zu erreichen ist. Oben angekommen, bitte ich die beiden, für einen Augenblick zu schweigen und nur die Natur zu genießen. Das ist wirklich ein erhabener Moment. Ganz eins zu sein mit der Natur. Das bietet kein Fernsehen, kein technologischer Fortschritt, kein Geld der Welt. Das ist ein Gefühl uneingeschränkter Freiheit!

An einem ruhigen Ort ist es für viele Menschen leichter, über ihre Ziele im Privaten und Beruflichen nachzudenken, als an Orten, an denen reges Treiben herrscht. Das ist jedenfalls meine eigene Erfahrung. Die Gründe dafür sind sicherlich einmal das Verlassen des vertrauten Umfelds und die fehlende Ablenkung. Hier auf dem Gipfel bist du eins mit der Natur und nichts lenkt dich ab. Ich kann erkennen, dass auch Nicole und Klaus völlig gedankenversunken diesen Anblick genießen.

Wir bleiben noch eine Weile und teilen unsere Gedanken miteinander. Klaus bricht als Erster die Stille: „Ich bin so dankbar, dass ich den ersten Schritt unternommen und mich für dieses Programm angemeldet habe. Das ist definitiv der richtige Schritt in die richtige Richtung. Ich spüre, wie ich immer klarer werde, wie nach und nach die vielen Seile, die mich in alle Richtungen ziehen, von mir abfallen. Danke dafür!"

> *Suche dir einen stillen Ort, um über deine Lebensziele nachdenken zu können!*

Die Sonne senkt sich immer mehr dem Horizont zu. Wir treten den Heimweg an. Der Weg vom Gipfel geht Richtung Skipiste (natürlich nur im Winter). Nach einer halben Stunde kommen wir an eine Weggabelung. Wir gehen links, um die Passstraße zu erreichen. Eine Straße, die die Förster zur Wildfütterung benutzen. Wie mit dem Camp verabredet, steht hier für uns ein Fahrzeug bereit. Mit dem Auto geht's zurück ins Camp nach diesem sehr erlebnisreichen und auch sehr anstrengenden Tag.

Da Nicole und Klaus sehr aktiv an sich gearbeitet haben und viele unbewusste Gedanken sich auch noch nach einigen Tagen den Weg zu unserem Bewusstsein bahnen, gebe ich den beiden für den morgigen Tag frei. Doch ich erinnere sie noch einmal daran, am heutigen Abend ihr Tagebuch zu beginnen. Am Lagerfeuerabend gestern war es spät geworden und sie waren zu müde, um mit dieser Aufgabe zu beginnen.

Der positive Tagesrückblick

> Was hat euch glücklich gemacht?

> Warum war das schön?

> Was habt ihr dazu beigetragen?

Klaus´ positiver Tagesrückblick:

1. Die Bergbesteigung.

2. Ich habe meinen Körper gespürt.
    - Ich tat es und habe mich aufgerafft, das sollte ich zu Hause auch machen.

3. Das Erlebnis auf dem Gipfel.
    - Diese absolute Ruhe.
    - Ich bin still geworden, in mir, außen.

4. Die Offenheit untereinander.
- Mit einer anderen Person sich über private Dinge so austauschen zu können.
- Ich habe es zugelassen und bin selber mit Offenheit auf die andere Person zugegangen.

Nicoles positiver Tagesrückblick

1. Das Gitarrespielen am Lagerfeuer.
   - Ein unbeschreiblich schönes Gefühl – selbstbewusst.
   - Ich habe mich getraut.
2. Die unberührte Natur bei der Bergwanderung.
   - Eins zu sein mit der Natur.
   - Ich habe den Berg bestiegen.
3. Die Dankbarkeitsübung.
   - Ich habe gespürt, für wie viele Dinge ich schon dankbar bin.
   - Ich habe diese Übung mit einem offenen Herzen und mit viel Freude durchgeführt.

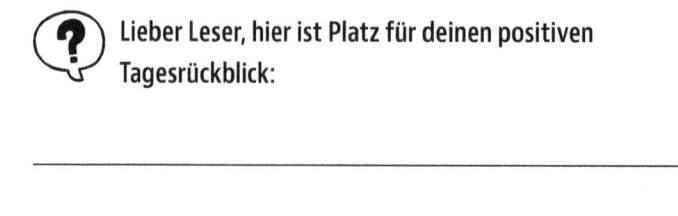

Lieber Leser, hier ist Platz für deinen positiven Tagesrückblick:

_____

_____

Nicole:

Das war definitiv mein Thema. Ich liebe es zu wissen, dass ich meine positive Einstellung trainieren kann. Ich habe jede Minute der letzten Tage genossen. Wo soll ich anfangen? Am besten mit der absoluten Krönung. Als Frank mir sagte, ich könnte am Lagerfeuer Gitarre spielen, habe ich innerlich nur gedacht: „Ich? Nein, bestimmt nicht. Für kein Geld der Welt!" Doch als wir dort saßen und die Stimmung aller war so warmherzig, bekam ich wirklich das Gefühl, unter

Gleichgesinnten zu sein. Das gab mir die Kraft, aufzustehen, eine Gitarre zu holen und anzufangen zu spielen. Es störte niemanden, dass der eine oder andere Ton nicht ganz getroffen wurde, sondern alle sangen mit und ich hatte, seit vielen Jahren, den schönsten Abend in meinem Leben. Mein Selbstwertgefühl hat einen großen Schritt nach vorne gemacht, ich habe das Gefühl, ich kann alles schaffen, was ich mir vornehme.

Die Übung mit dem positiven Tagesrückblick machte mir am Anfang Schwierigkeiten. Es fiel mir schwer, mich an drei Dinge zu erinnern, doch ich werde es üben und bin sicher, es wird mir mit jedem Tag leichter fallen. Die Übung der wertvollen Liste der Dankbarkeiten hat mir die Augen geöffnet, dass alles um mich herum ja gar nicht so schlimm ist, es gibt viele Dinge, für die ich dankbar bin. Und dafür, dass ich es gezeigt bekommen habe, bin ich dankbar.

Klaus:

Als ich die Übungen begann, habe ich nur gedacht: „Wie soll mich das meinem Ziel, gelassener zu werden, näherbringen?" Doch jetzt habe ich es verstanden. Ich werde meine positive Grundeinstellung mit dem positiven Tagesrückblick und der Dankbarkeitsübung jeden Tag trainieren. Dadurch werde ich innerlich insgesamt positiver und gefestigter. Und genau diese Einstellung erlaubt mir, gelassener mit Veränderungen umzugehen. Ich mag das Wort „Grundeinstellung", denn ich glaube, das Ganze hat nicht nur etwas mit positivem Denken zu tun, sondern mit einer wirklich von innen kommenden soliden Basis, auf die aufgebaut werden kann.

Auch bin ich sicher, dass mein Vorhaben, wieder mehr Sport zu treiben, die positive Einstellung zusätzlich unterstützen wird. Ich habe, wenn ich ehrlich bin, in der Vergangenheit alles – und ich glaube wirklich alles – nur negativ gesehen. Es ist schön, auch aus der Negativspirale auszusteigen und sich auf die Sachen zu konzentrieren, die funktionieren oder die einen glücklich machen.

FAZIT FÜR DEN 3. SCHRITT:
Trainiere deine positive Grundeinstellung

Der 4. Schritt

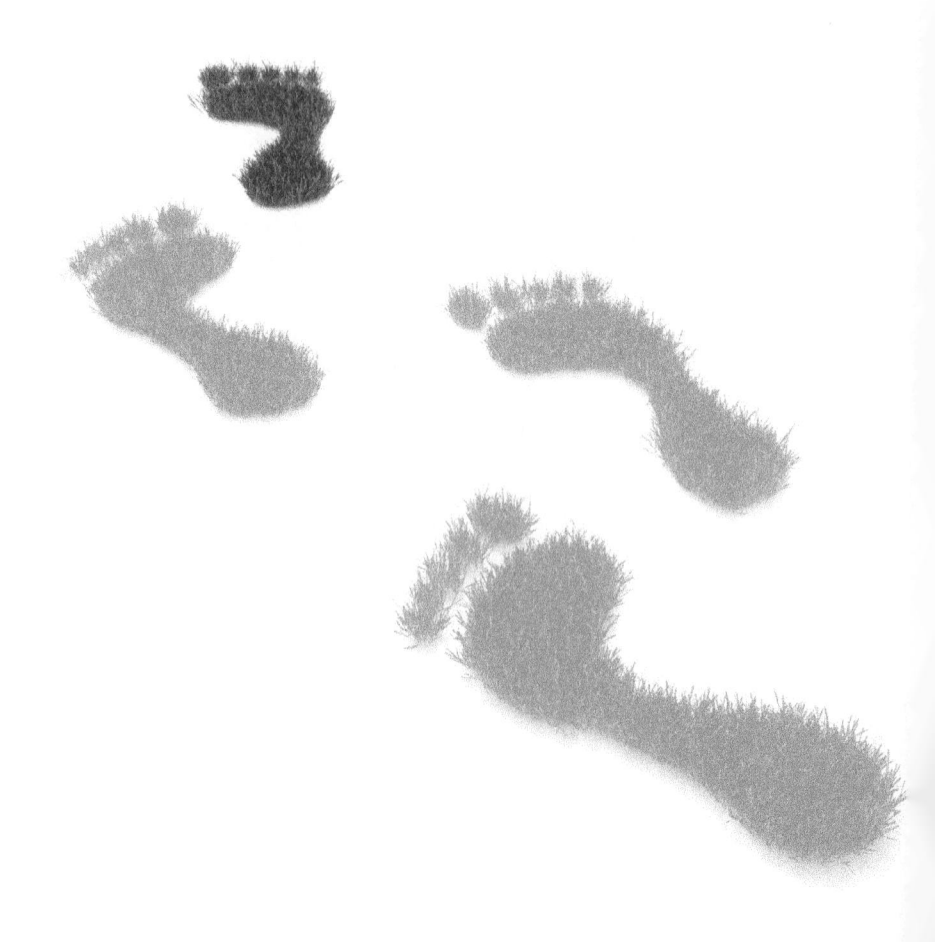

VERSTEHE DEIN UNTERBEWUSSTSEIN UND ERREICHE MOTIVIERT DEINE ZIELE

Zufriedenheit mit deinem Unterbewusstsein

Heute am Donnerstag sehe ich Nicole und Klaus wieder. Das heutige Zusammentreffen wird den Grundstein für ihre eigenständige Arbeit am kommenden Sonntag legen. Ich möchte den beiden heute zeigen, wie unser Gehirn funktioniert und wie wir auf diese Funktionen Einfluss haben können. Dazu habe ich ein ausgefallenes Ausflugsziel gesucht, das sich gut mit der menschlichen Gehirnaktivität vergleichen lässt.

Wir fahren an die Staumauer von Big Bear Lake und dürfen uns das Innenleben des Wasserkraftwerkes genauer anschauen. Am Fuße der Staumauer sieht man, wie sich ein kleiner Fluss aus dem unteren Teil der Staumauer den Berg hinunterschlängelt. Im Kraftwerk jedoch, wo die Wassermassen beim Durchlaufen riesige Turbinen antreiben, findet die Hauptarbeit statt.

„Ich möchte euch anhand dieses Wasserkraftwerkes erklären, wie sich euer Gehirn seine Arbeit einteilt. Der kleine Fluss am Fuße des Kraftwerkes ist unser sichtbares Bewusstsein. Im menschlichen Gehirn werden mit circa 5% aus diesem Bewusstsein wichtige Entscheidungen getroffen, die wir später auch als solche nachvollziehen können.

Das Wasserkraftwerk, das im Verborgenen sehr schnell und effizient arbeitet, ist das Unterbewusstsein. Unser Unterbewusstsein übernimmt zu circa 95% alle zu erledigenden Aufgaben. Denn es ist rund 200.000-mal schneller als unser Bewusstsein. Da es im Verborgenen arbeitet, bekommen wir nicht immer mit, was unser Unterbewusstsein den lieben langen Tag so macht. Jetzt kommt unsere Achtsamkeit wieder ins Spiel.

Wenn ihr aufmerksam seid, könnt ihr erkennen, was in eurem Unterbewusstsein passiert und welche unbewussten Gedanken sich dort breitmachen. Warum ist das so und wie können wir uns das zunutze machen? Unser Unterbewusstsein meint es nur gut mit uns. Alle lebenswichtigen Funktionen wie Atmung, Herzschlag, Versorgung aller Organe, die Zellneubildung oder die Instandhaltung unseres Immunsystems werden von dem sehr schnellen Unterbewusstsein gesteuert. Und das ist auch gut so, denn unser Bewusstsein wäre mit all diesen Aufgaben hoffnungslos überfordert.

Doch hier liegen eben auch die Fallstricke. Ist jemand mit einem positiv eingestellten Unterbewusstsein unterwegs, ist alles in Ordnung. Doch was passiert, wenn sich Ängste oder Sorgen in dem Unterbewusstsein breitgemacht haben und sich das Unterbewusstsein nun jeden Tag, jede Stunde, jede Minute und jede Sekunde mit den Ängsten auseinandersetzt?

Da hätten wir bewusste Gedanken wie ‚Das schaffe ich nicht!' oder ‚Das kann ich nicht!'. So denken manche Menschen einige Male im Monat ganz bewusst. Passiert das häufiger, dann wird dein Unterbewusstsein diesen Gedanken übernehmen. ‚Steter Tropfen höhlt den Stein', sagt schon das Sprichwort, und so kann aus diesem einen einfachen Gedanken schnell eine Handlung, Gewohnheit oder Charaktereigenschaft werden."

> *Pass auf, was du denkst, denn steter Tropfen höhlt den Stein!*

Wir sind an einem der nahe gelegenen Bootshäuser angelangt. In einem kleinen, aber sehr ruhigen Raum im Innern nehmen wir bei einer guten Tasse Tee Platz. „Wir werden jetzt eine Reise in euer Gehirn unternehmen", erkläre ich den beiden. „Ich werde euch dabei unterstützen und begleiten. Als Erstes werdet ihr versuchen, eure Gedanken aufzuschreiben.

Das ist auf den ersten Blick gar nicht so einfach, aber es gibt eine Methode, die euch dies erleichtert, das sogenannte ‚Expressive Schreiben'. Bei dieser Methode wird alles, was sich in eurem Kopf befindet, auf ein Blatt Papier geschrieben. So könnt ihr lernen, was ihr denkt und was bewusst oder unbewusst in eurem Kopf passiert. Bitte schreibt euch zunächst noch ein-

mal euer Ziel auf, das ihr am Ende der drei Wochen hier im Trainingscamp erreicht haben wollt.
Nicole, dein Ziel ist:
> *‚Ich möchte wieder mehr Vertrauen in mich haben und den Mut, mich beruflich zu verändern!'*

Und Klaus, dein Ziel ist:
> *‚Ich möchte Veränderungen gelassener gegenübertreten und durch Ruhe und Gelassenheit mehr Zeit für mich gewinnen!'*

Bei dieser Schreibübung geht es um eure positive Zukunftsvorstellung, man sagt dazu auch ‚Better possible self', zu Deutsch ‚Dein besseres Selbst'. Ihr bekommt für diese Übung 20 Minuten Zeit zum Schreiben. Im Original wird diese Übung an vier aufeinanderfolgenden Tagen durchgeführt. Ihr werdet diese Übung hier im Camp nur an einem Tag durchführen.

(Daniela Blickhan (2015); Buch: Positive Psychologie, Ein Handbuch für die Praxis; Seiten 152+153; Original von Laura King (2001))

Ihr habt die Wahl, ob ihr einen speziellen Lebensbereich auswählen oder eine ganz allgemeine Zukunftsvision eures Lebens aufschreiben wollt. Das Ziel für diese Übung ist euer Leben in fünf Jahren. Stellt euch jetzt vor, dass vom heutigen Tag in genau fünf Jahren alles optimal gelaufen ist und ihr ein Leben nach eurer Vorstellung lebt. Eure Ziele sind erreicht worden, eure eigenen Stärken und Ressourcen wurden optimal von euch eingesetzt und alle Chancen wurden genutzt, um euer Lebensziel zu leben. Wichtig für euch dabei zu wissen ist, dass es keine Hindernisse zur Zielerreichung gibt, weder in zeitlicher noch in finanzieller Hinsicht.

Malt euch genau aus, wie es ist, wenn ihr dort angekommen seid, wo ihr in fünf Jahren hinmöchtet. Wie wird euer Leben in fünf Jahren aussehen, wenn alles so eintrifft, wie ihr es gerne hättet? Wo lebt ihr, was unternehmt ihr, welche Tätigkeit führt ihr aus und wie geht es euch damit? Lasst eurer Vorstellungskraft freien Lauf.

Das einzig Besondere bei diesem expressiven (intensiven) Schreiben ist, dass es keine Schreibpausen gibt. Sollte euch nichts einfallen, was ihr aufschreiben könntet, dann schreibt ihr einfach: Mir fällt jetzt gerade nichts ein. Wenn es sein muss, dann so oft hintereinander, bis euch wieder etwas einfällt. Aber ich kann euch beruhigen, ich habe diese Art zu schreiben schon öfter gemacht und es fällt euch immer wieder etwas ein, auch wenn ihr glaubt, ihr wäret schon leer geschrieben. Viel Spaß dabei!"

Als die zwanzig Minuten vorüber sind, komme ich zu den beiden zurück. „Super, geschafft! Ist es euch sehr schwergefallen?", will ich wissen. „Als du die Übung vorgestellt hast, war ich mir nicht so sicher, ob ich das kann", antwortet Klaus. „Ich hatte auch das Gefühl, dass mir nicht viel einfallen wird. Doch ich bin erstaunt, denn ich habe nur einmal geschrieben ‚Ich weiß …'. Weiter kam ich nicht, denn da schossen schon neue Gedanken in meinen Kopf", sprudelt er weiter. „Ich hatte am Anfang etwas Schwierigkeiten, mir mein Leben in fünf Jahren vorzustellen, doch nach und nach kamen immer mehr Gefühle und dann hatte ich ein klares Bild vor meinem inneren Auge", berichtet Nicole freudestrahlend.

Ich reiche den beiden einen Briefumschlag. „Bitte adressiert den Umschlag an euch selbst. Ich werde diesen zusammen mit eurem Schreiben in zweieinhalb Jahren zu euch nach Hause schicken. Ihr habt dann die Möglichkeit zu schauen, wie weit ihr mit ‚eurem besseren Selbst' schon gekommen seid – als Unterstützung der von euch schon getanen Arbeit und um zu zeigen, dass es vorwärts geht, wenn ihr dranbleibt."

Nach dieser erfolgreichen Übung treten Nicole, Klaus und ich mit einem lächelnden Gesicht die Heimreise an. Wir kommen genau zur richtigen Zeit ins Camp zurück, denn gerade in dem Augenblick, als wir auf den Parkplatz fahren, läutet die Glocke zum Mittagessen. Heute essen wir gemeinsam und auch Susi setzt sich zu uns an den Tisch. Sie erkundigt sich nach den Fortschritten der beiden und wir tauschen unsere Erfahrungen der letzten Tage aus.

Für Susi ist dieses Mittagessen ein ganz besonderes, denn an diesem Wochenende kehrt sie wieder nach Deutschland zurück, um dort mit ihrem Mann zusammenzuarbeiten. Schade, ich werde sie hier, in unserem Programm, sehr vermissen, doch ich wünsche ihr viel Erfolg und Freude mit ihren neuen Aufgaben.

Nach der Mittagspause gehen Nicole, Klaus und ich in einen der Tagungsräume, die für Seminare voll ausgerüstet sind. „Ich werde euch jetzt zeigen, wie ihr euch bildlich das Verhältnis von eurem Bewusstsein und eurem Unterbewusstsein vorstellen könnt." Ich gehe an das Flipchart und zeichne auf die obere Hälfte des Papiers eine Wasseroberfläche und darauf einen

Eisberg: die kleine obere Spitze des Berges außerhalb des Wassers und den großen unteren Teil des Eisbergs unterhalb der Wasseroberfläche.

> *Deine positive Einstellung sollte vom Bewusstsein ins Unterbewusstsein gelangen und dort verankert werden. Dann ist es eine positive GRUNDEINSTELLUNG!*

„So ist ungefähr das Verhältnis zwischen unserem Bewusstsein und unserem Unterbewusstsein. Ähnlich wie bei der Staumauer, erinnert ihr euch? Warum wiederhole ich das Ganze? Ich möchte, dass ihr einen Zugang zu eurem Unterbewusstsein findet, damit ihr reagieren könnt, wenn ihr das Gefühl habt, dass in eurem Leben oder bei der Erreichung eurer Ziele etwas schiefläuft. Damit ihr das schafft, habe ich eine sehr schöne Übung für euch mitgebracht, mit der dies möglich wird. Ein Zitat aus dem Talmud zeigt eine Möglichkeit, wie ihr euer Unterbewusstsein anzapfen könnt.

Ein Zitat aus dem Talmud

Achte auf deine Gedanken,
denn sie werden zu Worte.
Achte auf deine Worte,
denn sie werden zu Handlungen.
Achte auf deine Handlungen,
denn sie werden zu Gewohnheiten.
Achte auf deine Gewohnheiten,
denn sie werden zu Charaktereigenschaften.
Achte auf deine Charaktereigenschaften,
denn sie werden zu deinem Schicksal.
Wenn du heute dein Schicksal beeinflussen möchtest,
dann achte auf deine Gedanken!

(aus dem Talmud)

Diese einzelnen Schritte helfen euch, dem Unterbewusstsein auf die Schliche zu kommen. Als Erstes stehen dort eure bewussten Gedanken. Auch wenn ihr diese nur zu 5% wahrnehmt, könnt ihr mithilfe eurer positiven Einstellung schon herausbekommen, ob ihr positiv oder negativ denkt. An zweiter Stelle kommen eure Worte, das, was ihr jeden Tag von euch gebt. Gerade hier gilt es besonders achtsam zu sein und herauszufinden, was ihr und wie ihr etwas sagt. Beobachtet euch bei einer Unterhaltung mal von außen und hört genau hin. Das gibt euch Aufschluss darüber, wie ihr gedanklich unterwegs seid.

Als dritten Anhaltspunkt habt ihr die Möglichkeit, auf eure Handlungen zu achten. Doch auch hier gilt es, sehr bewusst zu sein. Manche Handlungen sind schon Gewohnheiten, die für uns selbstverständlich sind. Doch wenn ihr bewusst langsamer seid und euch genau beobachtet, könnt ihr anhand der Handlungen sehen, ob ihr positiv oder negativ eingestellt seid. Eine weitere Möglichkeit besteht aber auch darin, einen guten Freund oder den Partner zu bitten, auf eure Handlungen oder Gewohnheiten zu achten und gut gemeinte Hinweise zu geben."

> *Achte auf deine Gedanken,*
> *denn sie werden zu Worten.*
> *Achte auf deine Worte,*
> *denn sie werden zu Handlungen.*
> *Achte auf deine Handlungen,*
> *denn sie werden zu*
> *Charaktereigenschaften!*
>
> (aus dem Talmud)

„Meine Bitte für die nächsten Tage ist, dass ihr euch mit diesem Thema auseinandersetzt. Werdet achtsamer und bewusster, was eure Gedanken, Worte und Handlungen angehen. Damit euch diese Achtsamkeit etwas leichter fällt, habe ich eine besondere Übung aus dem Leistungssport mitgebracht. Sie hilft euch dabei, achtsamer zu sein und zu bleiben. Eure Aufgabe ist zu beobachten, ob ihr mit positiven Gedanken und Emotionen oder mit negativen Gedanken und Emotionen unterwegs seid.

Ihr bekommt von mir ein Säckchen mit acht Glücksmurmeln. Dazu erhaltet ihr diese Karte, auf der die Gebrauchsanleitung steht. Lasst mich euch, bevor ihr beginnt, noch erzählen, wie diese acht Glücksmurmeln den Weg vom Leistungssport zu euch gefunden haben. Die Tennisprofis, mit denen ich zusammengearbeitet habe, mussten im Training ein Match unter ernsten Bedingungen spielen. Bei diesen Trainingsmatches bekamen die Spieler vier Murmeln in die rechte (positive) Hosentasche und vier Murmeln in die linke (negative) Hosentasche. Der Vorteil der Murmeln für die Achtsamkeit ist, dass sie hart sind und dass sie klackern. So wird jeder Spieler an sie erinnert, und die Murmeln geraten nicht in Vergessenheit.

Während des Spiels wurden die Körpersprache, Gesten, Mimik und Äußerungen genau analysiert. Geht ein Spieler nach einem gespielten Punkt mit hängendem Kopf, fluchend oder gar Schläger schmeißend über den Platz, so muss er eine Murmel aus der positiven Tasche in die negative Tasche stecken. Sollte der Spieler aber mit aufrechtem Gang, sich selbst aufbauend oder mit konstruktivem Feedback über den Platz gehen, darf er eine Murmel von der linken, negativen Tasche in die rechte, positive Tasche wechseln. Ziel war, dass am Ende des Matches möglichst alle oder viele Murmeln in der rechten, positiven Tasche gelandet waren.

Deine Glücksmurmeln machen dir bewusst, ob du dein Leben mit positiven Gedanken und positiven Emotionen lebst!

Und nun zur Übung. Ich bitte euch, mit den Murmeln das gesamte Wochenende zu arbeiten. Also platziert vier Murmeln in eure rechte, positive Hosentasche und vier Murmeln in die linke, negative Hosentasche. Nicole, wenn du in den nächsten Tagen ein Kleid oder einen Rock tragen möchtest, kein Problem. Benutze einfach deine Handtasche, vorderes Fach positiv, hinteres Fach negativ. Achtet darauf, wie ihr euch über den Tag verhaltet und wie eure Gedanken beschaffen sind. Habt ihr eher negative Gedanken und negative Emotionen oder eher positive Gedanken und positive Emotionen? Die Murmeln helfen euch, die Übung nicht zu vergessen und achtsam zu trainieren. Habt ihr noch Fragen?", will ich zum Abschluss wissen. „Nein, alles verstanden. Hört sich nach viel Achtsamkeit an und bewusstem Selbstbeobachten", stellt Klaus fest. „Genau darum seid ihr hier, oder?", frage ich ihn lächelnd. „Denn nur, wenn wir uns selbst bewusst wahrnehmen und herausfinden, wie wir wirklich ‚ticken', können wir etwas verändern, oder?" Die beiden nicken.

Nicole und Klaus sind beim Abendbrot schon sehr müde und fallen nur noch in ihr Bett. Das stellen wir hier im Camp oft fest. Die Teilnehmer empfinden die Trainingstage, obwohl sie Spaß machen, als anstrengend. Ich habe mit vielen gesprochen und bin zum Schluss gekommen, dass die Arbeit mit der eigenen Person, die Selbstreflexion und das genaue Hinsehen sehr ungewohnte Tätigkeiten sind und dadurch anstrengen. Doch morgen früh ist ein neuer Tag und neue Aufgaben warten auf die Teilnehmer.

„Heute beschäftigen wir uns mit dem Thema Glaubenssätze." Mit diesen Worten eröffne ich unsere nächste Besprechungsrunde an diesem Freitag nach dem Frühstück und nach einer kurzen Fahrt zum See. Wir sind am Big Bear Lake angekommen und fahren gleich mit dem „pontoon boat" raus. Das Boot gleicht von der Grundfläche einem Hausboot, nur ohne Haus. Auf Deck spendet ein großer Pavillon Schatten. Vorne sitzt unser Fahrer, in der Mitte befindet sich ein großer Tisch, umringt von Bänken, und im hinteren Bereich steht eine große Kühlbox, die alle Annehmlichkeiten für das leibliche Wohl in sich birgt.

Auf der Mitte des Sees angelangt, gehen wir vor Anker. „Wir sprechen heute darüber, woher Glaubenssätze kommen. Ob wir uns diese Sätze selbst einreden oder ob wir den einen oder anderen Glaubenssatz von unseren Eltern mitbekommen haben." Die erste Aufgabe für Nicole und Klaus ist, Glaubenssätze, die ihnen spontan einfallen, aufzuschreiben. Es dauert ein bisschen, bis sich die beiden gedanklich mit dem Thema angefreundet haben. Doch nach wenigen Minuten sind die ersten Glaubenssätze zu Papier gebracht.

Nicole:

- Ich bin nicht gut genug!
- Ich möchte, dass es allen Menschen gut geht!
- Ich bin zu alt, um jetzt noch mal neu anzufangen!

Klaus:

- Der Tag ist zu kurz!
- Durch alle meine Aufgaben habe ich keine Zeit für mich!
- Wenn ich es nicht mache, bleibt es liegen!

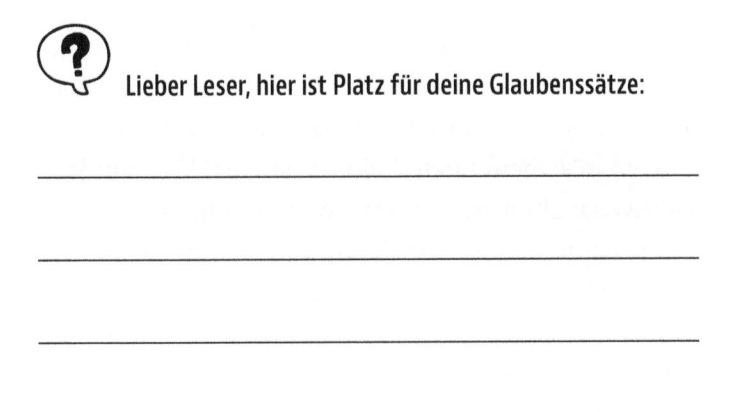

❓ Lieber Leser, hier ist Platz für deine Glaubenssätze:

_____

_____

_____

_____

Sind meine Glaubenssätze wirklich wahr oder sind es nur Gedanken? Ist es wahr, dass...?

„Seid ihr sicher, dass diese Aussagen wirklich wahr sind, oder sind sie nur ein Gedanke?", will ich zuallererst von den beiden wissen.

„Na, wenn du uns schon so fragst, dann sind das wohl eher nur Gedanken", antwortet Nicole.

„Ganz genau", antworte ich. „Kannst du dir vorstellen, dass ihr diese Gedanken, die ja eher limitierend sind, in etwas Unterstützendes umwandeln könnt?"

„Ich habe keine Ahnung", gibt Nicole offen zu. „Ich werde es euch zeigen. Das ist gar nicht so schwer. Doch da diese Sätze oft im Unterbewusstsein verankert sind, braucht ihr etwas Geduld und Ausdauer, um die alten Glaubenssätze neu zu programmieren.

Ein Weg, das zu tun, ist, die Glaubenssätze oder Gedanken zu hinterfragen. Diese Technik habe ich das erste Mal bei einem Online-Event (2007) von Dr. Wayne Dyer gehört. Ich habe zwei Jahre später ähnliche Fragen in seinem Buch ‚Keine Ausreden! Wie wir destruktive Denkmuster ändern können' gefunden.

Im Laufe meiner Arbeit um das Thema Zufriedenheit sind mir noch andere Personen aufgefallen, die ähnliche Ansätze haben, wie zum Beispiel Byron Katie mit ihrer Arbeit ‚The Work'. In dieser Version habe ich meine Worte gewählt, mich aber an den Grundgedanken der beiden Autoren angelehnt. Mit diesen Fragen konnte ich vielen Menschen in Seminaren und Workshops eine super Hilfestellung zum Auflösen von Glaubenssätzen bieten.

Die Fragen:

‚Ist es wirklich wahr, dass ...?'

‚Woher kommt dieser Gedanke ...?'

‚Wie lange hast du ihn schon?'

‚Wie würde dein Leben aussehen ohne diesen Gedanken?'

‚Was wäre ein alternativer Gedanke?'

Nicole, können wir einen deiner Glaubenssätze/Gedanken exemplarisch nehmen, um zu demonstrieren, wie diese Fragen auf euch wirken? Welchen möchtest du gerne nehmen?" „Ich würde gerne den Satz nehmen ‚Ich bin nicht gut genug'", sagt Nicole. „Dann lass uns beginnen, den Satz und den Gedanken zu hinterfragen", erwidere ich.

Nicole: „Ich bin nicht gut genug."
- *Frage 1: „Ist es wirklich wahr, dass du nicht gut genug bist?"*
Nicole: „Ja, es gibt noch Dinge, die ich lernen möchte."
- *Nicole, nochmals die Frage: „Ist das WIRKLICH wahr, dass du nicht gut genug bist?*
Nicole: „Wenn du mich so fragst, dann eigentlich nein!"
- *Frage 2: „Woher kommt das Gefühl, nicht gut genug zu sein?"*
Nicole: „Ich glaube, dass ich mir diese Aussage in den letzten Jahren angeeignet habe. Meine Beziehung ist ausein-

andergegangen, meine Mutter habe ich gepflegt, aber sie ist trotzdem gestorben, und ich möchte eine neue Herausforderung angehen, aber ich bringe nicht den Mut dazu auf."

- Danke, Nicole, für deine Offenheit. Ein Teil dieser Themen geht über ein solches Fragenmodell hinaus und bedarf eines Extracoachings, aber deswegen bist du ja da. Lass uns an dieser Stelle mit den Fragen fortfahren.

- Frage 3: „Wie lange hast du das schon?"

Nicole: „Für einige Zeit, ich würde sagen, acht Jahre."

- Frage 4: „Wie würde dein Leben aussehen ohne dieses Gefühl?"

Nicole: „Entspannter und ich würde mir mehr zutrauen."

- Frage 5: „Was wäre ein alternativer Gedanke?"

Nicole: „Ich bin gut genug, doch es gibt noch ein paar Dinge, bei denen ich mich weiterbilden möchte."

„Super, Nicole! Wie fühlt sich diese alternative Aussage jetzt für dich an?", will ich von ihr wissen. „Ich bin sehr zufrieden damit. Der neue Glaubenssatz nimmt mir eine große Last von den Schultern und ich kann befreiter auf meine nächsten Aufgaben zugehen", freut sie sich. „Die Fragen haben mir auch in gewisser Weise die Augen geöffnet, dass meine Beziehung und der Tod meiner Mutter ja nichts mit meiner Aussage zu tun haben. Denn bei beiden habe ich bis zum Schluss alles gegeben, und doch hat das Universum sich anders entschieden. Das hat aber nichts mit mir zu tun. ICH BIN GUT GENUG", platzt es aus ihr heraus und große Tränen der Freude laufen über ihr Gesicht.

„Ich möchte, dass ihr euch noch ein wenig mit dem Thema der Glaubenssätze auseinandersetzt. Dafür habe ich euch eine kleine Übung mitgebracht, mit der ihr eure Glaubenssätze etwas genauer unter die Lupe nehmen könnt. Positive Glaubenssätze (Affirmationen) sind Statements, die unsere positiven Überzeugungen oder Glaubenssätze über uns selbst und über unser Leben bekräftigen.

Folgendes ist zu beachten:
- Sie sollten positiv, in der Gegenwart und ohne Verneinung formuliert sein.
- Formuliere sie kurz und präzise.
- Sie beginnen mit ‚Ich bin…' und sollten immer für dich sein und nicht für andere.

Meine Glaubenssätze fangen alle mit „Ich bin…" an, sind positiv formuliert, ohne Verneinung und in der Gegenwart geschrieben!

Ich zeige euch einige meiner Beispiele von Glaubenssätzen (Affirmationen), die ich an die Arbeit von Louise L. Hay angelehnt habe. Sie hat mit ihren Affirmationen so viele Menschen inspiriert, dass ich dankbar war, als ich sie 2012 persönlich kennenlernen durfte. Ihr findet mehr Affirmationen in ihren Büchern wie:

‚Finde Deine Lebenskraft, Wie Affirmationen unser Leben verändern' oder in einem ihrer Hörbücher.

Die folgenden Affirmationen sind zur Steigerung eures Selbstwertes und der Selbstliebe gedacht. Lest die Affirmationen bewusst durch und bewertet sie danach spontan. Welche Aussage trifft für euch zu und mit welcher identifiziert ihr euch nicht?"

> **?** Lieber Leser, auch du kannst in dich hineinspüren, ob die Aussagen auf dich zutreffen oder nicht.

Bitte Zutreffendes einkreisen: 1 = Damit kann ich mich nicht identifizieren
2 = Fällt mir schwer, mich zu entscheiden
3 = Ja, das bin/habe ich

Ich bin voller positiver Energie.
   1   2   3

Ich bin zufrieden mit meinem Leben.
   1   2   3

Ich bin stolz auf mich.
   1   2   3

Ich bin mir meiner Entscheidungen sicher.
   1   2   3

Ich bin so, wie ich bin, und das ist gut so.
   1   2   3

Ich bin es wert, geliebt zu werden.
        1   2   3

Ich freue mich jeden Tag meines Lebens.
        1   2   3

Ich spüre Liebe, wo immer ich auch bin.
        1   2   3

Ich strahle Selbstwert und Selbstsicherheit aus.
        1   2   3

Ich bin einzigartig.
        1   2   3

Ich lebe mein Leben.
        1   2   3

Ich bin es wert, Erfolg zu haben.
        1   2   3

Ich sorge gut für mich selbst.
        1   2   3

„Die Affirmationen, mit denen ihr euch noch nicht identifizieren könnt, sind vielleicht heute noch etwas zu groß. Euer inneres Ich findet diesen Glaubenssatz eher unwahrscheinlich und deswegen könnt ihr euch mit ihm noch nicht anfreunden. Nehmen wir die Affirmation ‚Ich bin glücklich mit meinem Leben'. Sollte diese Aussage zu schwierig gewesen sein, könnt ihr die Affirmation so lange reduzieren, bis ihr die Aussage trefft, ja, das bin ich. Zum Beispiel: ‚Ich bin jeden Tag immer etwas glücklicher in meinem Leben.' So könnte sich die neue Affirmation anhören, damit sie für euch stimmig wird. War das so weit für euch verständlich?", frage ich die beiden. Sie nicken und schweigen, jeder denkt bereits für sich über seine Affirmationen nach.

Später an diesem Tag freuen sich Nicole und Klaus ganz besonders. Es ist Samstag, das Wochenende von Woche zwei. Ich habe nur für Nicole und Klaus die Bogenschießbahn gebucht. „Das Bogenschießen eignet sich hervorragend als Metapher für unser heutiges Thema, eure ZIELE. Nicole und Klaus, ihr werdet gleich einige Ziele benennen. Ihr werdet euch fragen, ob sie PÖSITIV (dieser Begriff wird gleich erklärt) sind, denn das trägt zu einer höheren Motivation und zur Zielerreichung bei. Es folgt eine Analyse, welche Hindernisse bei der Zielerreichung auftauchen können. Und ihr schaut euch euren inneren Schweinehund mal etwas genauer an, ob er wirklich so gemein ist, wie ihr immer geglaubt habt", erkläre ich den beiden lächelnd die nächsten Schritte.

„Konfuzius soll mal gesagt haben: ‚Der Weg ist das Ziel!' Ich habe dieses Zitat schon immer gemocht und als sehr tiefgründig empfunden. Doch erst auf meiner Reise zu mir selbst habe ich die Kraft dieser Worte für mich entdeckt", berichte ich Nicole und Klaus. „Ich habe meine Reise angetreten, um meine Gesundheit wiederzuerlangen. Dabei stelle ich fest, dass ich in meinem Leben erst zufriedener werden musste, bevor ich gesünder werden konnte. Auf diesem Weg lernte ich mehr und mehr, auf mich zu achten. Genauer gesagt, auf die Füllstände meiner vier Lebensquellen, des Körpers, des Verstandes, der Emotionen und der Seele, wie wir es schon eingangs besprochen haben.

Das Ziel meiner Reise war und ist, meine Lebenszufriedenheit wiederzuerlangen, die ich schon als Kind immer besessen hatte. Ich möchte einfach grundlos glücklich sein. Ich weiß nicht, ob ich dieses Ziel jemals zu 100% erreichen werde, doch das ist mir inzwischen auch nicht mehr so wichtig. Denn der Weg zu meinem Ziel ist schon so wunderschön, dass es mir egal ist, ob ich dieses Ziel jemals zu 100% erreichen werde oder nicht. Ich habe auf meinem Weg so viele kleine Teilziele, die es zu erreichen lohnt, dass das große Ziel am Ende des Weges mir eigentlich dabei hilft, mein wahres Ziel nicht aus den Augen zu verlieren. Nun habe ich das Zitat auf meine Bedürfnisse umgeändert in: ‚Mein Weg ist mein Ziel.'"

Mein Weg ist mein Ziel!

Frank Fuhrmann

Dieser Spruch gefällt den beiden offensichtlich. Ich frage sie: „Habt ihr ein oder mehrere Ziele? Nicole, Klaus, für welchen eurer vielen Lebensbereiche (beruflich, privat, Familie, Gesundheit, Karriere oder Geld) habt ihr euch konkrete Ziele gesteckt? Ich hoffe doch sehr, dass ihr einige schriftlich festgehalten habt, denn Ziele sind ein Grund, morgens aufzustehen. Ziele geben dem Leben einen Sinn und Zweck." Die beiden schauen mich an und ich lese aus ihren Blicken, dass ich beide an einem Punkt erwischt habe, der essenziell für ihr weiteres Fortkommen ist.

„Nehmt euch jetzt etwas Zeit und hört auf eure innere Stimme. Sucht euch etwas aus, das ihr schon lange mal umsetzen wolltet, aber nie Zeit dafür hattet. Oder etwas, von dem ihr gedacht habt: Das kann ich doch nicht, weil… Vielleicht gibt es ein ganz kleines Ziel, fast schon zu einfach, aber ihr habt es trotzdem noch nicht umgesetzt. Fangt vielleicht nicht gleich mit einem großen Ziel an, sondern sucht eines, das euch sehr wichtig ist und das ihr in wenigen Tagen oder Wochen umsetzen könnt. Ein super Einstieg zur Zielfindung ist die Frage: ‚Was möchte ich von ganzem Herzen in meinem Leben erreichen?' Aus dieser Frage lassen sich hervorragend Ziele definieren.

> *Stell dir die Frage:*
> *„Was möchte ich von ganzem*
> *Herzen in meinem Leben*
> *erreichen?"*

Hier noch mal zur Erinnerung eure Zieldefinitionen vom letzten Donnerstag.

Nicole, dein Ziel war:
‚Ich möchte wieder mehr Vertrauen in mich haben und den Mut, mich beruflich zu verändern!'

Und Klaus, dein Ziel:
‚Ich möchte Veränderungen gelassener gegenübertreten und durch mehr Ruhe und Gelassenheit Zeit für mich gewinnen!'

Eure persönlichen Ziele für die vier Wochen sind übrigens schon große Ziele. Ich persönlich liebe große Ziele, doch ich möchte euch jetzt bitten, zusätzlich kleinere Etappenziele zu definieren und aufzuschreiben. Damit ihr merkt, dass ihr noch auf dem richtigen Weg seid oder dass ihr kleine Anpassungen vornehmen müsst, wenn ihr leicht vom Kurs abgekommen seid. Macht eure Zielplanung immer schriftlich, da sonst viele der Ziele nur Wünsche sind und diese oft nicht in Erfüllung gehen.

Damit eure Ziele die Kraft haben, umgesetzt zu werden, biete ich euch das P Ö S I T I V-Modell, im Original das P O S I T I V-Modell, an.

(Original von Claus Blickhan (2015);
Buch: Visionen – Ziele – Erfolge. In Dagmar Werther (Hrsg.),
Vision – Mission – Werte.
Die Basis der Leitbild- und Strategieentwicklung
(1st ed., pp. 28-51), Weinheim, Bergstr., Beltz)

❓ Lieber Leser, wie sehen deine Ziele aus?

Meine beruflichen Ziele:

_____

_____

_____

_____

_____

Meine privaten Ziele:

_____

_____

_____

_____

_____

Dieses Modell besagt, dass euer Ziel positiv sein sollte. Damit ihr es auch leichter erreichen könnt, solltet ihr jeden einzelnen Punkt mit Ja beantworten können. Ist euer Ziel positiv? Ja. Ist es ökologisch? Ja usw.

P = positiv
Ö = ökologisch oder U = umfeldverträglich
S = sinnesspezifisch
I = individuell
T = testbar
I = interessant
V = visionär

Jetzt schaut euch eines eurer Ziele an und wir gehen das Modell zum besseren Verständnis gemeinsam durch. Nicole oder Klaus, habt ihr ein Ziel als Vorlage?" „Ja, ich habe eins", sagt Nicole schnell. „Ich möchte eine neue berufliche Herausforderung, mich dort weiterbilden und Karriere machen." „Na, wenn das nicht mal ein ‚kleines' großes Ziel ist", antworte ich mit einem Lächeln. „Also dann mal los. Klaus, such du dir bitte eins deiner Ziele aus und gehe diese Übung in Gedanken als Trittbrettfahrer mit uns gemeinsam durch, okay?" „Ja", sagt Klaus.

Nicole, ist dieses Ziel für dich P = positiv?
Ja, sehr!
Ist es Ö = ökologisch oder besser gesagt, gibt es in deinem Umfeld etwas oder jemanden, der etwas dagegen hätte?
Nein, jetzt nicht mehr. Außer mein Selbstwert.
Kannst du dir dieses Ziel mit allen S = Sinnen vorstellen?

Welche Sinne haben wir?
> *Sehen, fühlen, hören, riechen und schmecken.*

Kannst du das etwas genauer beschreiben?
> *Ja, ich sehe mich in einem neuen, eigenen Büro mit einem Schreibtisch voller herausfordernder Aufgaben. Ich höre, wie die Mitarbeiter gut über mich reden und ich vom Chef eine Beförderung bekomme. Ich fühle mich großartig und lächle den ganzen Tag. Ich rieche die frischen Orchideen auf meinem Schreibtisch und schmecke den leckeren Kaffee.*

Merkst Du, was jetzt gerade passiert?
> *Ja, ich habe ein genaues Bild davon, wie alles aussieht.*

Ist dein Ziel I = individuell?
> *Ja natürlich, das ist meins.*

Ist es T = testbar?
> *Ja, wenn ich mich bewerbe und einen neuen Job bekomme.*

Ist dein Ziel I = interessant?
> *Ja, absolut.*

Und zu guter Letzt, kannst du es dir V = visuell vorstellen?
> *Ja, ich habe ein Bild von der Erreichung in meinem Kopf.*

„Klaus, ist es dir möglich gewesen, diesem Beispiel zu folgen und die Punkte auch anhand deines Beispiels mit durchzugehen?" „Ja, doch in meinem Beispiel bin ich bei Ö = ökologisch darauf gestoßen, dass ich genügend Geld brauche, um dieses Ziel zu erreichen. Mein nächstes Ziel ist also, mir Gedanken zu machen, wie ich die finanziellen Mittel aufbringen kann, damit mein Ziel erreichbar wird", sagt Klaus. „So habe ich mir das vorgestellt. Super mitgearbeitet, ihr beiden!", lobe ich sie.

Deine Ziele sollten P-Ö-S-I-T-I-V sein!

Damit ihr euch für eure Ziele motivieren könnt und sie mit viel Energie erreicht, habe ich noch ein paar kleine Tipps zusammengestellt. Neben dem täglichen Training der Achtsamkeit ist auch der Einsatz von Visualisierungen eine wertvolle Übung. Diese Art des Trainings kommt aus dem Sport. Viele Sportler visualisieren den Ablauf eines Rennens oder den Ausgang eines Events, bis ins kleinste Detail. Doch es gibt auch viele Situationen im Alltag, bei denen das Visualisieren sehr unterstützend ist.

Viele meiner Klienten setzen die Visualisierungstechnik vor wichtigen Gesprächen ein. Sie gehen in Gedanken so präzise wie möglich den gesamten Gesprächsverlauf durch und das in verschiedenen Szenarien, denn sie können ja nur erahnen, wie der andere reagiert. Zu guter Letzt die Variante, wie der Klient den Ausgang des Gesprächs gerne hätte. Du wirst erstaunt sein: Zu über 80% geht das Gespräch so aus, wie es sich der Klient visualisiert hat. Was ist der Grund dafür?

Die Visualisierungen und das Erleben mit allen Sinnen haben den Klienten dabei unterstützt, sich so gut auf alle Eventualitäten vorzubereiten und einzustellen, dass er schwer überrascht werden kann und selbst viel sicherer auftreten wird. In vielen Coachings hat die Visualisierungstechnik auch schon geholfen, das körperliche Gewicht zu reduzieren oder eine Prüfungsvorbereitung so zu gestalten, dass die Prüfung später gefühlt einfacher war."

Wir beenden den Vormittag mit Bogenschießen. Rob, der Betreuer des Bogenschießens, weist die beiden noch in die Regeln der Schießbahn ein, zeigt ihnen die Grundbegriffe des Bogenschießens und dann geht's auch schon los. Nicole und Klaus freuen sich wie kleine Kinder. Das wollte Nicole immer schon mal machen, und Klaus hat noch die gute Erinnerung an seine Kindheit, in der er im Sommer-Camp sehr oft Bogenschießen gemacht hat.

Am Nachmittag treffe ich mich mit Nicole und Klaus bei dem Maler und Künstler Bill, der uns für den Nachmittag sein Atelier zur Verfügung gestellt hat. Eine ideale Kulisse, um über die Themen Motivation und den inneren Schweinehund zu sprechen. „Das ist gerade in meinem Beruf der wichtigste Antrieb, um ein Kunstwerk fertigzustellen", erzählt Bill. „Wie oft kommen echte oder erdachte Hindernisse in den Weg und versuchen, mein Schaffen aufzuhalten." Wir bedanken uns, denn Bill verlässt das Atelier, um uns Zeit und Raum zu geben, damit wir uns über die beiden Themen austauschen können.

„Jetzt habt ihr euch ein Ziel gesetzt. Ihr seid langsamer geworden und dadurch achtsamer als zu Beginn eures Trainings. Ihr habt angefangen, eure Ziele zu visualisieren und gelernt, sie mit all euren Sinnen wahrzunehmen. Jetzt braucht ihr noch die richtige Motivation, um ins Tun zu kommen, um den ersten Schritt zu machen. Die Motivation kann von außen, aber auch von innen heraus kommen. Die stärkste Motivation ist die von innen, die sogenannte intrinsische Motivation.

Finde die für dich richtige Motivation. Sie kann von außen kommen oder aber auch aus deinem Inneren.
Doch die stärkste Motivation kommt tief aus deinem Inneren und bringt Freude, Fröhlichkeit und Zufriedenheit mit!

Wenn du etwas machst, an dem dein Herz und deine gesamte Leidenschaft hängt, ist es viel leichter, motiviert zu sein. Wenn du etwas mit ganzer Freude tust, wirst du herausfinden, dass der erste Schritt gar nicht so schwer ist. Kinder machen das tagtäglich und spielerisch. Seid wieder wie ein Kind und freut euch auf das, was ihr euch vorgenommen habt, und macht es!

Die Motivationen eines Menschen gehen von: Ich habe keine Lust (interessiert mich nicht die Bohne) bis hin zu absoluter Freude, großem Interesse und sofort mit etwas anfangen."

Das Motivationskontinuum
„Wenn ihr diese Motivationsphasen lest, macht euch bitte Gedanken, wann ihr diese Art von Motivation das letzte Mal gespürt habt. Vielleicht überlegt ihr euch eine Situation, die ihr mit Hilfe dieser Motivation geschafft habt."

(Daniela Blickhan (2015);
Buch: Positive Psychologie, Ein Handbuch für die Praxis; Seiten 118+122)

Amotivation
Apathie = keine Lust zu gar nichts

Motivation von außen
1. Externe Regulation = eine Motivation, die von Menschen im Außen reguliert wird wie z.B. Belohnung, Strafe, Regeln befolgen. Wir würden nicht über eine rote Ampel fahren, da wir keine Motivation auf die Konsequenzen hätten (Führerscheinentzug).
2. Introjizierte Motivation = eine uns mitgegebene Motivation, meistens von den Eltern, Lehrern oder Menschen, die uns sehr nahe standen, wie z.B.: Schuld, Scham, Selbstkontrolle. „Jungs weinen nicht" wäre in diesem Zusammenhang ein gutes Beispiel.

Motivation von innen
1. **Identifizierte Motivation** = Vorbild, Respekt; viele erfolgreiche Sportlerkarrieren wurden auf diese Art und Weise gestartet. Vorbilder sind unsere Mentoren und geben uns Halt und Unterstützung.
2. **Integrierte Motivation** = diese Motivation ist im Einklang mit meinen Werten, Stärken und Fähigkeiten. Sie hat Kongruenz mit meinem Selbstbild.
3. **Intrinsische Motivation** = ist die Motivation, die ganz aus dem Inneren kommt. Sie geht Hand in Hand mit unserem Lebenssinn und dem, was wir wirklich wollen im Leben. Sie spiegelt sich in unseren Interessen, in unserer Freude und unseren Flow-Erlebnissen wider.

„Wenn ihr euch die verschiedenen Motivationsstufen als eine vollständige Liste von Zuständen vorstellt, dann ist es erstens hilfreich zu wissen, dass es darin kein Richtig oder Falsch gib. Zweitens, dass ihr einen Schieberegler zur Verfügung habt, mit dem ihr je nach Gefühl von einer Motivation im Außen (extrinsisch) zu einer Motivation im Innen (intrinsisch) schieben könnt.

Euer Ziel sollte es aber sein, so viel Motivation wie möglich aus der intrinsischen Motivation zu ziehen. Diese ist es, die euch beim Erfüllen eurer Aufgaben mit Freude und Spaß bei der Stange hält und durchhalten lässt, Ziele auch wirklich zu erreichen.

Ich möchte euch ein Beispiel aus meinem Tennisleben geben. So bin ich für ein Thema in den verschiedenen Motivationsphasen hin und her gesprungen. Im Jahr 2004 hatte ich im Guinness Buch der Rekorde geblättert und fand einen Rekordversuch, der mich interessierte: ‚der längste Tennisballwechsel der Welt'. Gespielt wie ein Tennismatch, nur dass kein Fehler passieren darf, dann wäre der Rekord zu Ende. Da kam meine Motivation eher von innen. Ich konnte mich mit dem Rekord identifizieren und die beiden Rekordinhaber aus dem Buch hatten Vorbildcharakter.

Doch als es dann zur Planung ging und ich zusammen mit meinem Partner Tobias mit dem Training anfing, ging mein Schieberegler für meine Motivation interessanterweise nach außen. Ich wollte meinen Eltern unbedingt etwas beweisen, sodass sie stolz auf mich sein konnten. Damit war ich, was das Motivationskontinuum anging, bei der von außen kommenden introjizierten Motivation angekommen.

Für den zweiten Weltrekordversuch im Jahre 2013 schob ich meinen Motivationsschieberegler auf die intrinsische Motivation. Dem Handeln aus reinem Interesse und aus der Freude heraus. Denn diesen Rekordversuch durfte ich mit meinem Sohn Dennis durchführen. Es war eine Ehre für mich und sorgte für gemeinsamen Spaß. Ich empfand es damals und noch heute als sehr wertvoll zu wissen, dass ich nicht richtig oder falsch bin, egal für welche Motivationsphase ich mich entscheide, und dass ich jederzeit die Möglichkeit habe, mithilfe des Schiebereglers meine Motivationsphasen zu verändern.

Folge deinem Herzen, mache das, was du tust, mit 100 % Leidenschaft, in Freude und voller Begeisterung, dann kommt deine Motivation aus deinem Inneren!

Doch leider kommt es oft vor, dass uns etwas ausbremst. Unsere Gedanken, die inneren Stimmen oder der immer wieder zitierte innere Widerstand. Wo sitzen denn diese Stimmen? Im Kopf, und dort treiben sie ihr Unwesen. Habt ihr auch innere Stimmen, die bei euren täglichen Entscheidungen noch ein Wörtchen mitreden wollen und ganz schön verunsichern? Man nennt sie auch den ‚inneren Schweinehund‘, davon habt ihr sicher schon gehört. Generell meint es der innere Schweinehund eigentlich nur gut mit euch. Er möchte vor zu viel Anstrengung und unnötigen Sorgen beschützen. Also kann man sagen, dass er eigentlich unser Freund ist.

Ich weiß, dass ihr euren inneren Schweinehund schon mehrfach bezwungen habt. Ihr habt laufen, lesen und sprechen gelernt und noch vieles mehr. Ihr habt euren Führerschein bestanden, die Schule erfolgreich beendet und eine andere Sprache gelernt. Gebt dem inneren Schweinehund am besten eine Herausforderung, die einem Abenteuer gleicht, dann lässt er sich überlisten. Verlasst also immer öfter die Komfortzone, traut euch was Neues, dann wird der innere Schweinehund immer kleiner.

Die wichtigste Regel, um ihn nicht so laut werden zu lassen, ist: ‚Geht sorgsam mit euch um!'" Ich teilte den beiden ein Blatt Papier aus, auf dem stand:

- ▶ Wie sieht das in der Praxis aus, sorgsam mit dir selbst umzugehen?
- ▶ Stopp deine Bewertungen im Außen und dein innerer Kritiker wird leiser werden!
- ▶ Sprich in Gedanken mit dir selbst genauso liebevoll, wie du mit deinem Kind oder einem guten Freund sprechen würdest!
- ▶ Führe deine Selbstgespräche freundlich, lösungsorientiert und konstruktiv!
- ▶ Suche Abenteuer und Herausforderungen, die deinen Fähigkeiten angemessen sind, und verlasse auch mal die Komfortzone!
- ▶ Du kannst alles schaffen, was du dir vorstellen kannst! Lass dich nicht aufhalten und schon gar nicht von dir selbst!

Eine Person, die mir sehr viel über den inneren Schweinhund beigebracht hat, sollte an dieser Stelle erwähnt werden. Dr. med. Stefan Frädrich hat in seinem Buch „Das Günther-Prinzip; So motivieren Sie Ihren inneren Schweinhund" sehr viel Interessantes zu diesem Thema zusammengetragen. Ich verwende seine Grundgedanken in etwas abgeänderter Form.

„Jetzt genießt noch diesen wunderschönen Sonntag. Lasst all das Besprochene erst einmal sacken und genießt den Tag in den Bergen. Klaus, vielleicht machst du ein bisschen Sport, und Nicole, du kannst dich ja mit einer der anderen Sportlerinnen, die heute Wettkampfpause haben, zu einem Spaziergang verabreden", schlage ich ihnen vor. „Ja, eine gute Idee, danke. Vielleicht nutze ich die Zeit auch einfach für mich und für meine Zukunftsplanung", lächelt Nicole. Das hört sich auch sehr gut an!

Nicole:

Es hat mir sehr geholfen zu verstehen, wie mein Gehirn funktioniert, das Zusammenspiel zwischen dem Bewusstsein und dem Unterbewusstsein. Da das Unterbewusstsein der schnellere Prozessor ist, werden alle Abläufe mit ganz hoher Geschwindigkeit positiv oder negativ auf diesem Prozessor abgespeichert. Für uns ist das dann der sogenannte Autopilot, mit dem wir Dinge tun, über die wir nicht mehr nachdenken müssen. Das war für mich sehr hilfreich, da ich nie verstanden habe, wo meine Glaubenssätze herkamen und wie sie funktionieren.

Besonders wertvoll fand ich in dieser Woche auch das expressive Schreiben. Nach anfänglichen Schwierigkeiten habe ich in 20 Minuten ständigen Schreibens ein klares Bild vor mir gesehen, wie ich mich in fünf Jahren auf dieser Welt bewegen werde. Das hat sehr gutgetan. Ich habe dadurch den Glauben an meine in mir „schlummernden" Fähigkeiten wiedergefunden. Und da kam die Übung mit den eigenen Glaubenssätzen, diese zu hinterfragen und sie in positive Affirmationen umzuwandeln, gerade richtig.

Wenn ich bewusst darüber nachdenke, waren es meine Glaubenssätze, die mich ausgebremst haben, die mir einreden wollten, dass ich nicht gut genug sei. Durch das Hinterfragen habe ich gelernt, wie ich den Glaubenssätzen gegenübertreten und sie dadurch verändern kann. Das wird mir beim Erreichen meiner Ziele sehr hilfreich sein und meine Motivation dafür kommt bei meinen Vorhaben aus dem Inneren. Denn ich fühle eine tiefe Freude und ich brenne dafür, meine Zukunft nach meinen Vorstellungen zu gestalten. Ich bin der Regisseur meines Lebens!

Du bist der Produzent, Drehbuchautor, Regisseur und Schauspieler deines Lebens!

Klaus:

Auch ich empfand diesen Schritt als einen sehr wichtigen. Wenn ich überlege, wie oft ich am Tag im Autopilotmodus meine Aktivitäten erledige. Dann brauche ich mich nicht zu wundern, wenn ich keine Lösungswege aus meiner Misere sehe, sondern den ganzen Tag nur Feuer ausmache. Ich bin schon viel zu lange mit einer negativen Gedankenspirale unterwegs gewesen, dass mir die positiven Dinge schon gar nicht mehr aufgefallen sind. Das hat mir schon der positive Tagesrückblick gezeigt.

Und mit dem Zitat aus dem Talmud habe ich eine weitere Übungsform, mit der ich meinem Autopiloten auf die Schliche kommen kann. Achte auf deine Gedanken, ja, das werde ich in Zukunft durch eine verbesserte Achtsamkeit umsetzen. Achte auf deine Worte, auch das werde ich bewusster tun. Wie oft habe ich schon gesagt: „Ich habe keine Zeit dafür – der Tag ist zu kurz – nie schaffe ich all meine Aufgaben usw."

All diese Aussagen zeigen mir, wie ich im Unterbewusstsein im Autopilot unterwegs bin, und dafür bin ich sehr dankbar. Achte auf deine Handlungen, das wird mir zusätzlich die Augen öffnen. Aber ich habe mir vorgenommen, meine Handlungen in Zukunft bewusst zu steuern und dadurch schon Veränderungen herbeizuführen. Wie zum Beispiel, mir mehr Zeit für mich einzuräumen.

Ich mag Übungen, mit denen ich spielerisch an meine neuen Aufgaben herangehen kann. Deswegen sind die Glücksmurmeln mein absolutes Highlight für diesen Schritt. Mir mithilfe der Murmeln bewusst zu werden, wie ich mal wieder unterwegs bin, finde ich genial, und wie du siehst, Frank, sie sind schon im Einsatz. Meine schon immer besser werdende positive Einstellung wird durch diese Übung noch zusätzlich unterstützt.

Und das ist wiederum sehr wichtig für mich, denn ich weiß, dass ich Veränderungen in meinem Leben vornehmen muss und jetzt auch möchte. Ich habe mich immer vor diesem Schritt gewehrt, denn er war mir zu groß und ich hatte

Angst davor, ihn zu machen. Lieber bin ich tagein, tagaus in meinem Hamsterrad gelaufen und habe mir und meiner Familie dabei sehr geschadet.

Mit den Werkzeugen, die wir jetzt schon mitbekommen haben, wird aus vielen kleinen Puzzleteilen zusehends immer mehr ein komplettes Bild. Bei der Zieleübung ist mir als Trittbrettfahrer besonders aufgefallen, wie wichtig es ist, dass das eigene Ziel wirklich PÖSITIV ist. Ich stellte fest, dass ich bei meiner Zielerreichung Schwierigkeiten hatte mit der Ökologie. Denn im beruflichen Kontext etwas zu verändern, verändert meistens auch etwas im Außen. Dazu war ich noch nicht bereit. Doch der richtige Augenöffner war das S = sinnesspezifisch. Ich hatte mir früher meine Ziele nie visionär und schon gar nicht sinnesspezifisch vorgestellt.

Das werde ich in der Zukunft ändern. Es ist etwas ganz anderes, ob ich mir mein Ziel nur denke oder ob ich es sehen, hören, fühlen, riechen und schmecken kann. Plötzlich entsteht ein Bild vor meinem inneren Auge und dieses Bild ist um einiges stärker und kräftiger als nur der bloße Gedanke. Dieser Vorgang unterstützt auch den Wechsel von einer bei mir bislang von außen gesteuerten Motivation zu einer intrinsischen, also von innen kommenden Motivation. Denn wenn ich mein Ziel verfolge, das ich mir wirklich vorstellen kann und das die Kraft hat, meine Gedanken und Ängste positiv zu beeinflussen, dann kommt diese neue Motivation definitiv aus dem Innen und das gefällt mir.

FAZIT FÜR DEN 4. SCHRITT:

Verstehe dein Unterbewusstsein und erreiche motiviert deine Ziele

Der 5. Schritt

FÜLLE DAS BANKKONTO DEINER POSITIVEN EMOTIONEN UND SAMMLE GLÜCKSMOMENTE

Zufriedenheit mit deinen Emotionen

„Nicole und Klaus, wie war euer freier Sonntag und was habt ihr unternommen?", frage ich die beiden am Montagmorgen, als wir uns direkt nach dem Frühstück wiedersehen. „Wir sind nach Los Angeles gefahren und haben einen Tag am Strand verbracht. Es war ein wunderschöner Tag und jeder hat etwas Zeit mit sich verbracht, um die Gedanken zu sortieren. Am Ende des Tages haben wir die Ruhe der Berge vermisst und haben uns wieder aufs Camp gefreut", erzählt Nicole. Und Klaus ergänzt: „Wir fuhren den Berg runter und haben die Kulisse von L. A. genossen. Die Hochhäuser, die riesigen Autobahnen und die noch größeren Autobahnkreuze sind einfach überwältigend. Die Palmen, die Sehenswürdigkeiten und dann die Strände... Alles wie im Film. Ein Leben auf der Sonnenseite der Erde.

Wir fuhren zum Huntington Beach, um dort den Nachmittag mit Beach Volleyball zu verbringen. Doch als wir dort ankamen, gab es eine Überraschung für uns.

Denn genau an diesem Wochenende fand ein großer Surf-Wettbewerb statt. Was für eine Atmosphäre, diese supercoolen Surferinnen und Surfer, die klasse Musik und das ganze Drum und Dran, einfach fantastisch! Wir hatten eine sehr gute Zeit. Am späten Nachmittag, es wurde schon dunkel, fuhren wir wieder Richtung San Bernardino und haben unterwegs direkt an der Autobahn eine große, schön beleuchtete Abenteuer-Minigolfbahn entdeckt. Das hat richtig viel Spaß gemacht mit den schönen, fantasievollen, großen Minigolfbahnen. Viel abenteuerlicher und unterhaltsamer als die Minigolfbahnen in Deutschland." Na, das hörte sich doch nach einem gelungenen Wochenende für die beiden an!

Heute haben wir uns an einem ruhigen Ort beim Erwin Lake verabredet, um die dritte Trainingswoche zu starten. „Nachdem ihr euch in den ersten beiden Wochen mit eurem Körper und eurem Verstand auseinandergesetzt habt, sind jetzt in der dritten Woche die Emotionen an der Reihe. Dieses Thema ist eng verknüpft mit dem Verstand, denn selbst die Gelehrten sind unterschiedlicher Meinung, was zuerst da ist: der Gedanke oder die Emotion. Doch das soll für uns hier keine Rolle spielen, denn wir alle wissen, dass bestimmte Gedanken bestimmte Emotionen auslösen und anders herum.

Gleich zu Beginn dieses Themas möchte ich euch ein kleines Geschenk machen. Ich schenke euch eine wunderschöne Herzmeditation, die ich für mich selbst jeden Morgen dreimal durchgehe. Diese Meditation gibt euch die Kraft, den neuen Tag positiv, selbstbewusst und mit einer hohen Lebenszufriedenheit zu beginnen. Wenn ihr diese Worte laut aussprecht, verstärkt ihr damit noch deren Wirkung.

Ihr werdet merken, wie euch diese Meditation berührt und positive Energie gibt. Lest die Meditation mehrmals ganz in Ruhe, zuerst in Englisch und dann in Deutsch. Spürt dann in euch hinein: Was ihr wahrnehmt und empfindet, wenn ihr diese Worte lest. Was macht diese Meditation mit euch und warum unterstützt sie positive Emotionen? Sie wird euch helfen, mehr auf euer Herz zu hören. Und wenn ihr möchtet, findet euer ganz eigenes Herzenslied. Ich wünsche viel Spaß dabei!"

The heart meditation
All is well
I love myself
I am happy
I am whole as I am
I am in peace and full of love
I can do everything I want to do
I am strong

Die Herzmeditation:
Alles ist gut
Ich liebe mich
Ich bin glücklich
Ich bin ganz, so wie ich bin
Ich bin in Frieden und voller Liebe
Ich kann alles erreichen, was ich will
Ich bin stark

„Diese Meditation ist ein wirklich wahres Geschenk und ich verdanke sie meinem Mentor Robert Holden. Bei seinem Kurs ‚Coaching Happiness' führte er die Meditation -JOY- durch und dabei kamen diese Worte in meinen Sinn. Als ich diese dann aufschrieb, spürte ich schon die Kraft, die in ihnen lagen. Wer mehr darüber lesen möchte, findet in seinem Buch ‚Be happy, release the power of happiness in YOU' das Kapitel >Follow your joy< auf den Seiten 73+74.

Alles ist gut
Ich liebe mich
Ich bin glücklich
Ich bin ganz, so wie ich bin
Ich bin in Frieden und voller Liebe
Ich kann alles erreichen,
was ich will
Ich bin stark!

Ich möchte euch bitten, diese Meditation morgens zu machen, bevor ihr euren oft hektischen Alltag beginnt. Ihr könntet sie aber auch zu jeder anderen Tageszeit durchführen, wenn ihr mehr Kontakt und Nähe zu eurem Herzen sucht. Auch für dich, Nicole, ist diese Meditation sehr wichtig, denn sie stärkt dein emotionales Selbstwertkonto enorm. Wenn ihr so weit seid, dass ihr einen guten Kontakt zu eurem Herzen herstellen könnt, horcht in euch hinein, kreiert euer ganz persönliches Herzmantra und schreibt es auf.

Wie wichtig sind positive Emotionen für uns? Viele von uns möchten tagein, tagaus mit Freude durchs Leben gehen. Doch wie schon gesagt, hat die Forschung festgestellt, dass wir mehrere positive Emotionen benötigen, um eine negative Emotion wieder auszugleichen. Das bedeutet für euch, dass ihr positive Emotionen sammeln solltet, jede Sekunde, jede Minute, jede Stunde und jeden Tag. Ihr habt schon eine Übung kennengelernt, die euch viele positive Emotionen schenken kann: den positiven Tagesrückblick. Bei dieser Übung spürt ihr die positiven Emotionen und aktiviert sie nochmals, mit der Frage: ‚Warum war das schön?'

Je mehr ihr sammelt, umso mehr verändert ihr euch, eure Einstellung und eure Körpersprache zum Positiven. Ihr werdet fröhlicher und lächelt mehr. Eine weitere wundervolle Übung zu dem Thema positive Emotionen sammeln ist der ‚Freundlichkeitstag'.

(Daniela Blickhan (2015);
Buch: Positive Psychologie; Ein Handbuch für die Praxis; Seite 308)

Was ist ein solcher Freundlichkeitstag? Es ist ein Tag, an dem ihr einfach noch freundlicher seid als sonst. Ihr fragt euch jetzt sicher, wie das gehen soll, denn ihr seid doch schon immer sehr freundlich. Es ist ganz einfach. Findet viele kleine Gelegenheiten im Alltag, um das zu trainieren, zum Beispiel: Lasst doch noch eine Person mehr im Straßenverkehr vor, haltet jemandem die Tür auf oder verschenkt verbal noch mehr Freundlichkeiten als sonst. Dieser Freundlichkeitstag ist nicht nur ein Bad voller positiver Emotionen für die Person, der ihr die Freundlichkeit entgegenbringt, sondern auch für euch, die ihr so viel Freundlichkeit verschenkt.

Das ist eure erste Aufgabe, wenn ihr nachher wieder ins Camp zurückgeht. Versprüht eure Freundlichkeit. Ganz wichtig, die Frage danach bekomme ich oft gestellt, verkünstelt euch dabei nicht. Seid ganz natürlich und lasst die Freundlichkeit von innen herauskommen. Euer Gegenüber wird es spüren, ob ihr es ehrlich meint oder ob ihr schauspielert.

Die ‚Grande Dame' der positiven Gefühle in der Positiven Psychologie, Barbara Fredrickson, hat eine Aufstellung von zehn positiven Emotionen gemacht.

<small>(Daniela Blickhan (2015); Positive Psychologie: Ein Handbuch für die Praxis; Seiten 58+59; Original von Barbara L. Fredrickson (2011); Buch: Die Macht der guten Gefühle)</small>

Ich habe euch diese zehn Emotionen mitgebracht, damit ihr einmal selbst reflektieren könnt, in welchen Lebenssituationen ihr sie spürt. Als Erstes möchte ich euch bitten, zu bewerten, wie wichtig (auf einer Skala von 1-10, 1 ist am unwichtigsten, 10 am wichtigsten) euch diese Emotionen sind. Als Zweites möchte ich euch einladen, dass ihr darauf achtet, wie oft ihr diese Emotion wirklich im Alltag empfindet (auch wieder auf einer Skala von 1 bis 10). Sollte die Wichtigkeit der Emotion höher sein als das tatsächliche Erleben dieser

Emotion im Alltag, dann überlegt euch einen ersten Schritt, wie ihr diese Emotion wieder etwas mehr in euer Leben bringen könnt. Hier ein Beispiel:

Emotion	Lebenssituation	Wichtigkeit	Häufigkeit	1. kleiner Schritt
Freude	Familie: Spielen mit den Kindern	10	6	jeden 2. Tag 20 Min. mit den Kindern spielen
Dankbarkeit	Beruf: Zufriedenheit, einen guten Job zu haben, der mich erfüllt	9	4	sollte ich mir öfter bewusst machen, immer zu Beginn der Woche

So, Nicole und Klaus, jetzt seid ihr dran. Nehmt euch genug Zeit, um die Emotionen auch wirklich zu spüren, und schaut euch die verschiedenen Lebenssituationen an. Ihr werdet wahrscheinlich erstaunt sein, wie oft ihr die eine oder andere Emotion spürt und lebt."

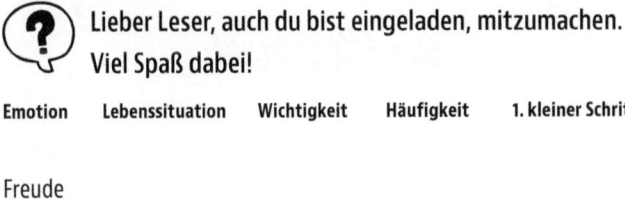

Lieber Leser, auch du bist eingeladen, mitzumachen. Viel Spaß dabei!

Emotion	Lebenssituation	Wichtigkeit	Häufigkeit	1. kleiner Schritt
Freude				
Dankbarkeit				
Heiterkeit, Gelassenheit				
Interesse				

Hoffnung

Stolz

Inspiration

Vergnügen

Ehrfurcht

Liebe

Zahle täglich positive Emotionen auf dein persönliches Emotionskonto ein, damit du ein Leben lang im Plus bist!

„Eine weitere große Schwierigkeit in unserer hektischen und ruhelosen Welt ist, dass die meisten Menschen Positives gar nicht mehr genießen können. Ich habe in Trainings festgestellt, dass die meisten Menschen sich das Genießen erst einmal wieder ‚antrainieren' müssen, können und auch sollten. Dieses Genießen von positiven Emotionen funktioniert in der Vergangenheit, in der Gegenwart und in der Zukunft."

(Daniela Blickhan (2015); Positive Psychologie: Ein Handbuch für die Praxis; Seiten 69-71; Original von Bryant und Veroff (2011))

Nicole und Klaus habe ich etwas mitgebracht, das sie mit nach Hause nehmen werden. Ich teile ihnen beiden die Übungsanleitungen dafür aus: „Ich habe euch heute eine Übung zum Genießen von positiven Emotionen in der Vergangenheit mitgebracht. Diese Übung ist nicht für hier gedacht, sondern für zu Hause, wenn ihr wieder bei euren Lieben seid. Es ist mir wichtig, dass ihr die Anleitung dafür habt, denn mit dieser Übung könnt ihr wirklich in ein großes Bad von positiven Emotionen springen", teile ich den beiden mit.

„Diese Übung kann man sehr gut mit seinem Partner, einem guten Freund oder einer anderen sehr vertrauten Person, z.B. einem Familienmitglied durchführen, jemandem, mit dem man seit vielen Jahren gemeinsame Erlebnisse hat. Also schreibt bitte auf, was ihr für diese Übung braucht: 100 Teelichter, 100 gelbe selbstklebende Post-it-Zettel, 1 Permanentmarker (dünn, schwarz), 1 Feuerzeug, 1 CD mit Musik, die euch in eine gute Stimmung versetzt, und ein leckeres Getränk. Vielleicht ein Glas Wein, ein Bier oder etwas Antialkoholisches.

Ihr nehmt euch mit dem Partner/Freund mindestens ein einstündiges Zeitfenster am Abend, anstelle fernzuschauen. Die Musik läuft, die Stimmung ist voller Vorfreude und ein gekühltes Getränk steht vor euch, was will der Mensch mehr? Nun beginnt der Erste, eine gemeinsam erlebte Begebenheit aus den letzten Jahren zu schildern, und erzählt, warum diese für ihn schön war. Dadurch erlebt der Erzähler die damaligen Emotionen wieder. Der Zuhörer, der ja auch an diesem Erlebnis teilgenommen hat, kann sich in diese positiven

Emotionen hineinversetzen. Nun teilt er seine Emotionen mit dem Erzähler. Also ein großer Austausch positiver Emotionen.

Nun schreibt der Erzähler ein Wort oder einen Begriff bezogen auf das Ereignis, auf einen Post-it-Zettel, nimmt sich ein Teelicht und klebt den Post-it auf eine freie Stelle im Raum. Er stellt das Teelicht darauf und entzündet dieses. In der Zeit, bis das Teelicht entzündet wird und bis der erste Erzähler sich wieder setzt, ist die beste Gelegenheit, die aufgekommenen Emotionen zu genießen. Also lasst euch Zeit, keine Hektik. Danach ist der andere mit dem Erzählen an der Reihe und so weiter. Am Ende dieser Übung wird Euer Wohnzimmer in ein warmes Licht von brennenden Teelichtern getaucht sein und ihr seid umhüllt von einem ‚Meer' wunderschöner Emotionen.

Lerne positive Emotionen zu genießen, es ist eines der schönsten Geschenke, das du dir machen kannst!

Eine Bitte habe ich an euch, wenn ihr diese Übung zu Hause ausprobiert habt: Macht ein Foto von eurem Wohnzimmer, wie es im Lichtermeer der Teelichter erstrahlt, und schickt es mir an behappy@frank-fuhrmann.com, vielen Dank."

Nicole und Klaus nicken lächelnd. „Machen wir!"

„Tragt jetzt auf die letzten beiden Seiten eures Journals folgende Überschriften ein. Am Kopf der linken Seite ‚negative Emotionen' und auf der rechten Seite ‚positive Emotionen'. Dies ist der Beginn eines Emotionsjournals. Ich wünsche mir für euch, dass ihr euch eurer Emotionen bewusst werdet und diese benennen könnt. Das hört sich leichter an, als es ist. Doch diese Art von emotionalem Journal kann sehr hilfreich sein, um sich mit dem Bewusstmachen von Emotionen zu beschäftigen. Glaubt mir, viele Menschen wissen gar nicht, was sie fühlen, was es bedeutet und wie die Emotion, die sie gerade erleben, benannt werden kann.

Und während ihr dieses Emotionsjournal führt, könnt ihr euch zusätzlich folgende Fragen stellen. Sie beschäftigen sich noch intensiver mit euren Emotionen. Das ist anfangs vielleicht noch nicht so ganz einfach, doch je mehr ihr euch damit auseinandersetzt, desto leichter wird es, sich selbst auf der emotionalen Ebene richtig zu verstehen, und dadurch könnt ihr auch besser damit umgehen."

Lieber Leser, beantworte die Fragen für dich mit:

Wie fühlst du dich gerade?

_____

_____

Wann hast du diese Emotion das letzte Mal klar und deutlich gespürt?

_____

_____

Was hat diese Emotion ausgelöst?

_____

_____

Wo warst du?

_____

_____

Was war passiert?

_____

_____

Was hast du getan?

_____

_____

„Wie leicht ist es euch gefallen, eure Emotionen und deren Herkunft aufzuschreiben?", will ich von Nicole und Klaus wissen. „Es war gar nicht so einfach, meine Emotionen beim Namen zu nennen", gesteht Klaus und fügt hinzu: „Mir fehlten die richtigen Worte und Begrifflichkeiten, mit denen ich meine Emotionen beschreiben kann. Ich habe festgestellt, dass diese Übung genauso viel Praxis verlangt, wie die eigenen Gedanken schriftlich festzuhalten." „Ich finde es sehr wertvoll, dass ich mich mit meinen eigenen Emotionen und Gedanken auseinandersetzen kann. Je mehr ich das umsetze, desto besser lerne ich mich kennen und füttere so meinen Selbstwert", ergänzt Nicole freudestrahlend.

„Nicole und Klaus, jetzt haben wir die ganze Zeit über positive Emotionen geredet und das ist auch gut so. Doch die negativen Emotionen sind natürlich auch vorhanden und gehören zum Leben dazu. Sie werden von vielen Menschen nicht beachtet, werden ignoriert oder gar verdrängt. Dabei sind es oft die negativen Emotionen, von denen ihr am meisten lernen könnt.

Damit ihr ein Gefühl für die täglich aufkommenden Emotionen bekommt, habe ich euch den ‚Positivity Ratio Test' (den Positivitäts-Verhältnis-Test) von Barbara L. Fredrickson mitgebracht. Dieser Test ist ein gutes Werkzeug, um sich mit den eigenen Emotionen zu beschäftigen. Doch was bedeutet Positivity Ratio eigentlich? Dieser Test soll euch zeigen, in welchem Verhältnis eure positiven und negativen Emotionen im Verlauf eines Tages zueinander stehen. Das Ziel ist, dass die positiven Emotionen am Ende des Tages überwiegen, so wie bei den Glückmurmeln. Er gibt Anhaltspunkte darüber, wie ihr innerhalb von 24 Stunden emotional unterwegs seid.

<small>(Daniela Blickhan (2015); Positive Psychologie: Ein Handbuch für die Praxis; Seiten 66-67; Original von Barbara L. Fredrickson (2011) http://www.positivityratio.com (Übersetzung von Daniela Blickhan))</small>

Der Test zur Positivity Ratio

„Wie habt ihr euch gestern gefühlt? Schreibt das Datum oben rechts auf die Seite, betrachtet die vergangenen 24 Stunden und tragt euer Ergebnis auf der Skala hier ein." Ich reiche den beiden die Testanleitungen. Auf ihr steht: Nutze die 0-4 Skala und trage jeweils das größte Ausmaß ein, in dem du folgende Gefühle erlebt hast.

<small>Skala: 0 = gar nicht; 1 = ein wenig; 2 = mäßig; 3 = ziemlich; 4 = sehr stark</small>

Was ist das stärkste Ausmaß, in dem du dich gefühlt hast?

Datum:....................

... heiter, albern oder amüsiert
... *wütend, irritiert, verärgert*
... *beschämt, erniedrigt, bloßgestellt*
... ehrfurchtsvoll, voller Staunen oder Bewunderung
... *geringschätzend, verachtend, höhnisch*
... *angewidert, geekelt, abgestoßen*
... *verlegen, errötet, befangen*
... dankbar, anerkennend, verständnisvoll
... *schuldig, reumütig, tadelnswert*

... *hasserfüllt, misstrauisch, argwöhnisch*
... hoffnungsvoll, optimistisch, ermutigt
... inspiriert, angehoben, unterstützt
... interessiert, wach, neugierig
... freudig, glücklich, froh
... Gefühle von Liebe, Nähe, Vertrauen
... stolz, selbstbewusst, zuversichtlich
... *traurig, niedergeschlagen, unglücklich*
... *ängstlich, furchtsam, besorgt*
... gelassen, zufrieden, friedvoll
... *gestresst, nervös, überfordert*

Auswertung des Tests:
Addiere alle Zahlenwerte aus den gerade geschriebenen Begriffen, die du mit einer 2 oder höher bewertet hast (= Summe 1).
Addiere nun die Zahlenwerte der kursiv geschriebenen Begriffe (= Summe 2).
Teile die Summe 1 durch die Summe 2 (1:2).

Nicole und Klaus brauchen eine Weile, um sich in den gestrigen Tag zu versetzen und sich den Emotionen der letzten 24 Stunden bewusst zu werden. „Es gibt auch bei dieser Übung kein Richtig oder Falsch, es ist eine reine Momentaufnahme", versuche ich die beiden zu unterstützen. „Geht den Tag noch mal in Gedanken durch, und zwar rückwärts. Jede Stunde fragt ihr euch, was ihr getan habt und was ihr dabei empfunden habt. Wenn ihr damit fertig seid, dann wird euch dieser Gesamteindruck beim Ausfüllen dieses Blattes helfen."

Als die beiden den Test beendet haben, bitte ich sie, diesen für sich auszuwerten. „Wie fandet ihr den Test?", will ich zuerst von den beiden wissen. „Ich habe eine Weile gebraucht, mir die Situation vorzustellen und sie mit einer Emotion zu versehen", sagt Nicole etwas unsicher. „Doch über den Tag hinaus lässt sich so sehr gut meine emotionale Grundstimmung festhalten. Bei den sehr aktiven negativen Emotionen habe ich noch dazugeschrieben, was der Auslöser war." „Sehr gute Idee, Nicole", lobe ich sie, „denn so kannst du in Zukunft eine solche Situation vermeiden."

„Seid ihr mit der Auswertung zufrieden? Oder besser gefragt: Ist das Ergebnis so, wie ihr es euch vorgestellt habt?", will ich wissen. „Ich bin in dieser Umgebung und beim Trainieren meiner Zufriedenheit sehr positiv gestimmt und so bin ich nicht verwundert, dass das Ergebnis sehr positiv ausfällt", erzählt Klaus. Und er ergänzt: „Ich bin sehr gespannt, was für ein Ergebnis ich erreiche, wenn ich diesen Test in meinem Alltag durchführe. Aber ich finde es sehr wertvoll, sich seiner Emotionen bewusst zu werden und zu sein. So kann ich mich selber steuern, wie ein Kapitän sein Schiff." „Ich spüre, dass ich bei manchen Entscheidungen noch etwas unsicher bin", gesteht Nicole. „Diese Unsicherheit macht mich wütend und ich ärgere mich darüber. Doch mithilfe dieses Tests kann ich genauer feststellen, an welchen Stellschräubchen ich zu drehen habe, damit ich mich sicherer fühle."

„Das freut mich sehr, dass der Test so gut gelungen ist. Ihr solltet ihn über einen längeren Zeitraum, zum

Beispiel zwei bis vier Wochen lang jeden Tag durchführen, damit ihr Schwankungen in eurem Gefühlsleben erkennen könnt. Bei diesen Schwankungen ist es auch sehr interessant, zurückzuverfolgen, wie sich eure Gefühlslage verändert, wenn unterschiedliche Verhaltensweisen oder äußere Einflüsse dazu kommen. Diese Erfahrungen könnt ihr in das Journal schreiben. So bekommt ihr einen Überblick, wie ihr in den verschiedensten Lebenssituationen emotional reagiert." Ich schaue die beiden an. Es ist mir wichtig, dass sie das gut verstanden und verinnerlicht haben. „Wie denkt ihr darüber? Was hat euch diese Übung gebracht?"

> *Mache deine Emotionen zu deinem Kompass, sie werden dir deinen Weg zeigen!*

„Was würde passieren, wenn ihr eure negativen Emotionen ständig verdrängt?", frage ich weiter. Die beiden denken nach. „Sie kommen oft sehr unerwartet wieder zurück", antwortet Nicole nach einer Weile. „Ja, genau. Stellt euch vor, die negativen Emotionen wären ein Beachball, den ihr versucht, unter die Wasseroberfläche zu drücken. Vielleicht sind es sogar zwei Bälle. Solange ihr aufmerksam seid und genügend Kraft habt, wird es euch wahrscheinlich gelingen, den Beachball unter Wasser zu halten. Doch was passiert, wenn ihr müde werdet?", frage ich die beiden.

„Der Wasserball kommt nicht langsam hoch, sondern er wird aus dem Wasser herauskatapultiert", sagt Klaus. „Ganz genau. Und das würde auch mit euren negativen Emotionen passieren. Sie würden plötzlich aus dem Nichts herausschnellen und euch um die Ohren fliegen. Eine nicht sehr erfreuliche Situation. Besonders dann nicht, wenn sie aus heiterem Himmel, völlig unerwartet eintritt. Also, lasst negative Emotionen zu. Hört hin, was sie euch zu sagen haben, und reagiert darauf. Negative Emotionen sind nur dann gefährlich, wenn ihr mit ihnen ‚verheiratet' seid. Das heißt, wenn ihr einen festen Bund mit ihnen eingegangen seid und Schwierigkeiten habt, sie wieder loszulassen. Dann nehmen diese negativen Emotionen Besitz von euch und ihr definiert eure Person über diese negativen Emotionen. Wenn ihr zum Beispiel der Meinung seid ‚Ich bin ein Angsthase' und ihr verändert daran nichts, dann werdet ihr euch genauso fühlen. Doch in Wirklichkeit seid ihr keine Angsthasen, denn es ist absolut okay, Angst zu haben.

Ich habe euch zum Abschluss dieser Übungssequenz noch einen Ausschnitt aus einem Gedicht mitgebracht. Ich habe ihn, so gut es mir möglich war, ins Deutsche übersetzt. Es ist dadurch kein Gedicht mehr, aber ich glaube, ihr versteht, was Jalal al-Din Muhammad Rumi uns damit sagen möchte.

(Jalal al-Din Rumi and Colman Barks (1997); Read essential Rumi:
„The guest house"; im Buch von Robert Holden (2009);
Buch: Be happy, release the power of happiness in YOU; Seite 67)

Das Gästehaus

Die dunklen Gedanken, die Scham, die Böswilligkeit.
Empfange sie lachend an der Tür
und lade sie ins Haus ein.
Sei dankbar, wer auch immer kommt,
weil jeder von ihnen zu dir gesendet wurde,
als ein Berater vom Universum.

von Jalal al-Din Muhammad Rumi

Robert Holden, den ich ja schon öfters erwähnt habe, weil ich seine Arbeit sehr, sehr schätze, sagte auch in einem seiner Seminare den Satz: ‚The most valuable gifts in life are often very badly wrapped!' – ‚Die wertvollsten Geschenke im Leben sind oft sehr schäbig verpackt!'

Wie viel Wahrheit steckt hinter diesen Worten? Im Augenblick einer Krise ist es schwer, aus den auftauchenden negativen Emotionen etwas Gutes zu sehen. Doch wenn etwas Zeit vergangen und die Krise bewältigt ist, können wir im Rückblick erkennen, wie wahr diese Aussage doch oft ist.

Lade negative Emotionen zu dir ein, und du wirst erkennen, dass sie es nur gut mit dir meinen!

Nicole und Klaus, erinnert ihr euch, als ihr vor zwei Wochen auf unserem Parkplatz angekommen seid, wie ihr euch emotional gefühlt habt? All die negativen Gedanken, gepaart mit der Nervosität, was euch hier erwartet, und natürlich auch mit einem Funken Vorfreude, wie ihr dieses Camp wieder verlasst. Ihr werdet in den kommenden Tagen immer besser verstehen, wie diese Aussage gemeint ist.

Ich habe euch auch eine Liste negativer Emotionen mitgebracht und was diese uns mitteilen wollen. Die Übung habe ich ‚Den Emotionen ein Gesicht geben' genannt und macht das gerade Besprochene noch deutlicher. In dieser Liste sind die Grundgedanken von Robert Holden in abgeänderter Form wiederzufinden. Zum Nachlesen findet ihr seine Liste im Buch ‚Be happy, release the power of happiness in YOU', im Step 2: Naming the Lesson, auf den Seiten 68-70."

Den Emotionen ein Gesicht geben
Angst
- zeigt dir, dass du dich selbst limitierst. Streife diese Gefühle ab, sie sind wie Ketten, die dich festhalten. Vertraue dir, dem Leben, anderen Menschen und dem Universum.

Ärger
- ist ein Zeichen von Unsicherheit. Wenn du stabil und gefestigt bist, wird sich der Ärger in Luft auflösen. Gib deine Fähigkeiten nicht einfach so aus der Hand.

Depressionen
- sind ein Zeichen von Resignation. Akzeptiere deine Fehler und erkenne deine Grenzen, denn kein Mensch ist ohne Makel. Liebe dich selbst, so oft wie du kannst.

Erschöpfung
- dein Körper und deine Seele brauchen eine Auszeit. Sie geben dir ein Zeichen dafür, beachte sie, solange es noch nicht zu spät ist.

Groll
- zeigt dir, dass du ein Leben im Außen lebst. Andere sind schuld an deiner Misere und du fühlst dich wie ein Opfer. Verzeihe dir und anderen schneller, damit du dein Leben nach deinen Wünschen gestalten kannst.

Neid
- zeigt dir ein Gefühl von Minderwertigkeit. Du fühlst dich nicht gleichwertig wie andere Personen. Dabei ist jeder Mensch gleich, sei dankbar für alles in deinem Leben.

Schmerz
- ist der Hinweis, dass du nicht sorgsam mit dir umgehst. Lebe bewusst und finde den Ursprung des Schmerzes. Kümmere dich um deinen Körper, denn du brauchst ihn.

Sorgen
- erscheinen, wenn du das Erlebte mit in die Zukunft nimmst. Beginne jeden Tag neu, als wäre es dein Letzter, und nimm Hilfe von außen an.

Stress
- schränkt dich ein in deinem Tun. Dein Selbstwertgefühl leidet und es fällt dir schwer, klare Gedanken zu fassen. Du solltest überlegen, was du verändern kannst, und eine kluge Entscheidung treffen.

Wunden
- sie entstehen, wenn alte Gefühle aus der Vergangen-

heit bestehen bleiben. Lass sie los und lebe dein Leben im Hier und Jetzt, das schenkt dir Heilung.

„Ich wünsche mir, dass euch diese Liste immer genug Unterstützung gibt, besonders dann, wenn mal wieder ein ungebetener Gast über eure Türschwellen laufen möchte. Zumindest seht ihr, dass hinter jeder dieser Emotionen eine Botschaft steckt, die wichtig, aber nicht so schlimm wie der Ruf dieser Emotion ist. Ich habe für mich das Wort Emotionen umgetauft. Bei mir heißen sie jetzt ‚Lehrer', denn sie helfen mir, den richtigen Weg zu finden, und sagen mir Bescheid, wenn ich vom richtigen Weg abgekommen bin. Dazu brauche ich nichts anderes tun als langsamer, achtsamer und stiller zu werden. Dann kann ich auf die Stimme meines Herzens hören und ihr folgen.

Ein sehr wichtiger Hinweis für euch ist, dass ihr und jeder Mensch einen Emotionsschieberegler besitzt. Was das ist? Ein Regler, der wie an einem Mischpult die Lautstärke, die Emotionen regeln kann. Mit ihm könnt ihr die Emotion verstärken oder abschwächen, je nach Bedarf und je nach Situation. Allerdings nur, wenn ihr nicht schon zu emotional aufgeladen seid. Wenn ihr zum Beispiel merkt, dass Wut in euch hochkommt, und ihr möchtet noch handlungsfähig sein, dann setzt den Schieberegler ein, um eure Emotionen zu regulieren. Ihr habt es in der Hand, ob ihr lieber etwas zurückhaltend oder eher mutig sein möchtet.

Ich gebe euch ein Beispiel aus meinem Leben. Im Jahr 2013 habe ich zusammen mit meinem Sohn Dennis zwei Tennisweltrekorde nach Deutschland holen wollen. Die Vorbereitungs- und Trainingszeit haben neun Monate in Anspruch genommen. Der Austragungsort war Bayreuth, der Ort, an dem mein Sohn gerade sein Studium angefangen hatte. Könnt ihr euch vorstellen, welche Emotionen ich vor diesen Rekordversuchen hatte? Ich hatte Angst – dass wir es nicht schaffen – ich hatte Sorgen – wie würde es mein damals 21-jähriger Sohn verkraften, wenn wir scheitern? – und ich war unsicher – ob ich ihm während seines Studiums nicht zu viel zumute.

Jetzt kam mein Emotionsschieberegler zum Einsatz. Im Laufe der neun Monate Vorbereitung fing ich an, den Regler nach und nach in Richtung positiver Emotionen zu verschieben. Und zwar nicht willkürlich, sondern ganz bewusst.

Von der Angst – zu mehr und mehr Mut, ...

... denn wir haben hart trainiert und wussten, wir schaffen das.

Von den Sorgen – hin zur Hoffnung, ...

... denn je mehr wir zusammen trainierten, umso mehr Vertrauen entwickelten wir in unsere Leistung.

Von der Unsicherheit – zur 100%igen Zuversicht, ...

... denn wir wurden immer sicherer bei dem, was wir taten. Das bestätigte uns und gab uns Zuversicht.

Vier Monate vor dem Rekordversuch haben weder mein Sohn noch ich an unserem Erfolg gezweifelt. In jedem Interview, bei allen Pressekonferenzen und in jedem Gespräch waren wir uns sicher, dass diese beiden Rekorde uns gehören. Der Schieberegler war nicht übertrieben, aber so weit zu Mut, Hoffnung und Zuversicht geschoben, dass wir uns einfach zu 100% sicher waren."

> *Du besitzt einen Emotionsschieberegler und den kannst du jederzeit einsetzen, um deine Emotionen so zu regulieren, dass es für dich angenehm ist!*

Nicole und Klaus schweigen anerkennend, als meine letzten Worte in ihnen nachklingen. „Okay", sagt ich, „das war ein sehr emotionaler und intensiver Tag heute. Wir machen jetzt Schluss, treffen uns morgen früh in meinem Besprechungszimmer und beginnen den zweiten Teil dieses Themas auch wieder mit einer Meditation. Lasst euch das Essen schmecken, ich wünsche euch einen wundervollen Abend. Und vergesst nicht, positive Emotionen einzusammeln!", rufe ich den beiden noch nach. Die beiden heben lächelnd den Daumen. „So gut, wie es hier schmeckt, ist die erste positive Emotion schon mal sicher", ruft Klaus grinsend zurück.

Der nächste Tag bricht an und die kalifornische Sonne scheint durch die Fenster des Besprechungsraumes. Sie erweckt das Holz in diesem Zimmer zum Leben. Ein warmer, kastanienähnlicher Farbton macht sich breit. Er lässt das Zimmer in der geballten Kraft der Natur erstrahlen. Ein wundervoller Anblick. Heute ist Dienstag der dritten Woche. Nicole und Klaus sitzen schon erwartungsvoll da. Der erste Tag rund um das Thema Emotionen hatte ihnen sichtlich sehr gutgetan.

„Heute möchte ich mit einer sehr schönen und alten Meditation starten. Die ‚Meditation der glücklichen Momente' hat indianischen Ursprung und bietet sich ideal zum Verstärken von positiven Emotionen an. Diese Meditation ist in Anlehnung an die Meditationsübung von Nicholas Sparks & Billy Mills (2001) aus dem Buch ‚Die Suche nach dem verborgenen Glück' auf der Seite 115 entstanden und von mir weiter ausgebaut worden.

Nehmt bitte auf den Meditationskissen Platz und entspannt euch. Konzentriert euch auf die Atmung und entspannt euch mit jedem Atemzug mehr und mehr. Gedanken werden kommen und ihr habt gelernt, wie ihr diese kommenden Gedanken auf eine Wolke setzt und sie ziehen lasst, Gedanken für Gedanken, um immer ruhiger und noch entspannter zu sein. Wenn ihr im Hier und Jetzt angekommen seid, euer Gesäß auf dem Kissen spürt, dann möchte ich euch bitten, die Augen zu schließen. Noch zwei tiefe Atemzüge und dann seid ihr ganz im Hier und Jetzt angekommen. Atmet entspannt weiter mit einem inneren Lächeln und lasst alle Nebengeräusche zu einem Teil der Meditation werden."

Die Glücklichsein-Meditation:
- ▶ Zähle bei jedem Ausatmen von eins bis acht und bei jedem Atemzug entspannst du etwas mehr.
- ▶ Sobald du bei acht angelangt bist, nimm bitte bewusst wahr, wie sich deine Entspannung in deinem ganzen Körper ausbreitet und du ganz ruhig wirst.
- ▶ Denke an etwas, das dich glücklich macht. Ein Erlebnis, ein Gespräch, eine Situation oder ein besonderer Tag. Lass dieses Bild vor deinem inneren Auge so deutlich wie möglich erscheinen.
- ▶ Jetzt aktiviere all deine Sinne, das Sehen, Hören, Fühlen, Riechen und Schmecken. Mache dein Bild größer, farbiger und erlebe die Situation mit all deinen Sinnen.
- ▶ Genieße dieses Bild und spüre, wie viel positive Energie diese Situation dir gibt.
- ▶ Und wenn du das Bild so vor deinen Augen hast, wie du es haben möchtest, dann ist es an der Zeit für ein leise gedachtes Mantra: „Ich bin glücklich und ich liebe das Leben." Sag dir dieses Mantra achtmal leise im Kopf vor.
- ▶ Nun zählst du mit jedem Atemzug rückwärts von sechs auf eins. Wenn du bei eins angekommen bist, bewegst du deine Füße, die Hände und dann öffnest du langsam deine Augen und lächelst.

„Habt ihr einen glücklichen Moment aus eurem Leben gesehen und mit allen Sinnen genießen können?", will ich von Nicole und Klaus wissen. „Ja", sagt Nicole und hat Tränen in den Augen. „Es war wunderschön und meine persönliche Stimmung war vor der Meditation schon sehr gut, doch jetzt fühle ich mich euphorisch. Danke für diese schönen Gefühle." „Mit diesen positiven Emotionen lassen sich auch sehr gut eure Zukunftsplanungen anschließen, wie beim expressiven Schreiben im 4. Schritt", erkläre ich den beiden.

Ich teile den beiden mit, dass ich diesbezüglich noch eine Überraschung für sie vorbereitet habe. Die einzige Bedingung ist, dass sie die nächsten zwei Stunden nicht reden dürften, es sei denn, es wäre ein Notfall. Auf diese Art und Weise können sie sich ganz mit sich und ihrer Zukunftsplanung beschäftigen. Ich mache mit ihnen einen 30-minütigen Spaziergang zum Pferdestall. Dort habe ich einen geführten Ausritt für die beiden organisiert, nur sie zwei und der Führer. Es wurde ein unvergessliches Erlebnis im Western Style. Als sie nach einer Stunde immer noch schweigend und glücklich zurückkommen, lasse ich sie all ihre Gedanken aufschreiben, damit sie ihrer neuen Zukunft wieder einen Schritt näher kommen können.

Wir gehen gemeinsam zum Camp zurück, denn der Vormittag hat uns hungrig gemacht. Auf dem Weg erzählen und erzählen die beiden mir ihre Gedanken, sie wollen gar nicht mehr aufhören. Ich freue mich, dass die Übung bei den beiden so viel in Gang gesetzt hat, und bitte sie, mich nach dem Mittagessen im Besprechungsraum zu treffen.

Dort angekommen, habe ich meinen Beamer und die Leinwand aufgebaut, denn ich will den beiden einige nette Clips zeigen. „Jetzt möchte ich eure positiven Emotionen noch weiter aufladen und auffüllen. Dazu bietet sich Humor an. Einfach mal richtig herzhaft lachen. Wann hattet ihr euren letzten Lachflash? Ein Lachanfall, bei dem ihr einfach und ohne Grund so laut gelacht habt, dass euch Tränen die Wangen runtergelaufen sind? Kinder lachen über 400-mal am Tag. Wir Erwachsenen bringen es im Durchschnitt gerade noch auf 15-mal.

> *Lache, liebe und erinnere dich an schöne Momente in deinem Leben, das ist alles, was du brauchst, um glücklich zu sein!*

Schade eigentlich! Und das bei der heutigen Technik, wo der nächste lustige Clip gerade mal einen Klick entfernt ist. Freut euch auf jede Gelegenheit, die sich bietet, um zu lachen, und wenn es über euch selbst ist. Sucht nach Kleinigkeiten, nach humorvollen Details. Macht und erzählt Witze, auch wenn mal keiner lacht. Seid so fröhlich und ungezwungen wie Kinder, die das spielerisch hinbekommen, ohne viel über Ergebnisse oder eventuelle Konsequenzen nachzudenken. Damit es euch leichter fällt, habe ich 10 meiner Lieblings-Lach-Clips für euch vorbereitet. Viel Spaß dabei. Ich wünsche, ihr könnt darüber genauso lachen, wie ich es getan habe.

Eine weitere Übung, um positive Emotionen zu sammeln, ist die ‚Medi-Break'. So habe ich die nächste Übung getauft. Das Wort ‚Medi' kommt von Meditation und ‚Break' ist das englische Wort für Pause, also eine Meditationspause. Klaus, hast du schon davon gehört?" „Nein, aber es hört sich sehr vielversprechend an. Was genau ist das?", fragt er. „Die Meditationspause ist eine Möglichkeit, sich im Laufe des Tages, bei der Arbeit oder auch privat mal eine Auszeit zu nehmen. Man sollte meinen, das geht ganz leicht, doch für viele Menschen, gerade in Unternehmen, ist es das nicht.

Mit Teams und Abteilungen in Firmentrainings sitze ich manchmal fast zwei Stunden daran, um eine Liste mit 20-30 Punkten zusammenzustellen, wie eine solche sinnvolle Unterbrechung der Arbeit aussehen kann. Hier ist Kreativität gefragt. Die Raucher machen uns ständig solche kleinen Pausen vor. Doch leider sind deren Auszeiten körperlich sehr ungesund. Habt ihr ein paar Ideen, wie ihr besonders in eurem beruflichen Umfeld einen solchen Kurzurlaub von 5-10 Minuten gestalten könntet? Besonders für dich, Klaus, sind diese Ideen sehr wichtig, damit du es schaffst, dass sich dein Hamsterrad langsamer dreht und vielleicht auch mal anhält. Es wäre schön, wenn jeder von euch fünf Punkte finden würde."

Nicole:

- Kleiner Spaziergang in der Natur
- Partner-Schultermassage
- Mittagspause mal woanders
- Eine kurze Meditation
- Blumen für den Schreibtisch pflücken

Klaus:

- Dehnungsübungen am offenen Fenster
- Power-Nap (10 Min. Schlaf) im Auto
- Postkarte an eine liebe Person schreiben
- Fünf-Minuten-Witze-App auf dem Handy
- Sally-up-Sally-down-Herausforderung

                (eine sportliche Übung mit Musik, auf YouTube)

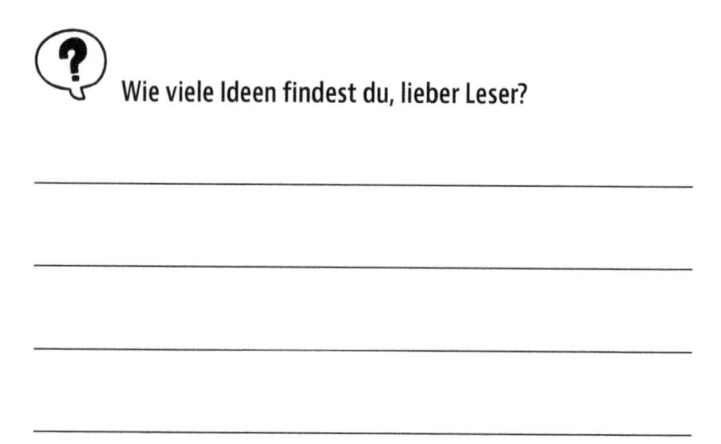

? Wie viele Ideen findest du, lieber Leser?

„Damit gute Emotionen in uns mehr Platz bekommen, müssen wir aber auch die Gefühle, die uns nicht guttun, nach einer Analyse wieder loslassen können. Das ist je nach Intensität der Gefühle mal leichter und mal schwerer. Ich möchte euch eine Übung vorstellen, mit der ihr einen Zugang habt, um eure Gefühle loszulassen.

Ich verwende die Grundgedanken von Marci Shimoff in geänderter Form. Ihre Version könnt ihr im Buch ‚Glücklich sein ohne Grund! In 7 Schritten das Glück entdecken, das längst in Ihnen steckt' auf den Seiten 154-156 zu dem Thema ‚Üben loszulassen' finden. Das Original stammt von Hale Dwoskin, ‚Die Sedona Methode, Wie Sie sich von emotionalem Ballast befreien und ihre Wünsche verwirklichen'.

Bei diesem Training sind zwei Voraussetzungen zu klären. Als Erstes ist es wichtig für euch zu wissen, dass ihr eine große Anzahl an völlig verschiedenen Gedanken und Gefühle habt. Doch wie bei der Meditation oder beim Hinterfragen von Gedanken sind diese nur Gedanken und Gefühlen. Ihr seid nicht dieser Gedanke, als Beispiel ihr seid nicht die ANGST und ihr könnt diesen Gedanken oder das Gefühl der Angst auch jederzeit loslassen.

Tief in eurem Innern seid ihr bereits glücklich. Jetzt müsst ihr, wie bei einer Zwiebel, Schicht für Schicht, diesen Kern freilegen. Lasst nach und nach alles, was euch belastet und euch aufhält, los. Dabei hilft euch dieses Training.

Das Training des Loslassens

Wie beim Meditieren suchen wir uns einen ruhigen und angenehmen Ort, um in uns gehen zu können. Ihr könnt leichter in das Training einsteigen, wenn ihr eure Augen schließt. Macht bitte noch vier tiefe Atemzüge und entspannt euch immer mehr.

- ▶ Stell dir ein Problem vor, das dich seit geraumer Zeit belastet. Was für Gefühle kommen in dir hoch, wenn du daran denkst? Das können kleine oder große Gefühle sein, sie können positiv oder negativ sein und sie können sehr schwach oder sehr stark sein. Wie beim Gästehaus, heiße bitte all deine Gefühle willkommen und lasse sie so weit zu, wie es dir möglich ist.
- ▶ Die beste Gelegenheit mit diesen Gefühlen umzugehen ist, wenn du ganz im Hier und Jetzt bist, also ganz im gegenwärtigen Moment. Das hört sich ganz leicht an, ist es oft aber nicht, da wir uns in Gedankenketten verstricken, die uns in die Vergangenheit oder in die Zukunft schicken. Doch damit du deine Gefühle verändern und loslassen kannst, solltest du ganz achtsam und bewusst in der Gegenwart sein.
- ▶ Die schwierigste Frage in diesem Training ist, willst und kannst du diese Gefühle loslassen? Kannst du dir das vorstellen? Wenn du dich in Gedanken für ‚JA' entscheidest, kannst du den nächsten Punkt überspringen. Wenn du ‚NEIN' sagst, ist der nächste Schritt sehr hilfreich. Denn ein NEIN bedeutet nicht, dass du dieses Gefühl nicht loslassen kannst.

Lass dich von den Fragen und Aussagen führen und du wirst sehen, loslassen kann geschehen.

- Wie bei der Frage, ob deine Gedanken wirklich wahr sind, so stelle ich euch auch hier eine Frage: ‚Möchtest du dieses Gefühl loslassen?' oder ‚Bist du bereit, dieses Gefühl loszulassen?' Wenn du dir immer noch unsicher bist, kannst du dich auch fragen: ‚Möchte ich jeden Tag dieses Gefühl empfinden oder möchte ich endlich frei sein?' Sollte deine Antwort noch ein Nein sein, mach mit dem Training einfach weiter.
- Die nächste Frage bezieht sich auf den Zeitpunkt des Loslassens. ‚Wann möchtest du loslassen?' Nutze es wie eine Gelegenheit, die sich dir bietet, und vielleicht fällt es dir jetzt ganz leicht loszulassen. Die Entscheidung, wann du loslassen möchtest, liegt ganz bei dir und kann von dir jeden Augenblick getroffen werden.
- Diesen Ablauf kannst du so oft durchführen, wie du möchtest. Hab Geduld mit dir. Auch wenn das Gefühl nicht sofort weg ist und sich der Anfang schleppend anfühlt, so wirst du doch feststellen, dass das Gefühl immer schwächer wird. Frage dich, wie die Intensität des Gefühls ist auf einer Skala von 1 bis 10, dann kannst du deinen Fortschritt kontrollieren.
- Sollten es mehrere Gefühle sein, kann es sein, dass du eins nach dem anderen loslassen musst, damit es nicht gleich zu viel auf einmal ist. Jedes Gefühl, das du losgelassen hast, macht dir dein Leben leichter und friedlicher."

Nicole nickt. „Das glaube ich sofort. Ich freue mich schon darauf, diese Übung auszuprobieren!" „Prima", sage ich, „und mit dieser Übung des Loslassens beenden wir diesen Tag. Die dritte Woche mit den Emotionen zu starten, ist immer ein sehr intensives Erlebnis für die Teilnehmer. Denn jetzt fangen die ganzen Puzzleteile an, sich zu einem Bild zusammenzusetzen."

Ich lade die beiden noch zu einer kleinen Nachtwanderung am sternenklaren Himmel ein. Die Natur und die kleinen Gespräche zwischendurch unterstützen dabei, das Gelernte noch mehr zu verinnerlichen.

Lass los!
Möchtest du Neues
in dein Leben bringen,
dann lass das
Alte los.

Denn nur wenn du
deine Hände frei hast,
kannst du Neues
festhalten!

Nicole:

Die letzten zwei Tage waren sehr anstrengend für mich. Das Auseinandersetzen mit den eigenen Emotionen, egal ob positiv oder negativ, war ich so noch nicht gewohnt. Es war leichter, wegzuschauen und zu versuchen, die Emotionen auszublenden. Doch wie schon gesagt wurde, sie kommen wie ein Bumerang wieder zu einem zurück. Es gab in der Vergangenheit viele Nächte, in denen ich geweint habe, weil mich meine Emotionen übermannt haben. Und damit ist jetzt Schluss. Ich fühle mich wohl dabei, genauer hinzuschauen. Ich habe Spaß daran, herauszufinden, was die Emotionen mir sagen wollen.

Ich habe in den letzten zwei Tagen viel über mich selbst gelernt und bin sicher, dass ich in brenzligen Lebenssituationen mehr auf meine Emotionen achten werde.

Ich freue mich, dass ich fühlen und dass ich geniessen darf. Die Botschaften aus meinen Emotionen sind wichtige Bausteine für die Steigerung meines Selbstwertgefühls. Sie unterstützen mich und bauen mich auf.

Zwei Übungen haben mir in den letzten beiden Tagen sehr gut gefallen. Doch beide stellen eine gewisse Herausforderung an mich.

Der Freundlichkeitstag ist eine ganz wundervolle Übung. Doch durch meine eher schüchterne Art ist es schwer für mich, einfach auf die Menschen zuzugehen. Durch die Freundlichkeit und das Feedback, das ich bekommen habe, ist es mir mit jedem Versuch besser gegangen. Es hat richtig gutgetan.

Das Training des Loslassens ist mir richtig schwergefallen. Ich habe die Übung jetzt zweimal versucht und stelle fest, dass es für mich nicht so leicht ist, „einfach" loszulassen. Doch ich möchte sie zu einer immer wiederkehrenden Praxis machen. Damit ich mich leichter fühle und wieder frei atmen kann, befreit von jeglichem Ballast.

Und vielen, vielen Dank für die Herzmeditation. Sie hat eingeschlagen wie eine Bombe. Die Kraft der einzelnen Worte, die Unterstützung, die ich durch sie erfahre, und der Glaube an mich selber werden durch diese Meditation sehr bestärkt.

*Höre auf dein Herz,
es ist immer ehrlich zu dir
und es zeigt dir
deinen Weg!*

Klaus:

Man sagt uns Männern ja nach, wir hätten unsere Emotionen unter der Motorhaube versteckt. Ich bin der Meinung, ich habe genauso viele Emotionen wie eine Frau. Doch ich habe mich, wenn ich ehrlich bin, in der Vergangenheit viel zu wenig damit beschäftigt und auseinandergesetzt. Wenn ich darüber nachdenke, wie wenig Zeit ich mit meiner Frau und meinen Kindern verbringe, dann sind es Emotionen und keine Gedanken, die da hochkommen und die mir sagen: „Verändere schnell etwas!"

Es fällt mir leichter, wenn ich Übungen und Trainingsprogramme bekomme, an die ich mich halten kann. Die erste Übung, die ich in meine tägliche Routine übernehmen werde, ist der Positivity-Ratio-Test. So kann ich anfangen, bewusster mitzubekommen, was ich überhaupt fühle. Und zu lernen, welche Situationen bei mir welche Emotionen hervorrufen. Ich habe mir schon eine Excel-Tabelle im Computer eingerichtet und werde jeden Mittag meine Eintragungen machen. Eine weitere kleine „Medi-Break".

Ja, das war ein super Denkanstoß, diese Meditationspause. Ich habe die halbe Nacht damit zugebracht, mir zu überlegen, wie ich für meinen beruflichen und privaten Alltag kleine Pausen einbauen kann, um das Hamsterrad immer wieder abzubremsen.

Auf ganze 62 Aktivitäten, die eine Zeitdauer von 2-15 Minuten haben, bin ich gekommen. Die Meditationspause wird mir helfen, langsamer zu werden. Nicht in den alten Trott zu verfallen und meinem Verstand so viel Pause zu geben, dass ich die richtigen und weitreichenden Entscheidungen für mein Leben treffe.

Und ich bedanke mich auch für die Meditation der glücklichen Momente. Sie hat mir wieder gezeigt, wie kraftvoll Visualisierungen sind und wie schön es ist, in positiven Emotionen zu baden. Diese Meditation ist mit ihren 5-10 Minuten nicht sehr zeitintensiv, kann an jedem ruhigen Ort selbstständig durchgeführt werden und ich fühle mich danach wirklich besser. Mit viel Energie aufgetankt.

Ich freue mich schon auf die „Genussübung" für zu Hause. Meine Frau und ich sind oft so mit den Kindern beschäftigt, dass wir uns selber dabei vergessen. Doch mit dieser Übung möchte ich mich zusammen mit ihr an die vielen wunderschönen gemeinsamen Stunden erinnern, die wir schon erlebt haben. Da freue ich mich ganz besonders drauf.

FAZIT FÜR DEN 5. SCHRITT:

Fülle das Bankkonto deiner positiven Emotionen und sammle Glücksmomente

Der 6. Schritt

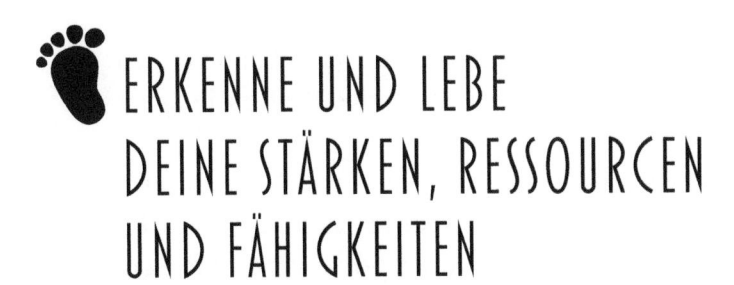

ERKENNE UND LEBE DEINE STÄRKEN, RESSOURCEN UND FÄHIGKEITEN

Zufriedenheit mit deinen Möglichkeiten

„Heute ist Mittwoch der dritten Woche und wir werden uns eure Stärken, Ressourcen und Fähigkeiten genauer anschauen", sage ich zu Nicole und Klaus. „Als Location dafür habe ich mir heute den Besuch in einem der schönsten Hochseilgärten von Big Bear ausgesucht. Hier werden wir durch die Elemente des Hochseilgartens und die eingebauten Stärkenübungen ein breites Potpourri von Einsatzmöglichkeiten für euch entwickeln. Dieser Tag wird euch nicht nur stärken, sondern auch euer Selbstbewusstsein und den Glauben an euch selbst festigen. Die Elemente des Hochseilgartens sind direkt in den Wald eingebaut, sodass ihr euch manchmal verkommen werdet wie ein Eichhörnchen.

Sollte ein Element zu schwer sein oder ihr denkt, dass ihr eines auslassen möchtet, könnt ihr das jederzeit sagen. Es geht am heutigen Tag nicht um Mutproben, sondern darum herauszufinden, was euch ausmacht. Welche Stärken sind bei euch schon am Start und welche können noch zusätzlich aktiviert werden? Lasst euch auf einen Tag der Selbstreflexion, aber auch der gegenseitigen Unterstützung ein. Eure Stärken sind euer Kapital und eine wichtige Kraftquelle, euer Treibstoff.

Eine wichtige Grundlage zur Erreichung unserer Ziele und zur Erweiterung der eigenen Lebenszufriedenheit ist der Einsatz eurer persönlichen Stärken. Nicole und Klaus, dies heute wird ein sehr kraftvoller Teil auf dem Weg, das zu erreichen, was ihr im Leben wirklich erreichen möchtet. Die Stärken an sich, bewusst eingesetzt, sind schon so kraftvoll, dass ihr alles erreichen könnt, was ihr euch vorgenommen habt. Doch ein weiteres Plus ist, dass die Stärken auch euren Selbstwert auffüllen, was besonders dir gefallen wird, Nicole.

Auf was bist du stolz?
Was hast du schon erreicht?
Was wirst du niemals vergessen?
Wann bist du schon einmal über dich hinausgewachsen?

Bevor wir uns noch ausführlicher mit der Wissenschaft der Stärken beschäftigen, möchte ich mit euch eine Übung machen. Sie heißt ‚Über die eigenen Stärken sprechen'. Bitte überlegt euch eine Geschichte aus der Vergangenheit, in der ihr euer Bestes gegeben habt. Mit anderen Worten ‚Me at my best!' oder auf gut Deutsch ‚Als ich besonders stolz auf mich war!'

(Daniela Blickhan (2015); Positive Psychologie: Ein Handbuch für die Praxis; Seite 156)

Jeder hat schon viele Dinge in seinem Leben gemacht, auf die er stolz sein kann und auch sein sollte. Viele Teilnehmer in Seminaren haben Schwierigkeiten, etwas von sich zu erzählen, da sie der Meinung sind, dass sie angeben, wenn sie darüber sprechen. Doch damit hat das nichts zu tun. Ich möchte, dass ihr einfach eine Situation oder ein Erlebnis mit dem anderen teilt, in der ihr euer Bestes gegeben habt. Das hat nichts damit zu tun, sich in den Vordergrund spielen zu wollen.

Die Übung geht folgendermaßen. Ihr setzt euch gegenüber, sodass sich die Knie berühren, aber nur fast. Jeder hat einen Block und einen Stift. Die Person mit den längeren Haaren fängt an." Nicole grinst, denn ihre Haare sind natürlich viel länger als die von Klaus. „Also, Nicole, du fängst an, Klaus eine Geschichte zu erzählen, in der du etwas getan hast, auf das du sehr stolz bist.

Klaus, du bist ein aufmerksamer Zuhörer und versuchst herauszuhören, welche Stärken Nicole eingesetzt hat, um dieses Erlebnis zu meistern. Das können Verben oder Adjektive sein, was immer du heraushörst und mit ihren Stärken in Verbindung bringst. Nach fünf Minuten werden wir wechseln und Klaus wird seine Geschichte erzählen. Viel Spaß damit! Klaus, solltest du zu wenig Stärken raushören können, kannst du

Nicole gerne fragen, was sie glaubt, welche Stärken sie eingesetzt hat, um eine solche Leistung zu vollbringen, okay?" Klaus nickt. „Okay."

Nicoles Geschichte: „Als ich 17 Jahre alt war, sind meine zwei Geschwister und ich auf einem zugefrorenen See in der Nähe unseres Ortes Schlittschuh gelaufen. Mit uns waren noch fünf jüngere Kinder und drei Erwachsene auf dem Eis. Es war schon April und ein wunderschöner Frühjahrstag. Das wurde meiner jüngeren Schwester, damals 15, zum Verhängnis. Das Eis war an einigen Stellen schon dünn geworden und die Nachmittagssonne tat ihr Nötiges, um das Eis weiter zu schmelzen. Sie drehte ihre Runden und beim Überqueren der Mitte brach sie auf einmal ein. Ich war geschockt, bekam fürchterliche Angst und war wie gelähmt, als sie begann, um Hilfe zu rufen.

Ich kam wieder zu mir und fing an, die gesamte Situation wahrzunehmen. Doch was ich sah, erschrak mich, denn die drei Erwachsenen taten so, als hätten sie nichts gesehen und verließen gerade das Eis. Meine ältere Schwester, damals 18, war nicht die beste Schwimmerin, und die anderen Kinder waren viel zu klein, um zu helfen. Also reagierte ich blitzschnell und schickte meine große Schwester nach Hause, um Hilfe zu holen und einen Krankenwagen anzurufen. Ich erinnerte mich an lange Bretter, die am Rande des Sees lagen, und holte, mit den anderen Kindern zusammen, zwei Stück davon herbei. Diese legten wir aufs Eis in Richtung Einbruchstelle. Meine kleine Schwester fing an zu frieren und ihre Stimme zitterte.

Ich wusste, dass ich jetzt schnell handeln musste, obwohl ich selber wahnsinnige Angst hatte. Ich legte mich flach aufs Eis und krabbelte über die Bretter zu meiner Schwester. Als ich sie erreicht hatte und ihr meine Hand reichte, griff sie sofort und sehr kraftvoll zu. Ich machte mir zwei Sorgen. Erstens, dass sie mich reinziehen könnte, und zweitens, wie ich sie zu mir herausziehen konnte, denn ihre Kleidung war nass und schwer. Doch ich hatte eine eher unkonventionelle Idee. Ich ließ sie los, drehte mich auf den Bauch, zog meine Schuhe aus und klemmte meine beiden Füße unter ihre Achseln. So konnte ich sie anheben, gleichzeitig zog ich mich an den Brettern nach vorne, und sie unterstützte mich, so gut sie konnte. Die Eisdecke hielt und wir lagen uns überglücklich in den Armen. Kurze Zeit später kam meine Mutter und auch der Rettungswagen", beendet Nicole ihre Geschichte und hat kleine Tränen in ihren Augen. Ich spüre, dass ihr diese Geschichte immer noch sehr nahe geht.

„Wie ist es euch mit der Übung gegangen?", frage ich die beiden, nachdem auch Klaus eine Geschichte aus seiner Vergangenheit erzählt hat. „War es sehr schwer, dem anderen eine solche Geschichte zu erzählen? Und wie ging es euch als Zuhörer, habt ihr Freude gehabt, den Geschichten zu lauschen? Erzählt mal", bitte ich die beiden.

„Mir ist es erst sehr schwergefallen, eine Geschichte zu finden, und als ich dann eine hatte, wusste ich nicht, ob ich sie erzählen sollte, denn sie war ja nichts Besonderes. Das hätte jeder getan", sagt Nicole, „und beim

Erzählen habe ich mich dabei erwischt, wie ich darüber nachdachte, was wohl Klaus jetzt von mir denkt."

„Ich empfand beide Positionen als angenehm", erwidert Klaus. „Nicole, deine Geschichte war atemberaubend, und ich habe dir sehr gerne zugehört. Es ist schön, einen Menschen einmal von seiner besten Seite zu sehen beziehungsweise etwas von ihm zu erfahren, was man sonst wahrscheinlich nie wüsste. Sehr spannend und ich sehe dich jetzt mit noch anderen, sehr positiven Augen." „Danke, das Kompliment kann ich nur zurückgeben", erwidert Nicole.

> *Erzähle anderen Menschen, worauf du stolz bist, was du schon in deinem Leben erreicht hast. Denn das sind die Geschichten, die deine Stärken zum Vorschein bringen und den anderen Menschen helfen, dich mit wertschätzenden Augen zu sehen!*

„In Firmentrainings setze ich diese und die folgende Übung gerne ein, um eine Abteilung oder ein Team besser gemeinsam und lösungsorientierter arbeiten zu lassen. Die Folgeübung ist die Vorstellung der anderen Person, ohne Inhalte aus der Geschichte zu erwähnen. Der Name für diese Übung ist ‚He/she at his/her best' oder ‚Er/sie als er/sie stolz auf sich war'. Also eine Aufzählung der Stärken und Fähigkeiten, die der Zuhörer vom Erzähler gehört und mitgeschrieben hat.

(Daniela Blickhan (2015); Eine Übung aus dem Positive Psychologie Seminar Level 2; Ausbildung zum Berater der Positiven Psychologie)

Ein Plädoyer über die andere Person, damit jeder im Raum erfährt, welche Stärken und Fähigkeiten diese Person mit an den Tisch bringt. Das hat sich als sehr kraftvoll und bereichernd für die gesamte Gruppe herausgestellt. Ich möchte das exemplarisch mit euch einmal durchführen, damit ihr die Energie, die dahintersteckt, erkennt. Klaus, welche Stärken hast du bei Nicoles Geschichte herausgehört?"

„Nicole ist eine sehr mutige Frau. Ich habe sie in der Geschichte als eine hilfsbereite, tapfere und tatkräftige Person erlebt. Sie musste unter schwersten Bedingungen, sogar unter Einsatz des eigenen Lebens, sehr ausdauernd sein und in kurzer Zeit einige wichtige Entscheidungen treffen, bei denen es um Leben und Tod ging. Dabei ging sie sehr kreativ vor und nutzte alle ihr zur Verfügung stehenden Ressourcen, doch ganz besonders Teamwork und Weisheit. Und trotz aller Schwierigkeiten hat sie die Hoffnung, dass sie es schafft, nie aufgegeben." „Vielen Dank, Klaus, für die lieben Worte", sagt Nicole mit leicht erröteten Wangen.

„Schön, dass euch die Übung so gefallen hat. Ich werde euch noch die eine oder andere Übung anbieten, um eure Stärken weiter zu aktivieren", freue ich mich und kann ein Lächeln nicht verbergen. Denn über die Stärken von Menschen zu reden, ist eine sehr bereichernde Aktivität und das nicht nur für den Erzähler, sondern auch für den Zuhörer. Die eigenen Stärken sind auch in der wissenschaftlichen Forschung der Positiven Psychologie das Fundament, auf das ein aufblühendes Leben aufbaut. Die Wissenschaft hat weltweit 24 Stärken untersucht und festgestellt, dass jeder Mensch all diese Stärken besitzt. Das gefällt mir besonders gut. In unserer Wettbewerbsgesellschaft, in der es oft nur darum geht, Erster zu sein, kommt endlich mal niemand zu kurz.

Jeder Mensch hat also alle 24 Stärken, die Frage ist nur, welche Stärke setzt ihr in eurem Leben häufiger ein und welche eher weniger? Übrigens ein weiterer Mentor von mir, Robert Biswas-Diener, sprach mit mir darüber, dass er sicher sei, dass es weit mehr als diese 24 Stärken gäbe. Doch diese 24 sind eben weltweit untersucht worden.

(Daniela Blickhan (2015); Positive Psychologie: Ein Handbuch für die Praxis; Seiten 162-171; Original von Peterson + Seligman (2004) & Peterson (2006) & Biswas-Diener (2010); VIA Test)

Ich möchte euch an dieser Stelle diese 24 Stärken, auch Charakterstärken genannt, vorstellen, damit ihr euch ein Bild davon machen könnt, wie diese in der Forschung benannt wurden. Zuerst hat die Wissenschaft die Stärken in sechs Hauptgruppen eingeteilt:

Weisheit & Wissen	**Mut & Ausdauer**	**Menschlichkeit**
Neugier	Tapferkeit	Freundlichkeit
Kreativität	Authentizität	Soziale Intelligenz
Urteilsvermögen	Enthusiasmus	Bindungsfähigkeit
Liebe zum Lernen	Ausdauer	
Weisheit		
Gerechtigkeit	**Mäßigung**	**Transzendenz**
Fairness	Vergebungsbereitschaft	Sinn für das Schöne
Teamwork	Bescheidenheit	Humor
Führungsvermögen	Vorsicht	Dankbarkeit
	Selbstregulation	Hoffnung
		Spiritualität

„Damit ihr mehr über eure Stärken erfahren könnt, habe ich euch zwei Tablets mitgebracht. Ihr dürft jetzt auf folgender Webseite den Charakterstärkentest machen: www.charakterstaerken.org. Gebt bitte einen Benutzernamen und ein Passwort ein und klickt auf den deutschsprachigen *VIA (Values in Action) Charakterstärkentest* – und los geht's. Nicht erschrecken, denn der Test hat jeweils zehn Fragen zu jeder Charakterstärke, also 10 x 24 = 240 Fragen und dauert circa 35 Minuten. Im Anschluss an den Test bekommt ihr eine Auswertung. Der deutsche Test gibt als Ergebnis eine Reihenfolge der Stärken in Form von Prozentzahlen wieder. Das bedeutet weder, dass ihr zu viel von einer Stärke habt noch zu wenig. Die Zahl beschreibt lediglich die Häufigkeit und die tägliche Anwendung der eingesetzten Stärken."

Ich lasse die beiden für die nächste Dreiviertelstunde allein und bereite die nächsten Übungen vor. Dabei muss ich an eine Klientin von mir denken: Sie hat ihr Leben komplett neugestalten können, nur durch ein bewussteres Leben und durch den Einsatz ihrer Stärken. Als wir uns kennenlernten, war sie eine etwas kräftig gebaute Frau, die mit Bluthochdruck zu kämpfen hatte und Medikamente nehmen musste. Sie fühlte sich in ihrer Haut nicht mehr wohl. Während unserer gemeinsamen Arbeit vollzog sie eine Wendung um 180 Grad: zu einer dynamischen, dreimal die Woche Sport treibenden und gut auf sich achtenden Frau. Sie fühlt sich viel besser, hat an Lebensfreude gewonnen und ist viel ausgeglichener. Die Stimmen von Nicole und Klaus reißen mich aus meinen Gedanken und ich gehe zu ihnen hinüber. „Wie seid ihr mit dem Test zurechtgekommen?"

„Es hat länger gedauert, als ich dachte", sagt Klaus ehrlich und ergänzt: „Ich hatte auch das Gefühl, dass es Fragen gab, die doppelt gestellt wurden. Kann das sein?" „Bei solchen Tests ist es so, dass oft sehr ähnliche Fragen gestellt werden, und aufgrund der Vielzahl der Fragen hast du das Gefühl, Fragen doppelt gelesen zu haben. Grundsätzlich ist keine Frage doppelt gestellt", erkläre ich Klaus. „Und du, Nicole, wie lief es bei dir?" „Ich habe einfach versucht, die Fragen aus dem Bauch zu beantworten, ohne viel nachzudenken, und kam dadurch ganz gut vorwärts", antwortet sie.

„Prima", sage ich. „Hattet ihr mit diesen Ergebnissen gerechnet?" „Im Großen und Ganzen, ja", sagt Klaus. „Die Stärken, die bei mir ganz vorne stehen, sind die, die ich für meinen Job brauche und auch einsetze. Doch die Stärke Selbstregulation, die ich benötigen würde, um mein Leben so zu gestalten, wie ich es gerne haben möchte, war erst im Mittelfeld zu finden. Diese Stärke möchte ich in den nächsten Tagen auf- und ausbauen", ergänzt Klaus.

„Bei mir waren die Stärken Beziehungsfähigkeit, soziale Intelligenz und Freundlichkeit sehr weit vorne", sagt Nicole. „Doch für meine beruflichen Veränderungen brauche ich etwas mehr Neugier und Liebe zum Lernen, die ich eher im Mittelfeld gefunden habe. Und was ich besonders brauche, ist Mut, und diese Stärke befindet sich leider sehr weit hinten auf meiner Liste der eingesetzten Stärken. Diese Stärke würde ich gerne wieder aktivieren", sagt Nicole und lächelt etwas unsicher.

> *24 Stärken sind weltweit wissenschaftlich untersucht, doch es gibt bestimmt über 1000!*
>
> Robert Biswas-Diener

Ich lächle anerkennend zurück. Es gehört schon Mut dazu, sich diese Dinge anzuschauen und sie dann auch noch offen vor anderen Menschen auszusprechen!

„Ich habe noch eine ganz besondere Nachricht für euch bezüglich der bisher weniger häufig eingesetzten Stärken. Jede Stärke lässt sich jederzeit auch wieder auffüllen. Je nach der jeweiligen Lebenslage und je nachdem, welche Stärke ihr gerade für euer Leben braucht, könnt ihr Stärken gezielt wieder aktivieren – auch wenn ihr sie schon lange nicht mehr genutzt habt. Hier im Handout seht ihr, wie ihr das machen könnt." Ich reiche den beiden eine Anleitung mit Beispielen zum Auffüllen ihrer Stärken.

„Ich möchte euch einen kleinen Vorgeschmack geben, indem ich euch für die Stärken Mut und Selbstregulation einige Beispiele für das mögliche ‚Auffüllen' zeige.

(Daniela Blickhan (2015); Positive Psychologie: Ein Handbuch für die Praxis; Seiten 330-335; Original von Jonathan Haidt & Tayyab Rashid)

Nicole, für dich die Stärke Mut:
- Sage etwas in einem Kurs, beim Elternabend oder in einer öffentlichen Situation (wenn du dies normalerweise nicht machen würdest).
- Schwimme mal wieder gegen den Strom und entgegen sozialer Normen.
- Setze dich für jemanden ein, selbst wenn du nicht seiner Meinung bist.
- Lade jemanden zum Essen oder zum Tanzen ein.
- Stelle dich einem Fremden vor.
- Mache dich für eine unbeliebte Idee stark (wenn du an sie glaubst).

Und für dich, Klaus, die Stärke Selbstregulation
- Setze dir eine feste Arbeitszeit und halte sie ein.
- Gehe regelmäßig zum Sport.
- Sorge für Ordnung in deinem Leben.

- Lasse etwas auf dem Teller liegen (iss nicht alles auf).
- Stoppe Klatsch und Tratsch.
- Wenn du emotional reagierst, versetze dich selbst in eine Beobachterposition und betrachte die Situation von außen.

Unsere Stärken begleiten uns ständig und wir sind uns dessen oft nicht bewusst", fahre ich fort. „Fangt daher an, bewusst eure Stärken wieder wahrzunehmen und sie zu leben, damit ihr sie in verschiedenen Lebenssituationen einsetzen könnt und bestimmte Entscheidungen im Leben mit dem Blick durch die Stärkenbrille trefft. Ich möchte euch anhand eines Telefonates verdeutlichen, wie oft ihr Stärken im Alltag einsetzt", erkläre ich den beiden. Natürlich ist dies nur ein fiktives Beispiel, aber es macht deutlich, wie der Stärkeneinsatz funktionieren kann."

Das Stärken-Telefonat:
Das Telefon klingelt. Vor dem Abnehmen des Hörers wirst du neugierig sein, wer am anderen Ende ist. Du wirst die Hoffnung haben, dass es eine gute Nachricht ist. Da du ein freundlicher Mensch bist, der mit viel sozialer Intelligenz und einer hohen Bindungsfähigkeit ausgestattet ist, wirst du dieses Telefonat mit sehr netten und freundlichen Sätzen beginnen. Du bedankst dich bei deinem Gegenüber für die nette Unterhaltung und rundest das Ganze mit einer Portion Humor ab. Du unterstreichst dein Verlangen nach Selbstregulation, bringst aber gleichzeitig ein gesundes Maß an Bescheidenheit zum Ausdruck, indem du die dir

wichtigen Punkte wie <u>Fairness</u> und <u>Teamwork</u> herausstellst. Du bestätigst mit deinem geschulten <u>Urteilsvermögen</u>, deinem <u>Enthusiasmus</u> und der <u>Liebe zum Lernen</u> das nächste Projekt. Dann wagst du dich noch <u>vorsichtig</u>, <u>tapfer</u> und <u>weise</u> an ein Tabu-Thema, das seit Langem totgeschwiegen wird, und gibst deine <u>Vergebungsbereitschaft</u> zu diesem Thema bekannt. Zu guter Letzt zeigst du deinen <u>Sinn für das Schöne</u> und lobst den letzten Betriebsausflug. Du verabschiedest dich freundlich wie immer.

Nicole und Klaus sehen mich an. „Und das soll funktionieren?", fragen sie ungläubig. „Ja, es funktioniert!", lächle ich. „Natürlich ist es ein Weg dahin, und wir alle sind Menschen und nicht perfekt. Ich wollte euch damit einfach zeigen, wie ein Telefonat mit dem Einsatz eurer Stärken geführt werden kann. Sicher ist es euch auch schon passiert, dass ihr über euch selbst überrascht wart, wie gut euch ein Gespräch gelungen ist, oder? Das war dann der Fall, wenn ihr in eurer Stärke wart. Die eigenen Stärken herauszufinden und diese auch zu leben, ist ein wundervolles Spiel.

Ein Spiel, das sich zu spielen lohnt, denn ihr könnt dabei nur gewinnen.

Erstens werdet ihr achtsamer, seid ganz bei euch und merkt, welche Stärke ihr gerade einsetzt und wie die Wirkung im Außen ist. Zweitens bekommt ihr ein Gefühl dafür, wie euch Stärken bei der täglichen Arbeit unterstützen und weiterhelfen können. Beobachtet euch im Laufe der nächsten Tage und analysiert die Wirkung.

Jetzt wisst ihr auch, warum wir für heute den Hochseilgarten ausgesucht haben. Die ständige Abwechslung von Hochseilgartenelementen und den Stärkenübungen ergänzen sich hervorragend. Auch wenn die damit verbundene körperliche Anstrengung und das Reflektieren über die eigenen Stärken und Ressourcen euch ganz schön müde gemacht haben, so glaube ich, dass ihr heute Abend eine Menge positiver Erlebnisse in euren positiven Tagesrückblick schreiben könnt. Ich gebe euch jetzt noch eine kleine Aufgabe für den Nachmittag und dann sehen wir uns morgen nach dem Frühstück wieder.

Unterstützend und hilfreich ist, dass wir erfahren, welche Stärken andere Menschen in uns sehen. Die nachfolgende Übung erfordert ein bisschen Mut, aber den habt ihr ja beide. Die Rückmeldungen, die ihr von anderen Menschen bekommt, werden eure eigenen Ergebnisse, die ihr im Stärken-Test erzielt habt, untermauern oder ergänzen. Außerdem werdet ihr erfahren, ob die Eigenwahrnehmung und die Fremdwahrnehmung deckungsgleich sind oder ob ihr im Außen anders auf die Menschen wirkt, als ihr es von euch denkt.

Die Übung heißt ‚Reflected best self' oder auf Deutsch ‚Der Stärken-Spiegel'. Bei dieser Übung geht es darum, eine E-Mail an 8-15 Freunde, Bekannte oder Verwandte zu schicken. Sie möchten bitte 2-3 Stärken, die sie in euch sehen, aufschreiben und zurücksenden. Es wäre sehr hilfreich, wenn sie diese in ihrer Antwortmail mit einem oder zwei Sätzen beschreiben, bei welcher Handlung sie diese Stärken gesehen haben. Das macht die Zuordnung viel leichter, denn sie werden andere Worte benutzen als ihr und dann fällt es vielleicht schwer zu verstehen, wie sie es meinen. Bitte wählt Personen aus, die es wirklich gut mit euch meinen, damit ihr eine für euch wertvolle Antwort erhaltet.

(Daniela Blickhan (2015); Positive Psychologie:
Ein Handbuch für die Praxis; Seiten 188-189)

Sei dir jederzeit deiner Stärken bewusst, sie haben dich zu der Persönlichkeit gemacht, die du heute bist!

Ich wünsche viel Spaß mit den Antworten. Ihr werdet erstaunt sein, wie euch die Antworten mit positiven Emotionen anreichern und wie euer Selbstwert mit jedem gelesenen Wort ansteigt. Doch seid nicht enttäuscht, denn immer häufiger berichten mir Klienten, dass sie keine Antwort bekommen haben oder gefragt worden sind, was denn der Quatsch soll. Schade, dass es solche ‚Freunde' gibt, die so reagieren. Ich hoffe, eure Freunde antworten gern, und wünsche euch viel Freude beim Lesen der Antworten. Und wie gesagt, wenn ihr möchtet, könnt ihr die Ergebnisse mit denen des Stärkentests vergleichen. All diese Stärken könnt ihr auch beim nächsten expressiven Schreiben mit einbringen, wenn es darum geht, euer ‚besseres Selbst' in den nächsten fünf Jahren zu beschreiben. Einen schönen Abend wünsche ich euch und danke für den tollen gemeinsamen Tag!"

„Na, ist euch leichtgefallen, die E-Mail an Freunde und Bekannten zu schreiben?", frage ich die beiden zur Begrüßung am nächsten Morgen. Wir haben uns in meinem Büro zusammengefunden. „Ich brauchte anfangs ein bisschen Überwindung, doch dann hat es sich stimmig angefühlt und jetzt kann ich es kaum erwarten, meine Antworten zu bekommen", antwortet Nicole.

„Und ich habe sogar schon die erste Antwort erhalten!", teilt uns Klaus freudestrahlend mit. „Mein Bruder sieht die Stärken ‚Willensstärke und Ausdauer' in mir. Er hat mir für beide Stärken je zwei Beispiele gegeben, einmal aus dem Sportbereich und einmal aus dem beruflichen Bereich. Ich habe mich sehr gefreut und diese Stärken decken sich auch mit meinen Ergebnissen aus dem Stärkentest. Einfach ein super Gefühl", sprudelt es aus Klaus heraus. „Das freut mich sehr", sage ich.

„Ich möchte euch jetzt bitten, für die nächste Übung euer Erinnerungsvermögen zu aktivieren. Die jetzt folgende Übung heißt das Zufriedenheits-Barometer. In dieser Übung verwende ich die Grundgedanken von mehreren Autoren in etwas abgeänderter Form. Folgende Vordenker sind mit einer ähnlichen Übung unterwegs. Da wären Robert Holden mit der Wohlbefinden-Timeline oder Daniela Blickhan und Robert Biswas-Diener mit der Stärken-Timeline.

Diese Lebenslinie ist eine intensive Übung, die euch auch emotional auf eine Reise in die Vergangenheit schickt. Sie wird aber euer Bewusstsein über euch selbst erweitern und zeigen, zu welchen Leistungen ihr heute fähig seid. Das ist wichtig und darum machen wir sie. Ich werde euch gleich ein Blatt Papier, eine Unterlage und diese verschiedenfarbigen Stifte geben. Ihr braucht nur einen scharfen Blick für eure Vergangenheit."

„Auf dem Blatt, das ich ausgeteilt habe, findet ihr ein Diagramm. Die waagerechte X-Achse ist euer Alter, welches immer in Fünf-Jahres-Schritten von 0-80 Jahre geht. Auf der senkrechten Y-Achse findet ihr eure Zufriedenheit von 0-100 %. Ich möchte jetzt, dass ihr von Geburt an in fünf Jahresschritten ein Kreuz/Punkt an der Prozentzahl macht, die eure subjektive Zufriedenheit zu diesem Zeitpunkt in eurem Leben widerspiegelt. Hört dabei, so oft wie es geht, auf das Bauchgefühl. Solltet ihr Schwierigkeiten haben, euch daran zu erinnern, was in den einzelnen Lebensabschnitten so passiert ist, hilft es, sich vorzustellen, dass das Leben eine Perlenkette ist. Jetzt könnt ihr euch an dieser Kette entlanghangeln und die einzelnen Etappen im Leben zurückverfolgen.

Zum Beispiel:
fünf Jahre – 85 %, zehn Jahre – 80 %, 15 Jahre – 35 %, 20 Jahre – 70 % usw. Wenn ihr fertig seid, verbindet diese Kreuze/Punkte mit einer Linie. Diese Linie kann gebogen, geschwungen oder gerade von Punkt zu Punkt gezogen werden, wie es für euch stimmig ist.

Das Zufriedenheits-Barometer

In
dieses

"Das Zufriedenheits-Barometer"
Subjektive Zufriedenheit

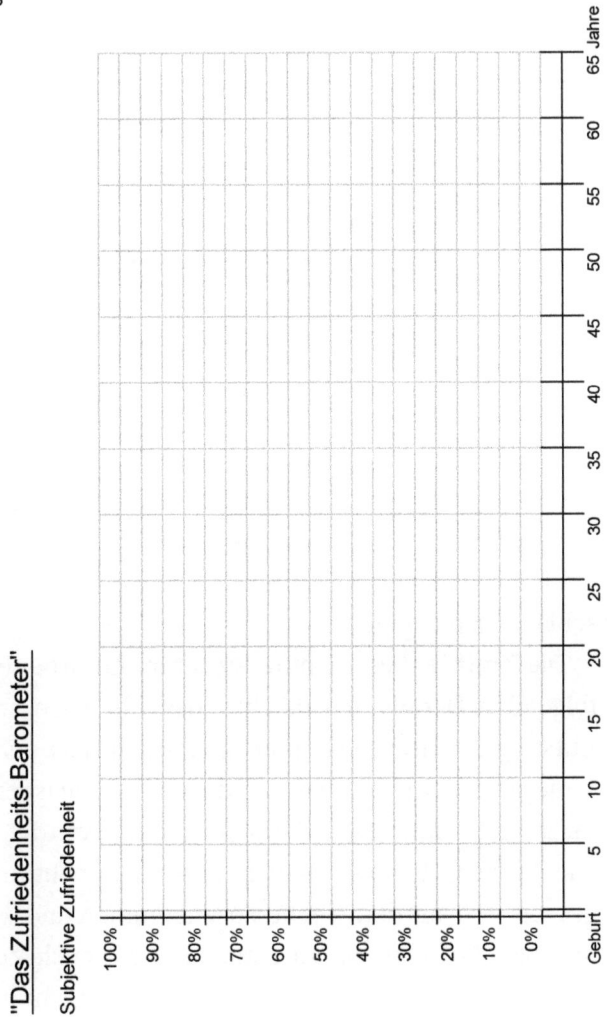

100% 90% 80% 70% 60% 50% 40% 30% 20% 10% 0%

Geburt 5 10 15 20 25 30 35 40 45 50 55 60 65 Jahre

Diagramm kannst auch du, lieber Leser, deine eigene Lebenszufriedenheit im entsprechenden Alter eintragen.

Im Anschluss werdet ihr sehen, wie viel Wahrheit sich hinter dem indianischen Sprichwort ‚Das Leben ist ein Berg und kein Strand' verbirgt. Denn diese Linie wird bei fast allen Menschen nicht gradlinig verlaufen. Alle Menschen tragen einen Rucksack und bei den meisten Menschen ist er gut gefüllt mit den Überraschungen, die das Leben so zu bieten hat.

Das Leben ist ein Berg und kein Strand!

Indianisches Sprichwort

Als Nächstes schreibt bitte ein Wort, was zu diesem Zeitpunkt in eurem Leben passiert ist, an die niedrigsten Punkte eurer Lebenslinie und an die höchsten Ausschläge, den Gipfel.

Die Kraft in dieser Übung steckt im Ausarbeiten der folgenden Details: Ich möchte, dass ihr euch an den Aufstieg in eurem Leben erinnert. Von dort geht die Linie ja wieder nach oben und dieser Anstieg ist es, den ihr jetzt genauer unter die Lupe nehmen werdet. Welche Stärken, Ressourcen und Fähigkeiten habt ihr eingesetzt, um aus dem Tal herauszukommen und wieder in einen Aufschwung zu geraten? Lasst euch Zeit zu überlegen, denn viele Menschen sind sich nicht immer bewusst, was sie selbst dazu beigetragen haben, dass es ihnen wieder besser geht. Doch genau das ist es, was euch auch in Zukunft weiterhelfen wird!

Klaus, wie bist du aus einem deiner Täler wieder rausgekommen, wenn du das mit Nicole und mir teilen möchtest? Welche Stärken, Ressourcen und Fähigkeiten hast du eingesetzt?"

„Ja, gerne", sagt Klaus. „Ich war 25 Jahre alt, hatte mein Studium beendet und wollte nun in die Arbeitswelt. Doch die wollte mich nicht. Ich war ihnen zu jung, zu unerfahren und so weiter. Also war ich zwei Jahre lang ohne richtige Arbeit und habe mich mit kleinen Jobs über Wasser gehalten. Das hat mich nicht sonderlich befriedigt und mich in ein sehr großes Loch fallen lassen, ich habe es mit 10 % ausgedrückt. Ich bekam finanzielle Probleme, meine damalige Freundin stand nicht zu mir und ich hatte starke Selbstzweifel. Ich wollte auf keinen Fall zurück ins Elternhaus, das wäre in meinen Augen ein derber Rückschritt gewesen.

Doch mit 27 bekam ich meine erste Festanstellung und mit 30 hatte ich einen unbefristeten Vertrag in meinen Händen. Auch das Gehalt war jetzt in einem Bereich, mit dem ich sehr zufrieden sein konnte. Im Alter von 28 traf ich meine jetzige Frau und wir mieteten uns ein kleines, alleinstehendes Haus. Als ich 30 war, heirateten wir und fünf Monate später bekamen wir unser erstes Kind. Ich habe es auf der Skala mit 95 % eingetragen. Die Welt war wieder in Ordnung und ich kann jetzt im Nachhinein sagen, dass ich aus dieser schwierigen Phase sehr gestärkt herausgekommen bin", resümiert Klaus. „Welche Stärken, Ressourcen und Fähigkeiten ich dabei einsetzte, um aus meinem Tief wieder herauszukommen?

Bei mir waren das einige. Ich spielte früher noch sehr aktiv Fußball, in einer Mannschaft, sogar recht hochklassig. Zusätzlich trainierte ich dreimal in der Woche in einem Fitnessstudio. Das tat ich natürlich für meinen Sport, aber auch für mich. Denn nach dem Training ging es mir immer besser und ich hatte mehr Kraft für neue Aufgaben. Das hat mir Energie gegeben und mich durchhalten lassen. Der Sport brachte mir bei, dass es Durststrecken gibt, die ich mit Ausdauer und täglichem Einsatz überwinden kann.

Aber auch meine Beziehungsfähigkeit hat mir in dieser Phase sehr viel Halt gegeben. Meine Freunde, Bekannten und Sportkameraden sind in dieser schwierigen Phase immer für mich da gewesen. Und auch meine Neugier und die Liebe zum Lernen haben mich unterstützt. So schwierig wie meine berufliche Situation damals auch war, durch Offenheit und Kreativität hatte ich immer neue Nebenjobs, aus denen ich für mein heutiges Leben sehr viel lernte. Eine Fähigkeit hatte ich teilweise verdrängt, aber ich glaube, ich habe sie nie verloren: meinen Humor. Ich konnte schon immer über mich selber lachen und habe mir meine Fröhlichkeit immer bewahrt."

Ich nicke anerkennend. „Danke dir, Klaus, für die offenen Worte und dass du deinen Schicksalsschlag mit uns geteilt hast. Nehmt euch auch im Nachklang noch genügend Zeit, um über die Übung zu reflektieren. Ihr merkt, wie unterstützend das ist. Alle Stärken, Ressourcen und Fähigkeiten, die ihr damals zum Einsatz gebracht habt, sind auch heute noch in euch. Das heißt, ihr könnt jederzeit auf sie zurückgreifen und sie zum Meistern weiterer schwieriger Situationen einsetzen", erkläre ich den beiden. Sie nicken.

„Eine Sache solltet ihr noch über die Stärken wissen. Es gibt auch bei den Stärken einen Schieberegler. Mit ihm könnt ihr eure Stärken lebendig werden lassen. Das geht folgendermaßen. Stellt euch zum Beispiel die Stärke Mut vor. Per Definition heißt das so viel wie ‚Ich traue mich'. Stellt euch die Stärke Mut einmal als eine gerade Linie vor. An der ganz rechten Seite der Linie seht ihr zu viel Mut und an der linken Seite zu wenig Mut. Zu viel Mut würde bedeuten, ihr würdet übermütig sein, und zu wenig Mut bedeutet, dass ihr vielleicht gar nicht erst ins Tun kommt, aus Angst, es könnte etwas schiefgehen."

(Daniela Blickhan (2015); Positive Psychologie: Ein Handbuch für die Praxis; Seiten 181-183; Original: Aristoteles, „Goldene Mitte")

„Jetzt könnt ihr euren Stärkenschieberegler aktivieren. Bei einer gesunden Stärke Mut wäre der Schieberegler in der Mitte. Doch es gibt Situationen im Leben, in denen ihr etwas mehr Mut braucht. Dann ist es gut zu wissen, dass ihr einen Schieberegler habt, den ihr steuern und mit dem ihr Feineinstellungen vornehmen könnt. Wie z. B. gestern bei der Übung mit dem Stärkenspiegel. Es kostet schon etwas mehr Mut als normal, Freunde anzuschreiben und sie nach den eigenen Stärken zu fragen. Da musstet ihr eventuell den Schieberegler auf etwas mehr Mut stellen.

„Ja, mir ging es so", sagt Nicole sofort, „ich habe mich erst überwinden müssen, diese E-Mail abzuschicken. Es ist gut zu wissen, dass ich einen solchen Stärkenschieberegler habe, den ich jederzeit bewegen und mit ihm eine Feineinstellung vornehmen kann." Ich nicke bestätigend. „So könnt ihr mit jeder Stärke verfahren, Hauptsache ihr bleibt mit dem Regler im mittleren, gesunden Bereich und nicht zu lange in einem der extremen Ausschläge", führe ich weiter fort.

Lebe deine Stärken in Balance! Du hast den Stärkenschieberegler in der Hand und kannst die Feineinstellung vornehmen. Je nachdem, ob du deine Stärke etwas mehr oder etwas weniger dominant einsetzen möchtest!

„Für euch ist wichtig, dass es beim Einsetzen eurer Stärken kein Richtig oder Falsch und kein ‚Ich bin besser als du' gibt. Je nachdem, wie sich eure Lebenssituation verändert, könnt ihr die Stärken neu sortieren und jede einzelne von ihnen wieder aktivieren, auffüllen und stärken. Sie sind ein wundervolles Werkzeug, das ihr jederzeit auch zur Stärkung eures Selbstbewusstseins, zu eurer Ressourcenfindung und zum Meistern von schwierigen Lebenssituationen einsetzen könnt. Eure persönlichen Stärken sind die Basis für eure positive Grundeinstellung und die steigende Lebenszufriedenheit.

Ruft noch einmal die Übung mit dem Zufriedenheits-Barometer in euer Gedächtnis zurück. Denn ihr habt ja nicht nur Stärken, sondern auch Ressourcen und Fähigkeiten aufgeschrieben, die euch geholfen haben, aus einem Tal herauszukommen. Jetzt möchte ich zeigen, wie ihr eure Ressourcen als eine Art Tankstelle nutzen könnt. Ressourcen sind Unterstützer, die entweder von euch selber kommen oder von außen entgegengebracht werden.

(Daniela Blickhan (2015); Positive Psychologie; Level 2; Ausbildung zum Berater der Positiven Psychologie; Die „Ressourcen-Checkliste; Original Robert Biswas-Diener (2010): Practicing Positive Psychology Coaching; Seite 87)

Hier eine kleine Auswahl an möglichen Ressourcen:
Energie und Leidenschaft, Vertrauen und Zuversicht, soziale Fähigkeiten, Einflussmöglichkeiten, Intelligenz, Ausdauer und Durchhaltevermögen, Kommunikationsfähigkeit, Fachwissen, Verbindungen und Netzwerke, emotionale Selbstregulation, vergangene Erfahrungen und vieles mehr.

Ihr merkt, dass sich hier Stärken, Fähigkeiten und Talente vermischen und uns alle als Ressourcen zur Verfügung stehen.

Ich habe euch hier eine Ressourcen-Checkliste mitgebracht", sage ich und reiche Nicole und Klaus ein Blatt Papier zum Ausfüllen. „Mit dieser Liste geht ihr folgendermaßen um. Zuerst wählt ihr ein euch persönlich wichtiges Ziel aus. Dann schätzt ihr ein, wie wichtig die jeweilige Ressource für euch ist, auf einer Skala von 1 bis 10, um dieses Ziel zu erreichen. Und als Zweites fragt ihr euch, wie zufrieden ihr mit der Verfügbarkeit dieser Ressource seid. Auch dies auf einer Skala von 1 bis 10. Genauso wie ihr das schon bei den zehn positiven Emotionen gemacht habt, es ist das gleiche Vorgehen.

Sollte die Wichtigkeit einer Ressource gleich oder kleiner sein als die eigene Zufriedenheit damit und es ist stimmig für euch, dann ist es gut so. Doch wenn die Zufriedenheit niedriger ist als die Wichtigkeit, dann überlegt euch einen ersten Schritt, den ihr gehen könnt, um die Zufriedenheit zu steigern und an die Wichtigkeit heranzuführen. Zusätzlich habt ihr die Möglichkeit, in den Punkten 16 bis 20 noch weitere Ressourcen zu ergänzen, die euch wichtig, aber auf dieser Liste noch nicht vertreten sind. Viel Spaß wünsche ich euch beiden beim Ausfüllen!"

(Und dir, lieber Leser, auch!)

Damit du deine Ziele auch wirklich erreichst, kannst du deine Stärken, Ressourcen und Fähigkeiten einsetzen!

Die Ressourcen-Checkliste

Dein Ziel: _____

Ressource	Wichtigkeit	Zufriedenheit	kl. Schritte

1. Unterstützung durch die Familie oder Freunde

2. Energie und Leidenschaft

3. Vertrauen und Zuversicht

4. Soziale Fähigkeiten

5. Ein Mentor, der erreichbar ist

6. Einflussmöglichkeiten

7. Gesundheit

8. Finanzielle Mittel

9. Intelligenz

10. Ausdauer & Durchhaltevermögen

11. Kommunikationsfähigkeit

12. Fachwissen

13. Verbindung und Netzwerk

14. Emotionale Selbstregulation

15. Vergangene Erfahrungen

16.

17.

18.

19.

20.

Zum Abschluss möchte ich noch darüber sprechen, dass ihr zu euren Stärken und Ressourcen natürlich auch noch Unterstützung von außen in Anspruch nehmen könnt. Als zusätzliche Unterstützer, ich nenne es den Erste-Hilfe-Koffer für Notfälle, könnt ihr jederzeit auf Freunde, Bekannte, Familie, Kollegen und Verwandte zurückgreifen, die es gut mit euch meinen. Aber auch die Umgebung und die Tageszeiten sowie bestimmte Fristen können euch in manchen Lebenssituationen helfen.

(Daniela Blickhan (2015); Positive Psychologie; Level 2; Ausbildung zum Berater der Positiven Psychologie; Original Robert Biswas-Diener (2010): Practicing Positive Psychology Coaching; Situative Unterstützer aus der positiven Diagnostik; Seiten 92-94)

Bei meinem Buchprojekt zum Beispiel habe ich gemerkt, dass es mir viel leichter fällt zu schreiben, wenn ich dabei einen freien Blick in die Natur genießen kann. Und da ich mein Buch zu einem bestimmten Zeitpunkt fertiggestellt haben wollte, war eine von mir gesetzte Frist sehr motivierend und unterstützend.

Stellt euch auch öfter mal die Frage, ob ihr lieber etwas alleine durchführt oder ob die Unterstützung durch ein Team sehr hilfreich sein könnte. Ich kenne viele Menschen, die lieber alles allein machen, als jemanden zu fragen. Klaus, ich weiß nicht, wie viel du beruflich delegieren kannst oder schon delegierst. Doch um dich selber zu entlasten, benötigst du ein fähiges Team, das hinter dir steht. Und zu guter Letzt benötigt ihr wieder eure Achtsamkeit. Nutzt jede Gelegenheit, die sich bietet, achtsam zu sein. Wie oft erkennen wir viel zu spät, was das für eine super Gelegenheit war, die sich uns angeboten hat. Haltet die Augen auf und greift zu, wenn sich eine gute Gelegenheit bietet!"

> *Nutze jede ehrliche Unterstützung, die sich dir anbietet, denn sie macht dein Leben viel leichter! Und achte auf gute Gelegenheiten!*

„Ich habe für heute Abend noch eine Überraschung für euch. Einmal die Woche hat das Camp exklusiv für alle Teilnehmer den Alpine Slide gebucht. Was das ist? Das ist eine sehr rasante und spaßige Sommerrodelbahn. Von 19:00 – 21:00 Uhr könnt ihr so oft, wie ihr wollt, mit einem Schlitten den Berg herunterfahren – ich sollte lieber sagen: rasen. Das ist ein Spaß für Groß und Klein. Dazu wird Live-Musik gespielt und es gibt leckere Cocktails. Also genau das Richtige, um einen intensiven Tag entspannt ausklingen zu lassen. Ich würde mich freuen, wenn ihr nachher kommt, und danke euch schon jetzt für den wunderschönen gemeinsamen Tag!"

Nicole:

Ich liebe meine Stärken. Alleine der Gedanke zu wissen, dass ich jede dieser 24 Stärken besitze und sie je nach Situation aktivieren und dadurch häufiger einsetzen kann, hat meinem Selbstwertgefühl enorm geholfen. Ich fühle mich beflügelt herauszufinden, welche Stärken ich in den verschiedensten Lebenssituationen einsetze. Ich verstehe, wie sie mich im Leben weiterbringen werden und wie ich damit selbstbewusster auf mein Umfeld wirke. Ich freue mich auf meine Stärkenreise!

Was mir bei dem Stärkentest besonders gut gefallen hat, ist die Tatsache, dass jeder Mensch auf der ganzen Welt diese 24 Stärken besitzt. Sie werden unterschiedlich häufig angewendet und sind jederzeit auffüllbar, falls eine Stärke für einen längeren Zeitraum mal vernachlässigt wurde. Außerdem kann ich mithilfe des Schiebereglers meine Stärken so steuern, dass sie mir bei meinen bevorstehenden Aufgaben sehr unter die Arme greifen können.

Das Zufriedenheits-Barometer war mein persönliches Highlight. Ich kannte das Zitat: ‚Das Leben ist ein Berg und kein Strand', doch durch diese Übung habe ich es noch besser verstanden. Auch der Gedanke daran, dass jeder Mensch einen Rucksack mit den Tiefen und den Höhen seines Lebens trägt, hat mich sehr beruhigt. Denn ich dachte immer, dass ich das kürzere Ende des Strohhalms gezogen hätte.

Sich daran zu erinnern, welche Stärken und Ressourcen mich aus einem Tief herausgeholt haben, gibt mir viel Kraft. Besonders das Wissen, dass ich sie immer bei mir habe und ich sie jederzeit einsetzen kann, wenn ich es benötige, beruhigt mich.

Klaus:

Ich habe den Ausflug in den Hochseilgarten genossen und fand die Verbindung mit dem Thema Stärken sehr belebend. Doch am eindrucksvollsten fand ich das Stärkengespräch. Es hat mich gelehrt, neugierig auf die Geschichten meines Gegenübers zu sein, denn in jedem Menschen stecken so viele Potenziale, die es zu entdecken gibt. Ich kannte Nicole im Vorfeld schon ganz gut, doch nach ihrer Geschichte habe ich sie mit anderen Augen gesehen.

Besonders aufregend war für mich der Stärken-Spiegel. Der direkte Vergleich von der Eigenwahrnehmung und der Fremdwahrnehmung hat einige meiner Stärken bestätigt. Ich habe aber auch gemerkt, dass mein Umfeld noch andere Stärken in mir sieht, die ich nicht auf dem Schirm hatte. Das hat sehr gutgetan und wird mich beim Erreichen meiner Ziele unterstützen. Denn ich weiß jetzt, dass ich das Zeug dazu habe, aus dem Hamsterrad auszusteigen und mein Leben neu zu sortieren.

Ich werde mich dabei zuerst auf mich konzentrieren. Sobald ich mir klar bin, wie ich mein neues Leben gestalten möchte, werde ich mich um Unterstützung von außen kümmern. Menschen, die mich weiterbringen können, die mich bestärken in meinen Vorhaben, und das richtige Umfeld zu finden, sind dabei wichtige Faktoren. Ich werde zur richtigen Zeit die sich mir bietende Gelegenheit beim Schopf packen und wissen: ‚Das ist es!' Mit einer intrinsischen Motivation werde ich meine Fähigkeiten und meine Leidenschaften mit meiner Arbeit verbinden und genau dadurch die Zeit finden, mich um meine Familie zu kümmern. Aber auch Zeit für mich zu haben.

FAZIT FÜR DEN 6. SCHRITT:

Erkenne und lebe deine Stärken, Ressourcen und Fähigkeiten

Der 7. Schritt

LEBE EIN SINNHAFTES LEBEN NACH DEINEN WERTEN UND DEINEN LEIDENSCHAFTEN

Zufriedenheit mit deiner Seele

„Hallo ihr beiden. Zuerst würde mich interessieren, ob ihr vom gestrigen Alpine-Slide-Abend Blessuren mitgebracht habt oder ob ihr euch geschickt durch die scharfen Kurven geschlängelt habt", frage ich Nicole und Klaus lächelnd am nächsten Morgen. Die beiden lachen. „Ich spüre schon einige Muskeln, die ich sonst nicht so oft einsetze", sagt Klaus und Nicole ergänzt: „Ich habe leider einmal ganz kurz die Bande des Slides mit meinem Ellenbogen berührt und habe diese Abschürfung mitgebracht. Es brennt ein bisschen – aber den Spaß, den wir hatten, war es wert!" Sie strahlt.

„Prima. Den heutigen Tag möchte ich gerne mit dem Begriff ‚Flow' beginnen. Hat einer von euch das Wort Flow schon einmal gehört?", will ich wissen. „Ich glaube, Flow ist ein Zustand, in dem man etwas völlig zeitvergessen durchführt", antwortet Klaus. „Ja, völlig richtig. Ihr befindet euch in einem Flow-Zustand, wenn ihr einer persönlich herausfordernden Tätigkeit nachgeht, die euch leicht von der Hand geht und mit ganzer Leidenschaft erfüllt. Dann kann es passieren, dass ihr nach mehreren Stunden auf die Uhr schaut und feststellt, wie die Zeit verflogen ist. Wer das besonders gut kann, sind Kinder, die sich auf eine Handlung konzentrieren und dann alles um sich herum vergessen.

(Daniela Blickhan (2015); Positive Psychologie: Ein Handbuch für die Praxis; Seite 191; Original Mihaly Csikszentmihalyi (2002); Flow: The classic work on how to achieve happiness)

Solche Flow-Zustände sind sehr gut für uns und auch für unser Gehirn, denn in diesen Zuständen schüttet es Dopamin aus. Dieser Botenstoff, man sagt dazu auch Neurotransmitter, ist eine wichtige Grundlage, damit ihr Glück und Zufriedenheit empfinden könnt. Dopamin ist das Glückshormon schlechthin. Also begünstigt ein Flow-Zustand unsere gute Laune. Doch auch hier gilt es, achtsam zu sein, denn in unserem täglichen Hamsterrad fällt es uns schwer, einen solchen Moment bewusst wahrzunehmen. Erlebt daher so viele Flow-Situationen, wie ihr könnt, denn als Erwachsener haben wir das fast schon verlernt!

Bei welcher Tätigkeit kommt ihr in ein Flow-Erlebnis?

Lieber Leser, diese Frage ist auch für dich:

Wann bin ich im Flow?

_____

_____

_____

_____

_____

Außer den Glückshormonen haben diese Momente noch andere Vorzüge, die ich euch kurz aufzählen möchte. Wir haben ganz am Anfang unseres Trainings über die Achtsamkeit gesprochen und genau die ist bei Flow-Erlebnissen sehr ausgeprägt. Wie bei einem Scheinwerfer, der nur einen begrenzten Lichtkegel anstrahlt und alles andere in den Hintergrund treten lässt, konzentriert ihr euch im Flow auf genau die eine Tätigkeit. Dabei erlebt ihr ein Gefühl von Selbstvergessenheit. Was ihr macht oder was andere Menschen sagen, ist nicht mehr wichtig. Man erlebt sich in diesen Momenten als sehr wirksam und fähig und nimmt den eigenen Selbstwert verstärkt wahr. Denn oft haben die Aufgaben, die wir in Flow-Zuständen durchführen, eine hohe Anforderung und wir haben die Fähigkeiten, diese zu meistern. Das gibt dann ein besonders gutes Gefühl.

Doch leider können wir diese Zustände nicht festhalten. Sobald wir merken, dass wir in einem Flow-Zustand sind, sind wir leider auch schon wieder ‚draußen'. Wenn ihr wisst, wie ihr in diesen Zustand kommt, dann könnt ihr ihn immer wieder herbeiführen. Achtet darauf, welche Tätigkeiten, welche Situationen und welche Rahmenbedingungen euch erlauben, in diesen

Zustand einzutauchen, damit ihr dieses angenehme Gefühl jederzeit wieder anzapfen könnt."

> *Ein Flow-Zustand ist ein lohnendes Erlebnis, denn er trägt maßgeblich zu unserer uneingeschränkten Zufriedenheit bei!*

„Wir werden uns heute ganz eurem Lebenssinn, Leidenschaften, Wünschen und Werten zuwenden", fahre ich fort. „Oft fragen wir uns doch, was sind eigentlich meine Ziele? Sind es die richtigen, will ich das wirklich und wie soll ich sie betiteln? Die folgenden Übungen helfen euch dabei, bewusst zu erreichen und zu werden, was ihr wirklich wollt. Daraus lassen sich dann hervorragend die wichtigen Ziele im Leben ableiten. Die folgenden Übungen macht ihr am besten schriftlich. Dazu werdet ihr an einen ruhigen Ort gehen und die Übungen in eurem Journal mitnehmen. Und danach sehen wir uns hier auf dem Camp wieder.

Als Erstes werdet ihr über eine Frage reflektieren, die sich meine Tochter schon im Alter von neun Jahren, also sehr früh, gestellt hat. Die Frage lautet: ‚Was ist der Sinn meines Lebens? Warum bin ich eigentlich hier?' Zwei sehr kurze Fragen mit einem hohen Wirkungsgrad. Ich glaube, dass wir uns diese Fragen mehrmals im Leben stellen sollten, denn das Leben verändert sich und damit auch die Antworten auf diese Fragen.

Oft scheitern Menschen bei dieser Frage, weil sie zu groß denken und vor lauter ‚höher, schneller, besser, weiter' zu keiner Antwort kommen. Diese Frage ist kein Wettkampf. Es geht hier nicht darum, wer etwas Tiefschürfendes zu Papier gebracht oder wer die Weisheit mit Löffeln gefressen hat. Hierbei geht es auch nicht um Richtig oder Falsch. Sondern nur darum, sich Gedanken zu machen: Was möchte ich auf dieser Erde mit meinem Leben anfangen? Welchen Fußabdruck möchte ich hinterlassen, wenn ich einmal nicht mehr da bin?

Bitte sucht euch für heute Vormittag einen ruhigen Platz, an dem ihr ungestört nachdenken könnt. So ruhig, dass ihr eure innere Stimme hören könnt, und so inspirierend, dass ihr eure Intuition anzapfen könnt. Nehmt euch genug zu trinken und eine Kleinigkeit zu essen mit." Die beiden nicken gespannt und gehen in die Camp-Küche, um sich ein Lunchpaket mit viel Obst abzuholen.

„Wenn ihr fertig seid, dann bringt bitte eure Journale und die darin eingetragenen Ergebnisse zu unserer Nachmittagssitzung mit. Ich würde gerne eure Fragen beantworten, die ihr sicher habt, und eure gesammelten Erfahrungen besprechen. Wir treffen uns dann um 16:00 Uhr in der ‚Main Cabin' im Hauptgebäude. Ich wünsche euch eine wundervolle Zeit und das Vertrauen in euch selbst, dass euch die richtigen Worte einfallen werden!"

Nicole und Klaus machen sich auf den Weg zum Big Bear Mountain, eines der beiden südlichsten Skigebiete in Kalifornien. (Das andere beliebte Skigebiet in Big Bear Lake ist Snow Summit.) Sie fahren mit dem Sessellift bis zur Bergstation und gehen den Rest bis zum Gipfel zu Fuß weiter. Dort finden sie ein ruhiges Plätzchen, um in sich zu gehen und zu reflektieren. Als Nicole Platz genommen hat, geht Klaus noch ein kleines Stück weiter, denn er will wirklich ungestört sein. Sie können sich noch sehen, winken einander zu und wünschen sich gegenseitig viel Weisheit.

Sie holen ihre Journale aus der Tasche, um sich die Übungsanleitungen durchzulesen, die Fragen zu beantworten und weitere Gedanken zu notieren.

Die erste Frage, die sie finden, ist: „Was ist der Sinn deines Lebens?"

Lieber Leser, wenn du möchtest, kannst du diese Frage auch für dich beantworten:

Was ist der Sinn deines Lebens?

_____

_____

_____

_____

Was ist der Sinn deines Lebens? Stell dir diese und ähnliche Fragen oft, damit du eine individuelle, ehrliche und umsetzbare Antwort bekommst!

Was für eine Frage! Vielen Menschen fällt es nicht leicht, sie zu greifen, jedenfalls nicht beim ersten Lesen. Diese Frage ist eine der Schlüsselfragen, damit wir herausfinden können, was uns im Leben wirklich wichtig ist. Sie hilft uns dabei, das Leben so zu gestalten, wie wir es wirklich leben wollen.

Es gibt neben dieser Frage noch weitere Fragen und Aussagen, mit deren Hilfe wir uns an das Thema herantasten können.

Diese Fragen sind auch für dich, lieber Leser:

Tätigkeiten, die ich mit Leidenschaft durchführe, sind …
<small>(Auch eine super Reflexionsübung, um herauszufinden, mit welchen Tätigkeiten du in den Flow kommst.)</small>

_____

_____

Den Sinn in meinem Leben spüre ich in ...

_____

_____

Ich lebe ein sinnerfülltes und glückliches Leben, indem ich ...

_____

_____

_____

In ihrem Journal finden Nicole und Klaus außerdem noch eine weitere super Übung. Ich habe sie die „Was ist dir wirklich, wirklich, wirklich wichtig im Leben?"-Übung genannt. Diese Frage ist in Anlehnung an den Leidenschaftstest aus dem Buch von Marci Shimoff (2008), „Glücklich sein ohne Grund, In 7 Schritten das Glück entdecken, das längst in Ihnen steckt", von der Seite 311; im Original von Janet und Chris Attwood, „The passion test".

Sie ist mit Abstand die #1 in meinen Seminaren und wurde Jahr für Jahr immer weiter verbessert. Sie bringt alles auf den Punkt. Die meisten Menschen antworten auf diese Frage sehr schnell und all das, worüber sie sich eh schon Gedanken gemacht haben. Doch nach einer Zeit von zehn Minuten werden die Antworten langsamer, überlegter, tiefsinniger und viel wichtiger.

Übung: Was ist dir wirklich, wirklich, wirklich wichtig im Leben?

Diese Übung hilft, darüber klar zu werden, was euer Lebensziel sein soll. Wonach möchtet ihr streben, was wollt ihr wirklich erreichen und was ist euch wichtig? Wenn ihr die gesamte Übung durchgeführt habt, werdet ihr die drei wichtigsten Dinge für euer Leben herausgefunden haben und anfangen, sie in die Tat umzusetzen.

Erstellt zuerst eine Liste mit den zehn wichtigsten Dingen, die euch ein Leben voller Freude, Leidenschaft und Erfüllung bescheren würden. Beginne jeden Satz mit den Worten:

> „Mir ist in meinem Leben
> wirklich, wirklich, wirklich wichtig ..."

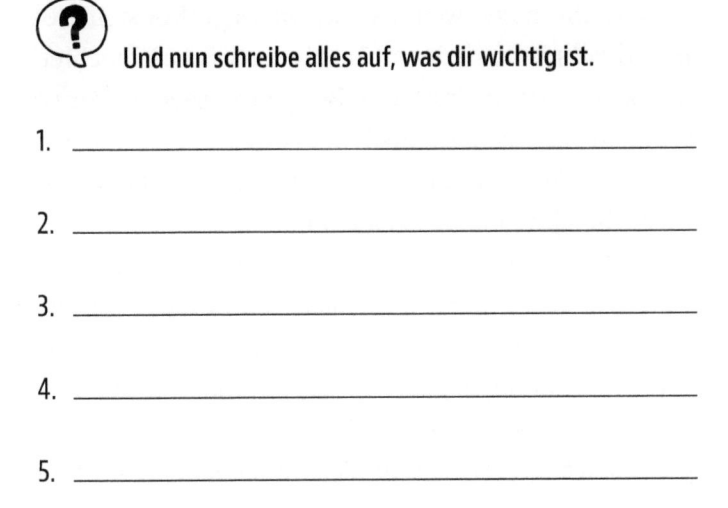

Und nun schreibe alles auf, was dir wichtig ist.

1. _____

2. _____

3. _____

4. _____

5. _____

6. _____

7. _____

8. _____

9. _____

10. _____

Zum Beispiel: „Mir ist wirklich wichtig, dass ich in Harmonie lebe, mit meiner Familie, Freunden und Bekannten." Oder: „Mir ist wirklich wichtig, dass ich jeden Tag Frieden erlebe, mit mir selbst und in der Welt." Oder: „Mir ist wirklich wichtig, dass ich Zeit für mich habe und sie mir auch nehme, um meine Batterien wieder aufzuladen."

Falls ihr nicht weiterwisst, überlegt Konstellationen, die ihr unter keinen Umständen erleben möchtet, und kehrt sie um. Statt zum Beispiel zu sagen: „Mir ist wirklich wichtig, dass mich Menschen nicht anlügen", kehre die Aussage um: „Mir ist wirklich wichtig, dass Menschen immer ehrlich zu mir sind."

Als Nächstes werdet ihr die Top 3 eurer wichtigen Punkte herausfiltern. Wie das funktioniert, erkläre ich euch gleich. Zu Beginn möchte ich euch nur sagen: „Nur Mut, denn es gibt kein Richtig oder Falsch und kein zu groß oder zu klein. Wenn ihr die Top 3 herausgefunden habt, verfolgt ihr diese mit einem 100-%-Einsatz. Wichtig für euch zu wissen ist, dass die anderen 7 Punkte dadurch nicht für immer gelöscht oder verschwunden sind – sie sind mindestens so wichtig, doch sie waren jetzt halt nur nicht unter den Top 3.

Startet beim ersten Punkt und vergleicht ihn mit dem zweiten. Wenn ihr nur einen Punkt von den beiden wählen könntet, welchen würdet ihr nehmen? So geht ihr nun die gesamte Liste durch und der Punkt, der übrig bleibt, nachdem ihr alle 10 durchgegangen seid, schreibt ihr auf den Platz 1. So verfahrt ihr weiter mit den verbliebenen Punkten, bis ihr eure Top 3 fertig erstellt habt.

Schreibt nun die Top-3-Dinge auf kleine rote Karteikarten, die ihr anschießend in der Wohnung verteilt, als Erinnerung an das, was euch in eurem Leben wirklich, wirklich, wirklich wichtig ist. Die Überschrift auf jeder Karteikarte lautet: „Mir ist in meinem Leben wirklich, wirklich, wirklich wichtig, dass: „_____"
und darunter schreibt ihr eure drei Punkte.

Fangt an, eure Verhaltensweisen zu ändern und auf das auszurichten, was euch wirklich wichtig ist. Beginnt beim ersten Punkt. Damit habt ihr die Weichen für ein sinnerfülltes Leben, das ihr verdient, gestellt!

Hier findet ihr eine Vorlage für eine solche rote Karteikarte. Hängt sie in eurem Wohnraum als Erinnerung und um ins Tun zu kommen an strategisch wichtigen Punkten auf. Wählt dazu Standorte, auf die euer Blick fällt, damit die Karten gleich ins Auge stechen. Empfehlen kann ich den Badezimmerspiegel, die Kühlschranktür oder das Schlüsselbrettchen.

❓ Mir ist in meinem Leben wirklich, wirklich, wirklich wichtig …

Datum: _____

1. _____

2. _____

3. _____

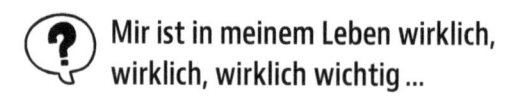

Lebe in deinem Leben deine Leidenschaften. Wenn dir das gelingt, wirst du ein zufriedenes Leben führen!

Jetzt schreibt ihr noch zu jedem eurer drei Punkte mehrere „Energiegeber" auf. Das sind Anzeichen oder Wegweiser, die euch zeigen sollen, ob ihr die betreffende Leidenschaft wirklich lebt:

Was wollt ihr in eurem Leben erschaffen (Absicht)? Dann behaltet die „Energiegeber" im Sinn (Aufmerksamkeit). Versucht nicht, die Ziele mit aller Gewalt zu erreichen. Lasst sie von selbst erscheinen (Entspanntheit), und sie werden erscheinen.

Zwei Beispiele für solche „Energiegeber":

Die Leidenschaft: Finanzielle Freiheit zu spüren
1. Ich reise 1. Klasse, immer und überall
2. Ich verdiene mehr, als ich im Jahr ausgeben kann
3. Ich kaufe mir und meiner Frau einmal im Monat eine Eintrittskarte

Die Leidenschaft: In der Gegenwart zu sein und meiner Intuition zu vertrauen
1. Ich erfahre jeden Tag als vollkommen, und die Zeit fließt mühelos
2. Andere bemerken meine Selbstsicherheit und sagen mir, wie schön es ist, in meiner Nähe zu sein
3. In schwierigen Situationen vertraue ich dem Universum, nachdem ich alles unternommen habe, was in meiner Macht steht

Eine weitere sehr bekannte Methode, die viele Motivationstrainer nutzen, ist das Schreiben der eigenen Grabrede. Doch ich persönlich finde diese Methode nur makaber. Eine Übung, die sich in meinen Seminaren sehr bewährt hat, ist die Hängematten-Methode. Ich verwende die Grundgedanken von Adam Jackson, nur in etwas abgeänderter Form. In seinem Buch „Die zehn Geheimnisse des Glücks" beschreibt er die Schaukelstuhl-Technik auf der Seite 105.

An dieser Übung gefällt mir besonders, dass ihr in jedem Alter, egal ob mit 16, 35, 55 oder 67 Jahren, in der Hängematte liegen/sitzen könnt, um zu reflektieren, wie ihr im Alter auf euer Leben zurückblickt. Es ist doch viel schöner zu wissen, dass ihr euer Leben noch vor euch habt und all das ändern könnt, was euch wirklich wichtig ist.

> *Finde heraus,*
> *was dir wichtig ist,*
> *und lebe ein Leben,*
> *wie du es dir wünschst!*

Die Hängematten-Methode
Stellt euch vor, ihr liegt/sitzt in eurer Hängematte und erzählt euren Geschwistern, Kindern oder Enkelkindern über euer gesamtes Leben. Was würden eure Kinder hören, sehen, fühlen, riechen und schmecken? Erzählt eure Geschichten so lebendig wie möglich. Lasst in den Köpfen der Zuhörer Bilder entstehen. Und natürlich setzt ihr auch eure Visualisierungskräfte mit eurer Erzählung in Gang.

Was hast du alles in deinem Leben erlebt?

_____

Was hast du alles getan?

_____

Wohin bist du gereist?

_____

Welche Menschen hast du kennengelernt?

_____

Was für ein Mensch bist du gewesen, was hat dich ausgemacht?

_____

Was für einen Fußabdruck hast du in dieser Welt hinterlassen?

_____

Die ähnliche Wirkung hat in meinen Augen das Erstellen einer Löffel-Liste (eigentlich Eimer-Liste, aus dem Englischen, „bucket list"). Wo kommt dieser Begriff her? Die Amerikaner sagen zu unserem Ausspruch „er hat ins Gras gebissen" oder „er gibt den Löffel ab" (er ist gestorben) „he hit the bucket", daher dieser Name. Diese Liste wurde bekannt und berühmt durch den Kinofilm „Das Beste kommt zum Schluss" mit Jack Nicholson und Morgan Freeman. Sie hilft dir, dich auf das zu besinnen, was du für wichtig erachtest und was du in deinem Leben wirklich noch erleben möchtest.

Erstell doch einfach mal eine Liste mit Dingen, die du in deinem Leben unbedingt noch durchführen willst. Dies wird die letzte Übung auf eurem Ausflug sein, doch genießt sie, denn alleine das Erstellen einer solchen Liste ist schon gespickt mit positiven Emotionen. Wenn ihr in eurem Leben zur Durchführung der einzelnen Punkte kommt, erlebt ihr euer wahres Glück. Damit ihr eine Vorstellung davon habt, wie eine solche Löffel-Liste aussehen kann, habe ich euch einige Beispiele von mir mitgebracht.

Franks Löffel-Liste:
- auf den Kilimandscharo (Afrika) gehen
- viel Zeit mit meiner Familie verbringen
- eine Modelleisenbahn bauen
- mit einem Wohnmobil die Welt bereisen
- öfters mal für meine Frau ein 3-Gänge-Menü kochen
- einmal einen Marathon laufen
- eine große Halloween-Party feiern
- jedes Jahr einen Vater-Tochter- und Vater-Sohn-Tag durchführen
- den Großglockner besteigen
- mit einem Schamanen arbeiten
- den Pacific Coast Trail (Kalifornien, USA) gehen
- einmal 1. Klasse in die USA fliegen (Kalifornien)
- eine Woche im Kloster verbringen
- die Alpentour gehen
- den Garten aus- und umbauen
- nach Indien fahren

- einmal hinter die Kulissen schauen beim Eisenbahn-Wunderland in Hamburg
- das Musical „König der Löwen" sehen
- einmal nach Australien reisen
- einmal in Peru auf den Parque del Amor
- einmal im Jahr eine Städtereise mit meiner Frau
- Nepal und Tibet bereisen
- Gitarre oder Handpan spielen lernen
- einmal vor über 6000 Menschen reden
- mich mit zufriedenen Menschen umgeben
- einmal Weihnachten in Jamaika feiern
- Kindern in dieser Welt helfen (Charity gründen: Happy Children)

Lieber Leser, wenn du möchtest, kannst du hier deine eigene Löffel-Liste erstellen:

Meine Löffel-Liste:

_____

_____

_____

_____

_____

_____

_____

_____

_____

Ich werde heute damit beginnen, mein Leben so zu leben, dass ich am Ende meines Lebens das Gefühl habe, ich habe alles erlebt, was ich erleben wollte!

Nicole und Klaus kommen erschöpft ins Camp zurück. „Hallo, ihr beiden. Na, wie war euer Tag? Was ist euch wirklich, wirklich, wirklich wichtig im Leben?" Ich zwinkere den beiden zu, denn ich kann in ihren Gesichtern erkennen, dass die Übungen und die Fragen sie stark zum Nachdenken angeregt haben.

„Wie ich sehe, habt ihr Farbe bekommen. Wo seid ihr gewesen?", will ich wissen. Nicole strahlt trotz ihrer Müdigkeit und sagt: „Wir waren auf dem Big Bear

Mountain und hatten wunderschönes Wetter. Auf der Bergspitze sitzend, konnten wir auf den Big Bear Lake sehen, der mit seinem sauberen, blauen Wasser wie ein Juwel aussah. Die Sonne schien den ganzen Morgen und es ging ein kühles Lüftchen. Es hätte nicht schöner sein können für die Aufgaben, die du uns mitgegeben hast!"

„Na, dann entspannt euch erst mal nach dieser inneren Arbeit, die streckenweise sicherlich auch anstrengend für euch beide war! Ich möchte euch gerne zum Abschluss für heute noch eine Geschichte erzählen, ihr könnt einfach die Augen schließen und mir zuhören. Vielleicht habt ihr sie schon mal gehört. Es geht um drei Steinmetze, die alle die gleiche Aufgabe haben, nämlich Steine für einen Bau vorzubereiten. Doch alle drei haben eine andere Einstellung zu ihrer Arbeit und so reagieren sie unterschiedlich auf die ihnen gestellte Frage."

Die Geschichte vom Bau einer Kathedrale:
Beim Bau einer mittelalterlichen Kathedrale beobachtete ein durchreisender Kaufmann drei Steinmetze bei ihrer schweren Arbeit. „Was machst du da?", fragte er den ersten der Handwerker. „Das siehst du doch, ich schufte mich zu Tode", antwortete dieser mit einem mürrischen Gesicht. Da fragte der Kaufmann den zweiten: „Und was machst du da?" „Ich verdiene das Geld für mich und meine Familie", antwortete dieser schon etwas freundlicher. Schließlich fragte der Kaufmann den dritten Steinmetz. Der schaute ihn aus einem schweißüberströmten Gesicht,

aber mit leuchtenden Augen an und meinte: „Ich? Ich baue eine Kathedrale!"

(Trotz intensiver Recherchen ist es mir nicht gelungen, den Urheber dieser Geschichte herauszufinden.)

Diese Geschichte enthält so viel Weisheit, besonders in Bezug auf unsere positive Grundeinstellung. Wenn ihr wisst, warum ihr etwas macht, welcher Sinn sich dahinter verbirgt, dann wird jede Arbeit zu einer sehr erfüllenden. Die Frage nach dem SINN in eurem Leben ist sehr wichtig und wird ein guter Kompass sein, der euch hilft, den richtigen Weg im Leben einzuschlagen. Wenn ihr wisst, warum ihr etwas unternehmt und dass ihr das von ganzem Herzen wollt, dann macht das Ganze auch SINN!"

> *Ich bin ein Steinmetz und ich liebe meinen Job, denn aus jedem Stein, den ich forme, wird eine wunderschöne Kathedrale gebaut!*

„Als letzte und sehr wirkungsvolle Aufgabe werdet ihr heute Abend noch ein Visualisierungsplakat auf DIN A3 anfertigen. Auf euren Zimmern liegen Magazine mit verschiedenen Themen bereit, sodass für jedes Interesse etwas dabei ist. Alle nötigen Bastelmaterialien sind auch vorhanden. Ihr braucht nur noch die Bilder aus Magazinen ausschneiden, die darstellen, was ihr sein, tun oder haben wollt, und sie aufkleben. Hängt dieses Plakat an einen Ort, an dem ihr es täglich sehen könnt, damit ihr euch daran erinnert, was ihr im Leben erschaffen wollt. Mein Lieblingsplatz für mein Plakat ist die Schlafzimmerwand." So gehen die beiden in ihre Cabin-Häuser und lassen den Abend mit dieser Aufgabe in Ruhe ausklingen.

„Guten Morgen! Habt ihr heute Nacht ruhig geschlafen oder haben euch eure Gedanken wachgehalten?", frage ich die beiden am kommenden Morgen. Es ist Samstag. „Ich weiß, dass die Übungen von gestern sehr intensiv waren. Es würde mich nicht überraschen, wenn sie im Nachgang noch weitere Ideen und Erinnerungen aufwühlen." „Ich habe eigentlich sehr gut geschlafen", berichtet Nicole. „Doch als ich um 2:00 Uhr wach geworden bin, konnte ich nicht gleich wieder einschlafen. Also habe ich mir einen Block geschnappt und alles aufgeschrieben, was so in meinen Gedanken los war. Dann bin ich wieder eingeschlafen", ergänzt sie. „Außer dass ich beim Einschlafen noch ein wenig über dies und das gegrübelt habe, schlief ich sehr gut", berichtet Klaus.

„Gestern habt ihr euch mit Flow-Erlebnissen und dem Lebenssinn auseinandergesetzt. Dann habt ihr euch die Frage gestellt, was euch wirklich, wirklich, wirklich wichtig ist im Leben und habt für euch sehr interessante Antworten erhalten. Anschließend habt ihr eure Löffel-Liste geschrieben, damit ihr es noch leichter habt, Ziele für euer Leben zu finden, die mit absoluter Leidenschaft verbunden sind. Da wir Menschen ja öfters von innen gesteuert werden, könnt ihr heute noch etwas WERTvolles hinzufügen.

Ich möchte noch über ein weiteres wichtiges Thema mit euch sprechen, und zwar über eure Werte. Ich bin davon überzeugt, dass die meisten Meinungsverschiedenheiten und Diskussionen nur deswegen eskalieren, weil dahinter ein Wertekonflikt liegt. Deshalb finde ich es sehr wichtig, dass Menschen wissen, welche Werte es gibt und welche für jeden Einzelnen besonders nützlich sind. Alleine die Beschäftigung mit Werten hilft schon, dieses Thema mehr auf dem Radar zu haben. Denn wenn eure Ziele und Werte im Einklang sind, dann könnt ihr sehr viel erreichen.

In der Positiven Psychologie arbeiten wir auch mit bestimmten Werten, die ich euch gleich zeigen werde. Sie sind nur ein Querschnitt. Es gibt bestimmt mehr als die folgenden Werte, welche wissenschaftlich untersucht wurden, doch diese Untersuchung, durchgeführt von Herrn Schwartz, bringt uns zumindest einen Teil der wichtigsten Werte näher. Ihr werdet euch heute mit einigen davon beschäftigen und erfahren, wie wichtig sie sind und wie sie euer Leben beeinflussen. Ich danke meiner Ausbilderin Daniela Blickhan für diese ganz besondere Übung.

(Daniela Blickhan (2014); Positive Psychologie; Level 2; Ausbildung zum Berater in der Positiven Psychologie; Modul Coaching; in Bad Aibling; Seiten 27-28; Original Schwartz (1992) & Schwartz & Boehnke (2004) & Robert Biswas-Diener (2010); Practicing Positive Psychology Coaching; Seiten 95-97)

Die WERTE der Positiven Psychologie

Englisch	Deutsch
Tradition	Tradition & Heimatverbundenheit
Power	Kraft & Energie & Macht & Ansehen
Achievement	Leistung & Erfolg
Stimulation	Abenteuer & Risiko
Hedonism	Lebensgenuss
Self-Direction	Selbstbestimmtheit
Security	Sicherheit & Ordnung
Benevolence	Mitmenschlichkeit & Hilfsbereitschaft
Conformity	Respekt & Höflichkeit
Universalism	Gerechtigkeit & Frieden
Spirituality	Spiritualität

Ich gebe jedem von euch jetzt Wertekarten. Bitte füllt sie aus. Das geht so: Gebt zuerst die Wichtigkeit des jeweiligen Wertes für euch an. Dazu kreuzt ihr einen der Punkte unten auf der Karte an. Die Skala reicht von ‚weniger wichtig' bis ‚sehr wichtig'. So geht ihr mit allen Karten vor.

Anschließend tragt ihr eine Situation in eurem Leben ein, in der ihr diesen Wert schon einmal aktiv gelebt habt. Da reicht ein Wort oder ein kurzer Satz. Die letzte Karte hat keinen eingetragenen Wert. Diese Karte ist euer Joker. Sollte bei den Karten ein Wert fehlen, der euch sehr wichtig ist, dann könnt ihr diesen auf die leere Karte schreiben."

SPIRITUALITÄT
(SPIRITUALITY)

Sinn im Leben;
innere Harmonie;
Gelassenheit

Eine Situation, in der ich diesen Wert aktiv lebe/gelebt habe:

Wie wichtig ist dieser Wert für mich?
wenig ○ ○ ○ ○ ○ ○ ○ sehr

TRADITION & HEIMATVERBUNDENHEIT
(TRADITION)

Achtung vor der Tradition;
die eigene Lebenssituation
akzeptieren; bescheiden; gemäßigt

Eine Situation, in der ich diesen Wert aktiv lebe/gelebt habe:

Wie wichtig ist dieser Wert für mich?
wenig ○ ○ ○ ○ ○ ○ ○ sehr

MACHT & ANSEHEN
(POWER)

Öffentliches Ansehen;
soziale Anerkennung;
Autorität; Reichtum

Eine Situation, in der ich diesen Wert aktiv lebe/gelebt habe:

Wie wichtig ist dieser Wert für mich?
wenig ○ ○ ○ ○ ○ ○ ○ sehr

LEISTUNG & ERFOLG
(ACHIEVEMENT)

Ehrgeizig; einflussreich;
fähig; erfolgreich;
Selbstachtung

Eine Situation, in der ich diesen Wert aktiv lebe/gelebt habe:

Wie wichtig ist dieser Wert für mich?
wenig ○ ○ ○ ○ ○ ○ ○ sehr

RISIKO & ABENTEUER
(STIMULATION)

Anregendes Leben;
abwechslungsreiches Leben;
wagemutig

Eine Situation, in der ich diesen Wert aktiv lebe/gelebt habe:

Wie wichtig ist dieser Wert für mich?
wenig ○ ○ ○ ○ ○ ○ ○ sehr

LEBENSGENUSS
(HEDONISM)

Vergnügen;
das Leben genießen

Eine Situation, in der ich diesen Wert aktiv lebe/gelebt habe:

Wie wichtig ist dieser Wert für mich?
wenig ○ ○ ○ ○ ○ ○ ○ sehr

SELBSTBESTIMMTHEIT
(SELF-DIRECTION)

Unabhängig;
eigene Ziele wählen; neugierig;
Kreativität; Selbstverwirklichung;
Freiheit; Selbstachtung

Eine Situation, in der ich diesen Wert aktiv lebe/gelebt habe:

Wie wichtig ist dieser Wert für mich?
wenig ○ ○ ○ ○ ○ ○ ○ sehr

SICHERHEIT & ORDNUNG
(SECURITY)

Familiäre Sicherheit;
nationale Sicherheit;
Zugehörigkeitsgefühl;
soziale Ordnung; gesund; sauber

Eine Situation, in der ich diesen Wert aktiv lebe/gelebt habe:

Wie wichtig ist dieser Wert für mich?
wenig ○ ○ ○ ○ ○ ○ ○ sehr

MITMENSCHLICHKEIT & HILFSBEREITSCHAFT
(BENEVOLENCE)

Hilfsbereit; verantwortlich;
vergebend; ehrlich; loyal; reife Liebe;
wahre Freundschaft

Eine Situation, in der ich diesen Wert aktiv lebe/gelebt habe:

Wie wichtig ist dieser Wert für mich?
wenig ○ ○ ○ ○ ○ ○ ○ sehr

HÖFLICHKEIT & RESPEKT
(CONFORMITY)

Selbstdisziplin;
gehorsam; Höflichkeit;
Eltern und Alte ehren

Eine Situation, in der ich diesen Wert aktiv lebe/gelebt habe:

Wie wichtig ist dieser Wert für mich?
wenig ○ ○ ○ ○ ○ ○ ○ sehr

GERECHTIGKEIT & FRIEDEN
(UNIVERSALISM)

Weisheit; Gleichheit; soziale
Gerechtigkeit; tolerant; Leben im
Einklang mit der Natur; die Umwelt
schützen; eine Welt in Frieden

Eine Situation, in der ich diesen Wert aktiv lebe/gelebt habe:

Wie wichtig ist dieser Wert für mich?
wenig ○ ○ ○ ○ ○ ○ ○ sehr

Eine Situation, in der ich diesen Wert aktiv lebe/gelebt habe:

Wie wichtig ist dieser Wert für mich?
wenig ○ ○ ○ ○ ○ ○ ○ sehr

Sei dir deiner Werte bewusst und richte dein Leben danach aus. Lebst du dein Leben nach deinen Werten, so wird dein Leben erfüllt sein!

„Wie habt ihr euch dabei gefühlt, diese Karten auszufüllen, und was ist in eurem Kopf vorgegangen?", will ich von den beiden wissen. „Es war am Anfang etwas schwierig, da ich solche Übungen in meinem normalen Alltag nicht mache", gesteht Klaus. „Doch ich muss sagen, dass das Reflektieren über die eigenen Werte, besonders darüber, wann man diese eingesetzt hat und wie wichtig sie einem sind, doch für mehr Klarheit in meinem Kopf gesorgt hat", ergänzt er.

„Sehr gut. Jetzt habe ich noch eine Bitte", sage ich zu Nicole und Klaus. „Schneidet die Wertekarten aus und legt sie vor euch auf den Tisch. Sortiert und schiebt sie so zueinander, dass es für euch stimmig ist, und lasst euch überraschen, was passiert. Im Anschluss daran werdet ihr diese so entstandene Figur anschauen und miteinander darüber sprechen, welche Werte euch wichtig sind und warum die Karten da liegen, wo sie liegen. Nach dem Auslegen ist es auch sehr interessant zu schauen, welche Karte in der unmittelbaren Nachbarschaft von anderen Werten liegt und was das für euch bedeutet. Da entstehen oft ganze Werteblocks, die uns unterstützen, das zu tun, was uns im Leben wirklich wichtig ist."

„Interessant", sagt Nicole, als sie diese zweite Runde beendet haben. „Das Auslegen der Karten und darüber zu sprechen hatte einen ganz besonderen Charme. Als ich fertig war mit dem Auslegen, schaute ich völlig erstaunt auf eine Sonne, die da in Form der Karten vor mir lag. Im Inneren der Sonne waren die Karten, die mir besonders wichtig in meinem Leben waren, wie z.B. Gerechtigkeit und Frieden oder Selbstbestimmtheit. Die Sonnenstrahlen waren all die Dinge, die mir auch wichtig sind, aber jetzt besonders gut gelingen und in die Welt hinausstrahlen, da mein innerer Kern in Balance und im Einklang mit sich ist."

Ich sehe, dass diese Erkenntnis eine sehr besondere ist, denn Nicole strahlt im ganzen Gesicht eine innere Zufriedenheit aus und sieht richtig glücklich aus.

„Heute habe ich nur noch eine etwas lockerere, aber auch sehr schöne und intensive Übung für euch. Doch macht sie bitte erst morgen, am Sonntag, eurem freien Tag. Lasst euch von der leicht klingenden Überschrift nicht täuschen, denn bei genauerem Hinsehen kann die Übung auch sehr tiefschürfend sein. Ich möchte euch symbolisch einen zusätzlichen Tag schenken. Was das ist, werde ich euch allerdings gleich verraten. Diese Übung heißt ‚Der gewonnene Tag'. Diese Übung entstand in Anlehnung an den ‚Extra Tag' von Robert Holden aus dem Buch ‚Be happy, release the power of happiness in YOU' auf den Seiten 226-227.

Was würdet ihr tun, wenn ihr eines Tages einen Brief bekommt, in dem steht, dass ihr einen Preis gewonnen habt? Einen Preis, der daraus besteht, dass ihr einen zusätzlichen Tag in eurem Leben gewonnen habt. Eure Aufgabe ist es, diesen Tag in die nächste Woche einzubauen. Diese Übung soll euch dabei helfen, herauszufinden, ob ihr euer Leben schon nach euren Prioritäten ausgerichtet habt und danach lebt.

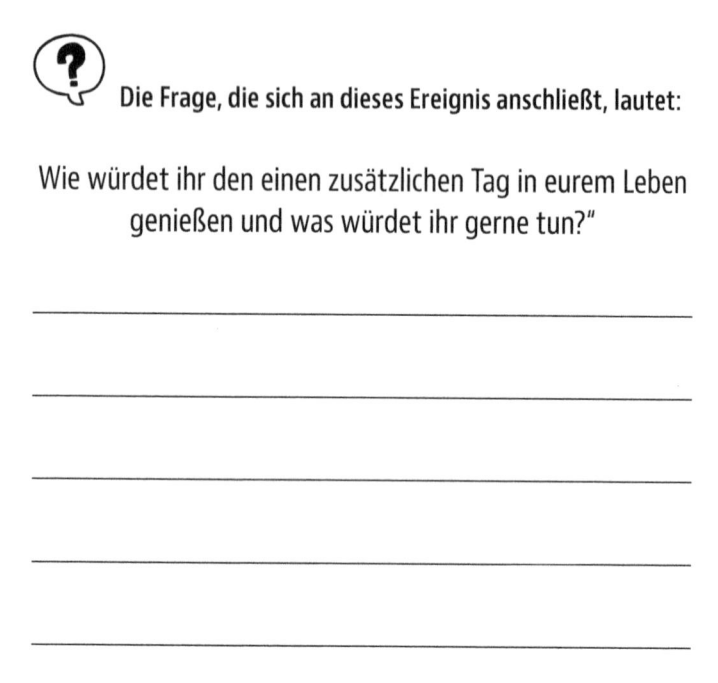

Die Frage, die sich an dieses Ereignis anschließt, lautet:

Wie würdet ihr den einen zusätzlichen Tag in eurem Leben genießen und was würdet ihr gerne tun?"

_____

_____

_____

_____

_____

„Ich habe euch einen Auszug eines Briefes mitgebracht, den ich in diesem Jahr von einer sehr lieben Person erhielt, die schon lange in meinem Leben ist. Dieser Brief wurde von einer älteren Dame namens Helga geschrieben, nachdem ihr Mann Erwin gestorben war. Er hatte eine Krebsdiagnose und kämpfte mit allen Mitteln für seine Gesundheit. Ich finde diese Worte sehr kraftvoll, besonders für die Übung ‚Der gewonnene Tag'."

Wir haben unser Leben immer in vollen Zügen genossen! Uns Zeit genommen für unsere Kinder, Enkelkinder und Freunde. Wir trieben gemeinsam Sport und genossen das Vereinsleben im Tennisclub. Wir haben viele Freunde gehabt, lustige Skatrunden gespielt und ausgedehnte Wanderungen unternommen. Alles in allem haben wir viele Jahre ein erfülltes Leben gelebt. Natürlich hatte auch unser Leben Höhen und Tiefen, aber wir hielten immer zusammen und meisterten alles gemeinsam.

Wenn mich jemand vor der Krebsdiagnose meines Mannes gefragt hätte: „Was würdest du anders machen, wenn du erfahren würdest, dass er nur noch ein gutes Jahr zu leben hat?" Ich glaube, dass ich nicht noch eine Weltreise hätte machen wollen oder einen Traumurlaub gebucht hätte, sondern ich hätte genauso weitergelebt, wie wir es unser ganzes Leben getan haben. Aber als die Krebsdiagnose dann kam, war erst einmal alles anders. Es dauert eine ganze Weile, bis man in dem Kampf gegen den Krebs realisiert hat, dass es zu Ende geht.

Und obwohl wir ein sehr erfülltes Leben hatten, waren die letzten gemeinsamen Monate, Wochen und Tage noch intensiver und schöner als erwartet. Wir haben die vielen kleinen und großen Wunder, die jetzt schon in unserem Leben waren, einfach noch mehr genossen und waren für jeden Tag dafür dankbar. Wir haben jeden Moment ganz bewusst gelebt. Im Sommer unter unserem Nussbaum zu sitzen, gemeinsam noch mal in den Biergarten zu gehen oder abends neben seinem Bett zu sitzen und bei seinem „Wunschkonzert" sein Lieblingslied per Handy abzuspielen. Ich habe es auch einfach geliebt nach der Mittagsmahlzeit, die er inzwischen über einen Port bekam, mich an ihn zu kuscheln und die gemeinsame Zeit eines Mittagsschlafes zu genießen. Bis zur letzten Minute sind wir für uns da gewesen und haben uns geliebt, bis zu seinen letzten Atemzügen.

> *Lebe jeden Tag, als wäre er ein zusätzlich gewonnener Tag!*

„Ich wünsche euch viele Erkenntnisse mit all diesen Übungen. Lebt jeden Tag eure ‚Löffel-Liste' und ‚den gewonnenen Tag', denn sie sind der Indikator für ein von Herzen kommendes und erfülltes Leben. Und sollte irgendwann der Tag X kommen, dann habt ihr das Leben so gelebt, wie ihr es euch immer erträumt und vorgestellt habt. Lebt jeden Moment ganz bewusst und erfreut euch an allen Kleinigkeiten, die das Leben versüßen.

Ihr habt die nächsten drei Tage frei. Nutzt diese Tage, um all das zu verdauen, was ihr in den vergangenen drei Wochen für euch erarbeitet habt, und um eure eigenen Erkenntnisse zu verinnerlichen. Vielleicht habt ihr auch noch etwas Zeit, den einen oder anderen Ausflug zu machen, bevor es wieder an die Heimreise geht. Geniesst die Tage und wenn ihr Fragen habt, könnt ihr mich jederzeit anrufen, meine Nummer habt ihr ja. Ich wünsche euch eine schöne, besinnliche und erfreuliche Zeit. Wir sehen uns in drei Tagen zum achten Schritt auf eurer Reise!"

Nicole:

Die Frage nach meinem Lebenssinn hat mich sehr beschäftigt. Doch wie du schon sagtest, Frank, hat mir die Übung „Was ist dir wirklich, wirklich, wirklich wichtig in deinem Leben?" schon sehr geholfen, einige vorläufige Antworten auf diese Frage zu finden. Ich will die Frage nach meinem Lebenssinn nicht final beantworten, da ich glaube, dass sich im Laufe meines Lebens die Antwort auf diese Frage noch verändern kann und wird.

Den größten Einfluss auf mein weiteres Leben haben allerdings die Übungen ‚Löffel-Liste' und ‚Der gewonnene Tag' bei mir hinterlassen. Ich hatte bis dahin noch nie von einer Löffel-Liste gehört. Sich Gedanken zu machen, was man noch alles in seinem Leben unternehmen möchte, hilft mir, mehr zu visualisieren und zu träumen, was alles möglich ist. Und der gewonnene Tag unterstützt mich dabei, auch wirklich ins Tun zu kommen und all meine Träume umzusetzen. Diese Kombination rundet für mich das Bild ab.

Klaus:

Ich konnte sehr gut in die Übung mit den Flow-Erlebnissen eintauchen. Diesen Moment, völlig zeitvergessen in einer Tätigkeit aufzugehen, habe ich sehr oft bei meinem Sport erlebt. Aber auch bei meinem Hobby aus den Kinder- und Jugendtagen, z. B. dem Bau einer Modelleisenbahn. Damals habe ich viele Stunden an der Bahn gearbeitet und bin erst durch das Rufen meiner Mutter zum Abendessen aus dem Flow-Zustand gerissen worden. Dass diese Flow-Erlebnisse zu meiner Lebenszufriedenheit beitragen, kann ich nur bestätigen, denn in diesen Momenten bin ich meinen Leidenschaften gefolgt. Sie gingen mir leicht von der Hand, und ich bin dabei sehr erfolgreich.

Besonders beeindruckt hat mich die Hängematten-Methode und die Löffel-Liste. Du weißt, Frank, ich liebe Übungen, um ins Tun zu kommen. Diese Übungen helfen mir, mich auf das zu konzentrieren, was mir wirklich wichtig ist im Leben. Indem ich darüber reflektiere, wie ich mein Leben gelebt haben möchte, fällt es mir im Heute leichter, die richtigen Entscheidungen zu treffen. In der Vergangenheit war alles, was ich gemacht habe, super wichtig, doch weniger als 10 % waren Dinge, die ich wirklich gerne für mich in meinem Leben haben möchte. Das werde ich jetzt ändern.

Mir meine Werte und deren Wichtigkeit in meinem Leben bewusst zu machen und mit jemandem darüber zu sprechen, fand ich eine super Erfahrung. Vor dieser Übung hätte ich meine Werte gar nicht benennen können. Als ich die Werte vor mir auf dem Tisch liegen sah und sie nach ihrer

Wichtigkeit sortiert habe, fiel mir auf, dass ich sie zu einer Pyramide ausgelegt hatte. Und an der Spitze der Pyramide lag die Karte Lebensgenuss. Ja, da möchte ich hin. Das ist ein Wert, der bei mir in den letzten Jahren viel zu kurz kam.

FAZIT FÜR DEN 7. SCHRITT:

Lebe ein sinnhaftes Leben nach deinen Werten und Leidenschaften

Der 8. Schritt

LEBE POSITIVE BEZIEHUNGEN UND FINDE DEIN INNERES GLEICHGEWICHT

Zufriedenheit mit deiner Lebensbalance

„Wie waren eure freien Tage? Habt ihr was Schönes unternommen?", frage ich Nicole und Klaus, als wir uns wiedersehen. „Wir haben den freien Sonntag ganz individuell gestaltet und uns jeder auf seine Weise über seinen gewonnenen Tag Gedanken gemacht, wie wir ihn verbringen würden. Außerdem habe ich Sport getrieben, was mir geholfen hat, den Kopf freizubekommen, und mich dabei unterstützt hat, kreative Ideen zu entwickeln für mein weiteres Leben nach diesem Camp-Aufenthalt", antwortet Klaus als Erster.

„Ich habe am Sonntag die letzten drei Wochen erst einmal sacken lassen. Bin mein Journal nochmals durchgegangen und habe über Möglichkeiten nachgedacht, wie ich meinen gewonnenen Tag verbringen würde", ergänzt Nicole. „Abends haben wir uns zu einem gemeinsamen Essen getroffen und Pläne für die nächsten zwei freien Tage geschmiedet", fügt sie noch hinzu. „Da wir nun schon mal in diesem wunderschönen Land sind, haben wir uns überlegt, für die nächsten zwei Tage Touristen zu spielen.

Also fuhren wir am Montagmorgen in aller Frühe nach Anaheim ins Disneyland und fühlten uns einen Tag in unsere Kindertage zurückversetzt. Am Dienstag fuhren wir in den Norden von Los Angeles und besuchten die Universal Studios. Was für eine Show, einfach super unterhaltsam und auch sehr spannende Attraktionen! Mit einer Tour hinter die Filmkulissen beendeten wir diesen erlebnisreichen Tag und fuhren zurück hierher ins Camp. Da du am Mittwochmorgen noch Termine hattest, konnten wir lange schlafen und begannen unseren Tag mit einem ‚Spätaufsteher-Frühstück'."

Ich freue mich sehr, dass beide so viel Schönes erlebt hatten und Glück ausstrahlen. „Prima, ich bin gespannt, mehr zu hören! Wir treffen uns um 14:30 Uhr im Besprechungsraum. Bringt bitte eure Unterlagen und Aufzeichnungen mit", bitte ich sie und gehe in mein Büro.

„Und, wie würdet ihr euren gewonnenen Tag verbringen?", will ich von Nicole und Klaus wissen, als wir am Nachmittag im Besprechungsraum zusammensitzen.

Der gewonnene Tag von Nicole:

Ich habe lange darüber nachgedacht und mir ausgemalt, welche Sehenswürdigkeiten oder Besonderheiten ich mir ansehen könnte, ähnlich wie in dem Brief von Helga. Aber dann bin ich zum Schluss gekommen, dass ich diesen Tag einsetzen würde, um wertvolle Zeit mit mir und mit einer Person zu verbringen, die mir zu dem Zeitpunkt sehr nahesteht. In meiner jetzigen Situation würde ich morgens etwas für mich tun. Gemütlich Kaffee trinken auf meinem Balkon und den schönen Ausblick genießen. Ein gutes Buch lesen und eine Qigong-Einheit in freier Natur durchführen. Ab Mittag würde ich mich mit meiner besten Freundin verabreden und gemeinsam etwas unternehmen. Und am Abend die Übung zum Genießen mit ihr machen und in gemeinsamen Erinnerungen schwelgen.

Der gewonnene Tag von Klaus:

Mir ging es ähnlich. Ich machte mir Gedanken, wie ich meine Jobposition ändern kann oder ob ich einen neuen Job annehmen sollte. Ob ich extra vorarbeite, um diesen freien Tag zu bekommen, damit ich mehr Zeit für mich und meine Familie habe. Doch nach langem Hin- und Herüberlegen kam die richtige Idee einfach in meinen Kopf. Ich werde mir einen Tag Urlaub nehmen, fertig. Den einen Teil des Tages würde ich für ein paar Stunden zusammen mit meinen Freunden Sport treiben und den Rest des Tages verbringe ich ganz bewusst Zeit mit meiner Familie. In dieser Zeit möchte ich die Worte, das Lachen und die Handlungen meiner Frau und meiner Kinder ganz bewusst wahrnehmen und genießen. Und nicht, wie so oft, nur oberflächlich zuhören, da mein Kopf schon wieder an einem anderen Ort ist.

❓ Wie hat dein gewonnener Tag ausgesehen, lieber Leser?

_____

_____

_____

_____

> *Du bekommst einen gewonnenen Tag geschenkt! Nutze ihn weise und sei dir bewusst, was für ein großes Geschenk die Zeit ist!*

„Nicole und Klaus, heute beginnen die letzten drei Tage eures Trainings. Am heutigen Tag werden wir uns mit positiven Beziehungen beschäftigen und morgen an eurem inneren Gleichgewicht arbeiten. Damit schließt sich dann der Kreis und wir haben die vier Lebensquellen von allen Seiten beleuchtet. Am Freitag habe ich den ganzen Tag für euch geblockt und ihr könnt noch Einzelcoachings mit mir buchen, um den letzten Feinschliff zu bekommen. Nein, im Ernst, bei den Coachings geht es hauptsächlich darum, noch offene Fragen zu besprechen und die letzten Zweifel aus dem Weg zu räumen. Ziel ist, dass ihr das Gelernte in eurer gewohnten Umgebung daheim und im Alltag gut umsetzen und anwenden könnt." Nicole und Klaus verstehen und nicken.

„Alle Menschen brauchen und wünschen sich positive Beziehungen. Der Mensch ist kein Einzelgänger, sondern er braucht Verbündete, auch wenn das manchmal nicht so aussieht. Das Zitat: ‚Geteiltes Leid ist halbes Leid, und geteilte Freude ist doppelte Freude' (Christoph August Tiedge) ist so wichtig für ein erfülltes Leben. Jeder, der schon mal einen Lebenspartner oder nahen Verwandten verloren hat, kann diese Aussage sehr gut nachvollziehen. Wenn ich niemanden habe, dem ich ein erfreuliches Erlebnis erzählen kann, fühle ich mich leer. Und umgekehrt ist es sehr wertvoll, eine Schulter zu haben, an die wir in einer schwierigen Situation den Kopf anlehnen können.

Doch nicht alle eure Beziehungen sind positiv. Manchmal trefft ihr auf Energieräuber, die eure positive Energie anzapfen wollen. Ihr kennt dieses Gefühl bestimmt, wenn ihr mit einem chronischen Nörgler in einer Unterhaltung seid, dann dauert es nicht lange und ihr möchtet aus dieser Unterhaltung ausbrechen. Habt ihr es endlich geschafft, dieses Gespräch freundlich zu beenden, dann horcht mal in euch hinein und ihr stellt fest, dass dieses Gespräch sehr anstrengend war. Versucht, euch mit Menschen zu umgeben, die eine zufriedene und ausgeglichene Art an sich haben, die guttun und die eure positiven Schwingungen ergänzen."

*Geteiltes Leid
ist halbes Leid, und
geteilte Freude
ist doppelte Freude!*

(Christoph August Tiedge)

„Ich werde in Seminaren von den Teilnehmern oft gefragt, wie ich mit Menschen, die mir nicht guttun, umgehen kann, besonders wenn es Kollegen oder Familienmitglieder sind. Dafür habe ich euch drei Anregungen mitgebracht, wie ihr mit Menschen umgehen könnt, wenn diese euch einengen oder eure Energie rauben wollen. Natürlich ist das manchmal gar nicht so einfach, besonders wenn diese Menschen Arbeitskollegen oder Familienmitglieder sind.

Aber mit diesen Anregungen könnt ihr euch und euer Gefühlsleben vor solchen ‚Energie-Räubern' schützen. Natürlich ist das kein ‚Quick-fix', keine Lösung auf die Schnelle, doch mit ein wenig Übung könnt ihr für euch ein Ritual antrainieren, das euch schützen wird. Schaut die drei folgenden Beispiele bzw. Reaktionsmöglichkeiten an und sucht das aus, was für euch stimmig ist und mit dem ihr in Resonanz gehen könnt. Viel Spaß dabei!"

Ich verwende den Grundgedanken von Marci Shimoff in etwas abgeänderter Form. In ihrem Buch

„Glücklich sein ohne Grund, In 7 Schritten das Glück entdecken, das längst in Ihnen steckt" findet ihr das innere Navigationssystem auf den Seiten 354-356.

Was könnt ihr gegen Energie-Räuber tun?
Bremst die Energie-Räuber aus!

1. Blas nicht in das gleiche Horn
   Verhaltet euch genau gegenteilig wie euer Gegenüber. Ist er wütend oder aggressiv, seid ihr ruhig und ausgeglichen, ohne dabei zu provozieren, einfach aus der inneren Haltung heraus. Bewahrt euch diese Stärke, dann könnt ihr das Eis zum Schmelzen bringen und ihr bleibt positiv. Trainiert eure innere Zufriedenheit, damit ihr eure Emotionen in aufgeladenen Situationen ruhig und positiv halten könnt.

2. Zaubert euch eine unsichtbare Wand
   Zieht eine unsichtbare Grenze zwischen euch und eurem Gegenüber. Stellt euch vor, ihr seid ein Zauberer und könntet eine Mauer oder eine Hecke vor euch entstehen lassen, die ihr dann bei unliebsamen Gesprächen hochfahrt. Besonders bei Gesprächen, denen ihr euch nicht entziehen könnt. Es hilft, das Gegenüber auf Distanz zu halten, jedenfalls in eurem Kopf. Dadurch könnt ihr im Gespräch besser entspannen und ruhiger reagieren.

3. **Jeder hat seine Insel**
Auch wenn ihr meint, ihr wisst es besser, oder ihr wollt dem anderen nur helfen, lasst es sein. Jedenfalls solange er nicht danach fragt. Ihr bleibt auf eurer Insel und er auf seiner. Setzt lieber die Dinge selber um und verändert euer Leben, aber nicht das des anderen. Im beruflichen Kontext kann es sein, dass ihr euch ins Boot setzen müsst und euch in der Mitte des Meeres trefft, um Dinge zu besprechen, aber anschließend geht jeder wieder auf seine Insel.

Genug von den möglichen negativen Kontakten, denn ihr möchtet euch doch mit vielen positiven Menschen umgeben, um daraus auch wieder Kraft für euch selbst zu schöpfen. Der sehnlichste Wunsch vieler Menschen ist es, sich mit anderen Menschen zu umgeben, die das Glas eher halb voll sehen als halb leer. Mit Menschen, die einfach gerne lächeln und die ihren Mitmenschen das Beste wünschen.

Ich habe die Erfahrung gemacht, dass, wenn ich mit einem Lächeln, freundlich und respektvoll auf meine Mitmenschen zugehe, diese mir meine Freundlichkeit wieder zurückspiegeln. Probiert es doch einfach selbst mal aus. Geht durch die Fußgängerzone und lächelt den entgegenkommenden Menschen mit einem von innen kommenden Lächeln an. Ich bin sicher, dass dieses Lächeln gespiegelt wird, wenn die andere Person es bewusst wahrgenommen hat.

Lächle in die Welt, und die Welt lächelt zurück!

(Chinesische Weisheit)

Fast alle Menschen freuen sich über Anerkennung, Bestätigung und Wertschätzung. Durch Anerkennung können Menschen über sich hinauswachsen. Könnt ihr euch erinnern, wann ihr das letzte Mal ein ehrliches Kompliment bekommen habt oder euch jemand bei der Arbeit gelobt hat? Viele Teilnehmer meiner Workshops sagen, dass es zum Teil schon eine Weile her ist, dass ihre gute Arbeit gewürdigt wurde. Wenn wir gelobt werden, stärkt und motiviert uns das. Aber auch einfach mal ein Kompliment, das wir einem Arbeitskollegen, Freund oder Bekannten schenken, kann wahre Wunder bewirken. Nicole und Klaus, ich wünsche mir für euch, dass euch alle Personen, mit denen ihr zu tun habt, wertschätzen und auch umgekehrt.

Was ich euch gerade erzählt habe, sind auch die Grundlagen von John Gottman, der viel Forschung im Bereich der Paartherapie unternommen hat. Seine Ansätze können aber auch für das harmonische Zusammenleben miteinander genommen werden. John Gottman hat festgestellt, dass Paare, die in persönlichen Gesprächen mehr positive als negative Aussagen treffen, eine deutlich stabilere Beziehung über viele Jahre lebten. Wenn das Verhältnis 5:1 ist, das heißt fünf positive Interaktionen kommen auf eine negative Interaktion. Bei den Paaren, bei denen das Verhältnis stark unter dieses Verhältnis kippte, kam es häufiger zu Scheidungen.

(Daniela Blickhan (2015); Positive Psychologie: Ein Handbuch für die Praxis; Seiten 261-265; Original John Gottman & Siver (2014))

Was könnt ihr aus dieser Forschung für euren Alltag mitnehmen? Ich bin der Meinung, ihr solltet in jedem geführten Gespräch deutlich mehr positive Aussagen einsetzen als negative. Das würde zu einer viel harmonischeren Unterhaltung beitragen. Ihr würdet auch bessere Resultate erzielen, wenn ihr etwas von der anderen Person möchtet.

Generell hilft euch eine beziehungsfördernde Kommunikation dabei, mit mehr positiven Menschen in Kontakt zu kommen und diese Kontakte auch intensiver zu pflegen. Denn Menschen werden sich dann sehr gern mit euch unterhalten. Außerdem wird sich das schnell herumsprechen, dass man sich mit euch super unterhalten kann.

Besonders du, Nicole, solltest dir ein neues Netzwerk mit guten Freunden aufbauen, die dich unterstützen und die es gut mit dir meinen. Nimm dein Adressbuch und durchstöbere es nach echten Freunden. Rufe sie an, frage, wie es ihnen geht, und triff dich mit ihnen. Du wirst sehen, da sind viele, die dir wohl gesonnen sind, obwohl ihr lange nichts voneinander gehört habt. Oft ist der Angerufene überrascht, nach so langer Zeit von dir zu hören. Aber die richtigen Freunde sind glücklich, dass der Ball wieder im Spiel ist und du den Kontakt wieder aufgenommen hast.

(?) Welche richtig guten Freunde hast du schon lange nicht mehr angerufen, lieber Leser?

_____

_____

_____

Wählt eine positive Kommunikation, wenn ihr mit Partnern, Verwandten, Freunden, Kollegen, Geschäftsbeziehungen oder dem Nachbarn auf der Straße redet. Wir alle möchten, dass unser Gegenüber aufmerksam zuhört, in dem Gespräch ganz bei uns ist und uns ausreden lässt, ohne ins Wort zu fallen. Man sollte glauben, dass diese Spielregeln völlig normal sind und von jedem eingehalten werden, doch weit gefehlt. Manchmal habe ich das Gefühl, es ist ein wahrer Dschungel da draußen und nur der Stärkste überlebt. So aggressiv reden die Menschen oft miteinander.

Ich habe euch einige Punkte zur gelasseneren Kommunikation von Patrick Lynen aus seinem Buch „How to get Gelassenheit" mitgebracht. Er nennt sie seine Tipps für eine gelassenere Gesprächsführung. Ich bin sicher, dass ihr diese Punkte so oder etwas anders schon mal gehört habt und dass ihr das meiste von dieser Liste auch täglich einsetzt. Trotzdem hört euch täglich aufmerksam zu, was ihr redet, und solltet ihr in der folgenden Liste auch nur ein oder zwei Veränderungen für euren Kommunikationsstil finden, dann habt ihr schon gewonnen. Denn diese Tipps sind für einen „guten Ton" unumgänglich. Die Art und Weise, wie ihr mit anderen Menschen respektvoll kommuniziert, wird sich sehr schnell zum Positiven ändern.

Beziehungsfördernde Kommunikation

Tipps für gelassenere Gesprächsführung
(Text aus dem Buch- und Hörbuch-Bestseller „How to get Gelassenheit", © Patrick Lynen, 2014, Seiten 120-121)

„Es gibt Gespräche, die einem schon vor Beginn unangenehm sind. Oft fällt es schwer, der Unterhaltung die gewünschte Richtung zu geben. Wir reagieren statt zu agieren. Das Ziel gerät aus den Augen und das Ergebnis ist dann nicht selten ein konfliktbeladenes, zerfasertes Gespräch. Für solche Situationen reichen oft wenige, gezielte Impulse, um gelassener mit der Situation umgehen zu können. Auch wenn ihr unter großem Druck steht. Hier ein paar Tipps für ein gelasseneres Gesprächsverhalten, bei besonderen Entscheidungen oder bei kritischen Situationen:

1. Prüft vor dem Gespräch eure Einstellung zum Gesprächspartner. Ein zentrales Beziehungselement ist die „Emotionale Resonanz", also die Fähigkeit, sich auf die Stimmung und Bedürfnisse von anderen einzuschwingen.
2. Bereitet das Gespräch, wenn möglich, gedanklich vor.
3. Fahrt eure Antennen aus, haltet Blickkontakt. Achtsamkeit bildet die Basis für gelassene Kommunikation.
4. Sorgt für einen angenehmen Gesprächsrahmen.
5. Sprecht euer Gegenüber mit Namen an.
6. Erkennt den Energielevel eures Gegenübers.
7. Achtet auf nonverbale Signale. Wie geht es ihm/ihr?
8. Wenn euer Gesprächspartner beispielsweise einen bedrückten Eindruck macht, könnt ihr eure Wahrnehmung auch in Worte fassen. „Ich sehe, dass dich offenbar etwas bedrückt." Das kann ein verbindendes und sehr empathisches Element eines Gesprächs sein.
9. Macht eure eigenen Bedürfnisse transparent und verständlich.
10. Hört zu. Lasst euer Gegenüber ausreden.
11. Stellt Fragen, denn bekanntlich gilt: Wer fragt, der führt.
12. Formuliert bildhaft und angemessen emotional.
13. Wiederholt wichtige und zentrale Botschaften. Gebt das, was ihr verstanden habt, gelegentlich in eigenen Worten wieder, damit werden Missverständnisse unwahrscheinlicher.

14. Vermeidet Verallgemeinerungen und Killerphrasen wie („Das geht so nicht!").
15. Schafft ausreichend Raum für Humor.
16. Sprecht über Ideen und Möglichkeiten. Ein zielführendes Gespräch kann Verbesserungspotenziale aufzeigen.
17. Vermeidet Richtig- und Falschdiskussionen und vermeidet, die Botschaften eures Gesprächspartners gleich zu bewerten.
18. Fasst das Ergebnis des Gesprächs gegen Ende noch mal kurz zusammen.
19. Vereinbart möglichst klare Ziele (Was? Wer? Wann? Wo?).
20. Sagt aufrichtig Danke, wenn das Gespräch gut verlaufen ist."

Mehr Informationen zur Arbeit von Patrick Lynen:
- ▶ www.locker-leben.de
- ▶ www.lynen.com
- ▶ www.mach-dich-mal-locker.com

Bau dir ein Netzwerk aus richtig guten Freunden auf, denn in schwierigen Lebenssituationen wirst du gute Freunde brauchen!

„John Gottman benutzt eine Metapher, um gute Beziehungen zu erklären. Er nennt es ‚Das Haus der guten Beziehungen'," erkläre ich den beiden. „In diesem Haus hat er alles untergebracht, was eine gelingende Beziehung benötigt, um erfolgreich lange zusammen leben zu können."

(Daniela Blickhan (2015); Positive Psychologie: Ein Handbuch für die Praxis; Seiten 263-265; Original von John Gottman (2008))

„Als Erstes solltet ihr die Welt des eigenen Partners verstehen- und kennenlernen. Das bedeutet, dass nicht nur in der anfänglichen Verliebtheit ein aktives Interesse an dem Partner besteht, sondern auch in der Vertrautheit von längeren Beziehungen, sich immer wieder neu kennenzulernen.

Außerdem sollten wir freundlich und mit wertschätzender Anerkennung Lebenssituationen im Leben miteinander teilen. Dabei ist es unterstützend, wenn ihr die Gedanken und Gefühle des anderen bewusst wahrnehmt. Dieses aktive Zuwenden in einem Gespräch wird in der heutigen Schnelllebigkeit viel zu oft vernachlässigt.

Geht bitte mit einer positiven Einstellung auf die Menschen zu, dann lassen sich auch Konflikte schneller lösen. Und zu guter Letzt, lasst gemeinsame Lebensträume wahr werden und findet einen gemeinsamen Sinn in dem, was ihr macht. Egal ob privat oder bei der Arbeit. Diese Punkte helfen euch dabei, Beziehungen, die ihr im Leben aufgebaut habt, aufblühen zu lassen.

Nicole und Klaus, ich wünsche mir, dass diese Anregungen euch dabei unterstützen, positive Beziehungen zu pflegen, zu halten und auszubauen. Manchmal sind wir so mit uns selbst beschäftigt, dass unser Gegenüber und sein gesprochenes Wort in den Hintergrund gerät. Doch er wird dies merken und nächstes Mal versuchen, eine Konversation mit uns zu vermeiden. Den bekannten ‚ersten Eindruck' könnt ihr durch ein solch positives Verhalten zu euren Gunsten beeinflussen. Außerdem möchten wir anderen gegenüber eher ein Energielieferant sein und kein Energie-Räuber, oder?", erkläre ich den beiden. Sie nicken.

„Heute haben wir viel über den respektvollen Umgang mit Menschen und die dadurch möglichen positiven Beziehungen gesprochen. Genießt jetzt für den Rest des Tages die Gesellschaft der anderen hier im Camp. Sucht Unterhaltungen, findet Gemeinsamkeiten und arbeitet an euren sozialen Fähigkeiten.

Das meiste könnt ihr lernen, wenn ihr zuhört. Seid aufmerksame Zuhörer in Gesprächen und beobachtet die Reaktion der Gesprächsteilnehmer auf bestimmte Worte, Anspielungen oder sogar bei leichten Verletzungen. Ich freue mich auf morgen, denn dann werden wir uns eure Lebensbalance noch genauer anschauen. Einen schönen Abend euch!"

Um 8:30 Uhr sitzen wir alle am nächsten Morgen wieder beim Frühstück. Der Geruch von frischen Pancakes und Ahornsirup liegt in der Luft. Es gibt leise Gespräche und Menschen, die einfach nur gute Laune haben und viel lachen. Nicole und Klaus sitzen heute am Tisch der Trainer für unsere Leistungssportler und lauschen den spannenden Geschichten, die Sportler im

Laufe ihrer Karrieren so erleben. Nur diesmal aus erster Hand und nicht aus dem Fernsehen.

„Wir treffen uns um 10:00 Uhr am Kletterturm", rufe ich ihnen zu und gehe in mein Büro. Pünktlich treffen die beiden dort ein und ich erkläre, was heute auf dem Plan steht: „Zuerst werdet ihr unter Anleitung den Turm erklimmen, um dann auf dem Aussichtsplateau auszuruhen und Zeit für ein paar Übungen zu haben. Diese Übungen werden euch dabei unterstützen, die eigene Balance zu stärken, euer inneres Gleichgewicht. Es wird euch dabei helfen, ein gesundes, erfolgreiches und zufriedenes Leben zu führen, wie bei den vier Lebensquellen, wenn sie alle aufgefüllt und in Balance sind", erläutere ich den beiden.

Gesagt, getan. Olaf, der Klettertrainer, hilft uns, die Klettergurte anzulegen, und gibt uns die nötigen Verhaltensregeln für ein solches Vorhaben mit auf den Weg. Nicole und Klaus sind vorher noch nie auf einen Kletterturm gestiegen und schauen etwas skeptisch an der 15 Meter hohen Wand nach oben. „Ein ziemlich langer Weg", sagt Nicole leise vor sich hin. Klaus ermutigt sie: „In diesen Wochen haben wir schon so einiges Neues an uns und für uns entdeckt, also werden wir das auch noch schaffen", und er fügt hinzu: „Frank, du kannst uns das mit der Wand ja mal vorführen, oder?" Also gehe ich voraus und werde dabei von Olaf gesichert. Da es für die zwei das erste Mal ist, hat Olaf eine leichtere Route zum Klettern ausgesucht. „Welchen Weg gehe ich?", fragt Nicole. „Der Weg, der dir am besten gefällt, ist der richtige", antwortet Olaf,

„wenn du dich an den roten Griffen orientierst, wirst du es leichter haben."

> *Nur wer seinen eigenen Weg geht, geht den richtigen und erreicht seine Ziele!*

Jetzt sind die beiden an der Reihe und ich kann spüren, wie aufgeregt sie sind. Besonders Nicole braucht noch etwas mehr Sicherheit. Als sie auf halbem Weg nach oben ist, lässt sie sich nochmals von Olaf bestätigen, ob er sie auch wirklich gesichert hat. Klaus geht als zweiter und ist ziemlich entkräftet, als er oben auf dem Plateau ankommt. Er hat wie viele Männer versucht, den Turm fast nur mit seinen Armen zu erklimmen. Das ist sehr anstrengend. Olaf erklärt ihm, dass er beim nächsten Mal versuchen solle, mehr aus den Beinen zu klettern, denn die haben eindeutig mehr Muskeln zur Verfügung. Klaus muss grinsen und sagt zu Olaf: „Diesen Tipp hättest du mir ja auch vorher geben können."

Oben angekommen, lassen wir die Klettergurte und Seile wieder am Turm hinunter und kommen so langsam zur Ruhe. Jetzt stehen wir auf dem 24 Quadratmeter großen Plateau, genießen die Aussicht über das gesamte Camp, das Erwin-Lake-Tal und nehmen anschließend auf den Lounge-Stühlen Platz.

Wir beginnen den Übungsblock mit einer kurzen Atemmeditation und kommen dann zu den heutigen Inhalten. „Heute geht es um euch!", beginne ich. „Ja, ich weiß, wie an den anderen Tagen auch, aber heute versucht ihr tief in euch eure innere Balance zu finden." Die beiden sehen mich erwartungsvoll an.

„Als Einstimmung startet ihr mit einer Seelenreise, bei der ihr zu eurem inneren Kern geführt werdet. Es ist wie bei Entspannungs- und Achtsamkeitsübungen, nur dass jetzt Bilder vor eurem inneren Auge erscheinen können. Diese laden euch ein, in eure Seele zu schauen und die tiefe Wahrheit über euch zu erfahren. Bitte stellt euch eine Frage, auf die ihr schon immer eine Antwort haben wolltet, und lasst euch vertrauensvoll fallen. Ich bin bei euch."

Ich starte den CD-Spieler, und eine beruhigende Musik sowie eine gleichmäßige Stimme entführt sie langsam in einen Trancezustand und zu sich selbst. Durch die tägliche Meditationspraxis sind die beiden schnell in einem entspannten Zustand und lassen sich in die Meditation fallen.

„...Noch drei tiefe Atemzüge und ihr kommt langsam im Hier und Jetzt an. Fangt an, die Füße zu bewegen, dann die Hände, und wenn ihr ganz da seid, könnt ihr jederzeit eure Augen öffnen. Bitte stellt euch hin und führt ein paar Dehnungsübungen durch, um den Kreislauf wieder etwas anzuregen. Sehr schön, das waren jetzt 25 Minuten tiefste Entspannung und eine Reise zu euch selbst. Wie ist es euch dabei gegangen? Habt ihr entspannen können? Und habt ihr eure Seele, den inneren Kern, anzapfen können und so einige gute Antworten auf eure Fragen bekommen?", will ich von den beiden wissen.

„Nun, für mich war das eine ganz neue Erfahrung", sagt Klaus. „Ich habe den gesprochenen Worten gut folgen können. Bei bestimmten Bildern sind mir allerdings wieder meine Alltagsgedanken durch den Kopf geschossen und ich war draußen. Aber im Großen und Ganzen war diese Seelenreise sehr entspannend und beruhigend. Und ich habe auch ein Bild für meine Intuition gefunden. Es ist ein nie versiegender Brunnen", ergänzt er. Nicole macht ein leicht zerknirschtes Gesicht. „Es tut mir sehr leid, aber ich bin nach drei, vier Minuten tief und fest eingeschlafen. Die Stimme war so beruhigend, dass ich sie erst wieder gehört habe, als die Meditation zu Ende war", gesteht sie.

„Gut, dass ihr so in diese Reise eintauchen konntet und du, Klaus, für dich gespürt hast, dass eine innere Wahrheit in dir ruht, die du jederzeit aktivieren kannst. Und auch du, Nicole, wirst unbewusst sicher wichtige Dinge aus der Meditation mitgenommen haben, die sich zur richtigen Zeit zeigen werden. Die nächsten Übungen sind Reflexionsübungen, bei denen ihr Fragen zu euch beantwortet. Das sind Fragen, die sich auch wieder an euren innersten Kern wenden und die Geduld und Zeit für die Antworten abverlangen. Ihr sucht nach den Antworten, die für euch stimmig sind. Beginnen wir mit der ersten Frage: Wie kann ich ganz bei mir sein, im gegenwärtigen Moment?

Die nachfolgenden vier Fragen habe ich in Anlehnung an das ‚Coaching Happiness Training' (2011) mit Robert Holden in London gemacht und mit meinen eigenen Worten versehen.

Diese Übung macht ihr wieder zu zweit. Ihr sitzt gegenüber, sodass sich die Knie berühren, aber nur fast, und diesmal fängt die Person mit der dunkleren Kleidung an", erkläre ich den beiden. Sie müssen beide wieder lachen, wie beim ersten Mal, als wir den gleichen Übungsaufbau hatten. „Klaus, das bist wohl du. Du wirst Nicole den Beginn eines Satzes wie ein Mantra vorlesen und Nicole wird antworten. Du schreibst diese Antwort auf, bedankst dich bei ihr für die Antwort und dann wechselt das Ganze. Nicole liest den Satz vor, und so weiter. Der Satz lautet:

Ich bin ganz bei mir, im Hier und Jetzt, indem ich ...

Lieber Leser, diese Übung kannst du auch sehr gut alleine durchführen.

_____

_____

_____

_____

„Hat jeder von euch eine Highlight-Aussage, die er mit mir teilen möchte?", frage ich die beiden nach ein paar Minuten. „Ja, ich", sagt Nicole. „Ich bin mehr bei mir im JETZT anwesend, indem ich mich auf meine Atmung konzentriere und diesen Moment im Hier und Jetzt ganz bewusst wahrnehme." „Sehr schön. Und du, Klaus, wie war es bei dir?", will ich noch wissen. „Damit ich mehr bei mir bin, in diesem Moment bin, brauche ich einen leeren Kopf. Das bedeutet für mich, dass ich eine kleine Meditationspause einlege, um meinen Gedanken im Kopf die Chance zu geben, sich zu beruhigen und sie ziehen lassen zu können. Ich merke, wie ich ruhiger werde, und dann fällt es mir leichter, in diesem Augenblick anzukommen", sagt Klaus.

> *Damit du dein Leben bewusst wahrnehmen kannst, sei öfter mal bei dir und in diesem Augenblick, im Hier und Jetzt!*

„Bei allen euren Bemühungen sollte euer primäres Ziel sein, einen guten inneren Zustand zu erlangen. Das hört sich zunächst wieder ganz einfach an, doch was ist ein guter innerer Zustand? Stellt euch jetzt bitte mal ein Ereignis vor, bei dem ihr eure beste Leistung abgerufen habt. Könnt ihr euch noch daran erinnern, welche Gefühle und Empfindungen ihr in diesem Augenblick hattet?

Das sind genau die Gefühle, die ihr haben möchtet, wenn es darum geht, einen guten inneren Zustand zu erlangen. Trainiert diese Übung so oft wie möglich, damit ihr diese Gefühle immer wieder abrufen und festigen könnt. Aus einem guten inneren Zustand heraus ist es viel leichter, die eigene Intuition, das Bauchgefühl, zu verstehen und anzuzapfen. Das ist besonders nützlich, damit ihr bei wichtigen Entscheidungen die Lösung findet, die ihr aus eurem tiefsten Inneren wirklich wollt.

Oft sind es deine Glaubenssätze und alte Muster, die dich zurückhalten und dir nicht erlauben, in dein inneres Gleichgewicht zu kommen. Damit ihr beiden üben könnt, wie sich das anfühlt, wenn ihr aus eurem inneren guten Zustand und dem inneren Gleichgewicht antwortet, bitte ich euch jetzt, diese guten Gefühle und Empfindungen einmal ganz hochzufahren und dann über die folgende Frage nachzudenken: Wer bin ich ohne meine Vergangenheit?

Auch diese Frage kommt so einfach daher, doch ihr werdet merken, dass die Beantwortung etwas Zeit braucht. Stellt euch also vor, alles, was ihr bisher erlebt habt, alle Geschichten, alle Fehler, alle Ereignisse und vieles mehr, hat nicht stattgefunden. Und dann stellt ihr euch diese Frage nochmals: Wer bin ich ohne meine Vergangenheit? Passt gut auf eure Antworten auf, denn viel zu schnell sind wir wieder dabei zu beschreiben, wer wir aufgrund unserer Vergangenheit sind.

Der Beginn eines jeden Satzes lautet: Ohne meine Vergangenheit bin ich…

❓ Lieber Leser, vervollständige auch du jetzt diesen Satz.

_____

_____

_____

_____

_____

_____

Hinter der harten Schale deiner Lebenserfahrungen verbirgt sich dein reiner, weicher und goldener Kern! Das ist das wunderbare DU!

Die Übung hat es in sich, oder wie habt ihr sie empfunden?" „Ja, das war ganz schön schwierig, aber gleichzeitig auch sehr interessant, was da für Antworten kommen", sagt Nicole. „Ich habe gleich noch eine schöne Übung für euch. Wie wäre es denn, wenn ihr mal eine Liste erstellt, wer ihr in eurem Leben sein wollt?

Diese Übung hat eine gewisse Parallele zu der Hängematten-Methode, die ihr ja schon im siebten Schritt gemacht habt. Doch wie wäre es, einfach einmal nur SEIN zu dürfen? Ohne Reglementierungen, ohne Vorschriften, ohne zu Schauspielern und ohne den anderen Menschen gefallen zu wollen. Der Mensch, der ihr seid. In meinen Workshops kommt immer mal wieder die Antwort: ‚ICH BIN ICH' und meistens sind die Personen danach zu Tränen gerührt, vor lauter Begeisterung, einfach nur mal sie selbst sein zu dürfen, und das ist gut so!

Wer möchtest du sein und welchen Fußabdruck möchtest du in deinem Leben hinterlassen?

Lieber Leser, welchen Fußabdruck möchtest du in deinem Leben hinterlassen?

_____

_____

_____

_____

_____

Die letzte dieser Übungen ist eine Einladung, sich selbst wieder mehr Fürsorge und Aufmerksamkeit zu schenken. Sie hat den einfachen Namen: ‚Hallo, ich liebe mich!' Mit dieser Übung möchte ich nochmals eure positiven Emotionen anzapfen und euch die Möglichkeit geben, noch liebevoller mit euch und anderen umzugehen. Stellt euch einfach vor, ihr wäret ein Hundewelpe oder ein Baby und jetzt seid ihr genauso zärtlich zu euch selbst, wie ihr zu diesen wundervollen Lebewesen wäret, geht das?"

Ich lebe ein liebvolles Leben mit mir, indem ich…

❓ **Lieber Leser, wie kannst du noch liebevoller zu dir sein?**

_____

_____

_____

_____

_____

Ich bin so, wie ich bin, ich bin ganz ich und das ist gut so!

„Ich werde in Seminaren oft gefragt: ‚Wie kann ich denn spüren, ob ich mein inneres Gleichgewicht gefunden habe oder nicht?' Eine Möglichkeit, das herauszufinden, ist die Enge – Weite in unserem Körper, Verstand, Emotionen und Seele zu spüren. Wann zieht der Körper sich zusammen und wird eng und wann ist er weit und lässt uns frei atmen?

Mit den folgenden Tabellen könnt ihr schnell und unkompliziert herausfinden, wie ihr gerade unterwegs seid. Die Wissenschaft hat herausgefunden, dass der Mensch aus Energie besteht. Wenn sich die Energie in euch ausbreitet, also weit wird, spürt ihr ein Glücksgefühl. Wenn sie sich zusammenzieht, dann eher eine Enge und Beklommenheit. Ihr könnt das ein wenig mit dem Wetter vergleichen. Ist ein Gewitter, fühlen sich die meisten Menschen eher eng, und scheint die Sonne und es ist warm, empfinden die meisten Weite. Wie sieht es bei euch aus, habt ihr eher das Gefühl von Enge oder von Weite in euch?

In diesen Tabellen verwende ich den Grundgedanken von Marci Shimoff in etwas abgeänderter Form. Die Enge-Weite-Listen sind in ihrem Buch ‚Glücklich sein ohne Grund, In 7 Schritten das Glück entdecken, das längst in Ihnen steckt' auf folgenden Seiten zu finden: 67, 127, 175, 217 und 265 und noch einige mehr.

Hier sind einige Beispiele, mit denen ihr erkennen könnt, was ich damit meine:

Die allgemeine Enge-Weite-Tabelle

ENGE	WEITE
Müdigkeit	Aktivität
Unsicherheit	Selbstbewusstsein
Stress	Gelassenheit
Sorgen	Vertrauen
Krankheit	Gesundheit
Trauer	Freude
Schulden	finanzielle Freiheit
Tod/Verlust	Geburt
Unglücklich sein	Zufriedenheit
Abscheu	Zuneigung

Nicole und Klaus, wir haben ja schon über die vier Lebensquellen gesprochen und darüber, dass diese Quellen angefüllt, im oberen Bereich und möglichst im Gleichgewicht sein sollten. Deswegen habe ich Enge-Weite-Tabellen ausgesucht, die sich auf die vier Lebensquellen beziehen. Ihr könnt das auch für euch selber feststellen, wenn ihr ganz achtsam seid. Was fühlt sich gut an, wie ist es, wenn ihr zufrieden seid, dann spürt in euch rein und schaut, was alles weit wird. Genauso funktioniert das auch andersherum."

Der Körper

ENGE	WEITE
Druck auf dem Herz oder Flattern	gleichmäßiger, kräftiger Herzschlag

nervöse Zuckungen	innere Ruhe und Entspannung
Kopfschmerzen	Ausgeglichenheit
Atemnot	tiefe Bauchatmung
hektisches Essen	achtsames Essen
unruhiger Schlaf	Tiefschlaf

Der Verstand

ENGE	WEITE
negative Einstellung	positive Grundeinstellung
Gedankenkette	nur ein Gedanke
Orientierungslosigkeit	Ziele
das krankhafte EGO	das bedingungslose ICH
bewerten	wertfrei/Wahrnehmung
Angst	Glaube

Die Emotionen

ENGE	WEITE
Trauer	Freude
Schamgefühl	Offenheit
Furcht	Mut
Leid	Glück
Unruhe	Ausgeglichenheit
Hass	Liebe

Die Seele

ENGE	WEITE
Streit	Harmonie
Getrieben sein	Gelassenheit
Antriebslosigkeit	Motivation
Wut & Hass	innerer Frieden

Ziellosigkeit	Lebenssinn
Verzweiflung	Zuversicht

„Wie fühlt sich die Übung für euch an?", will ich von den beiden wissen. „Für mich ist das wie mein eigenes Navigationssystem, das mich, wenn ich achtsam bin, gut durchs Leben führen kann", erzählt Klaus völlig begeistert.

„Ich kann euch nur sagen, dass mir diese Tabellen in meinem Leben sehr geholfen haben. Nachdem die Ärzte mein Vorhofflimmern auf beiden Herz-Vorhöfen diagnostiziert haben, versuchte ich herauszufinden, wo das Problem herkam. Und diese Methode war der Schlüssel zum Erfolg. In dem Augenblick, wo ich merkte, dass ich eng werde, habe ich mein Verhalten, meine Handlungen oder meine Denkweise geändert, sodass ich wieder weit geworden bin." „Mir haben die Beispiele der Emotionen gezeigt, dass ich, wenn ich mich eng fühle, nicht in diesem Gefühl bleiben muss, sondern ich kann ein Gefühl der Weite stärken", sagt auch Nicole freudestrahlend.

„Super, mit den Erfahrungen, die ihr mit dieser Übung gesammelt habt, seid ihr auf der Zielgeraden in Richtung einer gesteigerten Lebenszufriedenheit. Heute am Donnerstagabend möchte ich euch bitten, dass ihr euch Gedanken macht, zu welchem Thema ihr noch eine Frage habt, oder bei welcher Lebensquelle ihr noch etwas braucht, um den Schalter wirklich ganz umlegen zu können. Genau dafür ist der morgige Tag gedacht. Der ganze Freitag steht euch, wie ich schon sagte, für Einzelcoachings zur Verfügung. Also nutzt den heutigen Nachmittag, durchstöbert euer Journal und schreibt alle Fragen auf, die euch noch beschäftigen, damit wir sie morgen klären können."

> *Spüre in dich hinein und dein Körper, der Verstand, die Emotionen und die Seele werden dir sagen, ob du dich eng oder WEIT fühlst! Und wenn du WEIT bist, bist du auch zufrieden!*

Am Abend sitzen die beiden noch lange mit den anderen Camp-Teilnehmern zusammen und tauschen ihre Erfahrungen aus. Es wird ein sehr langer Abend vor dem offenen Kamin und mit einem leckeren Wein. Die Gespräche werden immer lockerer und einige, darunter auch Nicole, treffen sich im ersten Stock zum Billard spielen. Klaus zieht es vor, sich noch mit den beiden Basketballspielern zu unterhalten und über ihren Sport zu fachsimpeln. Anschließend fallen beide todmüde ins Bett und grübeln noch ein wenig über mögliche Fragen für den darauffolgenden Tag nach.

Den gesamten Freitag verbringen wir in 60-90-minütigen Sitzungen, um die letzten kleinen Fragen aus dem Weg zu räumen. Klaus hat nur zwei kleinere Anliegen. Nicole will noch mit einem hartnäckigen Glaubenssatz aufräumen und benötigt zwei kleinere Sitzungen für Fragen, die sich daraus ergeben.

Alle diese Anliegen besprechen wir in Einzelcoachings und beide bestätigen mir, dass sich ihr Leben schon stark verändert hat, allein in den letzten vier Wochen. Klaus freut sich und sagt: „Du hast in deiner Broschüre nicht gelogen, die Zufriedenheit kann man wirklich wie einen Muskel trainieren. Sogar der Zeitraum des Wachstums fühlt sich gleich an. Man benötigt ein wenig Geduld, aber das ist es allemal wert, denn ich habe nur das eine Leben. Danke!"

Lieber Leser, ich habe dir mit diesem Buch einen Blumenstrauß an Übungen geliefert, jetzt suche dir die Blumen raus, die dich am weitesten bringen werden. Manche dieser Übungen treffen vielleicht nicht gleich für dich zu oder sprechen dich nicht sofort an. Aber bei einem zweiten Anlauf kann es oft schon ganz anders aussehen. Dass dieses Buch wie eine Geschichte geschrieben ist und zwei Personen dir als Beispiel dienen, macht es vielleicht einfacher, dich in bestimmte Situationen hineinzudenken. Wenn du feststellst, dass die eine oder andere Lebenssituation von Nicole und Klaus Ähnlichkeiten mit deinem Alltag hat, kannst du dort gleich ansetzen.

Ich wünsche mir, dass ich mit diesem Buch deine Entschlossenheit, etwas in deinem Leben zu verändern, unterstützt und bestärkt habe. Erwarte nicht, dass alles sofort funktioniert und du gleich den riesen

Erfolg verspürst. Gib dir Zeit, habe Geduld und gib niemals, niemals, niemals auf. Es ist wie beim Muskeltraining, du benötigst Zeit, den Muskel wachsen zu lassen. Arbeite nach dem Prinzip der Minimalkonstanz. Das besagt: Was auch immer du täglich mit minimalem zeitlichen Aufwand tust, hat langfristig große positive Auswirkungen auf dein Leben. Also lass dies dein Ansporn sein, jeden Tag etwas für dich und dein Leben zu tun. Arbeite täglich an der Persönlichkeit, die du sein möchtest. Ich wünsche dir von ganzem Herzen viel Spaß dabei, dein Frank.

Nicole:

In diesem Schritt sind mir die positiven Beziehungen und die drei Anregungen, wie ich mit Energie-Räubern umgehen kann, besonders ans Herz gewachsen. Beziehungstechnisch bin ich in meinem Leben viel zu oft von Energie-Räubern umgeben gewesen. Das hat mich sehr viel Kraft gekostet und ich war so eingespannt, dass es mir schwerfiel, die richtigen Entscheidungen zu treffen. In Zukunft werde ich mich bemühen, nur Menschen in mein Leben einzuladen, die es auch ehrlich und gut mit mir meinen. Ich werde in meinem Bekanntenkreis nach fröhlichen und positiv eingestellten Menschen Ausschau halten.

Und sollte es mir nicht möglich sein, alle Energie-Räuber aus meinem Leben zu verbannen, dann unterstützen mich die drei Anregungen. Gerade in der Berufswelt gibt es immer wieder mal Menschen, die einem das Leben nicht einfach machen. Dort werde ich es zuerst einsetzen. Ich habe mich zuerst für die unsichtbare Wand entschieden. Sollte das nichts nützen, werde ich meine Insel benutzen, mich mit meiner Kollegin nur für wichtige Gespräche auf dem Meer treffen, um dann schnell wieder auf meine Insel zurückzukehren.

Viele Gedanken habe ich mir über die Frage „Wer will ich sein und welchen Fußabdruck möchte ich in meinem Leben hinterlassen?" gemacht. Meine jetzige Antwort ist, ich möchte wieder mehr ICH sein. Mich nicht verstellen zu müssen, meinen Selbstwert aufzubauen und das zu machen, was mir guttut. Dabei möchte ich nur in mich hineinhören und nicht auf das Gerede der anderen hören. Die Idee, das mithilfe der Enge-Weite-Tabelle zu kontrollieren, hat mich begeistert. Ich werde meinen eigenen inneren Ratgeber fragen, ob meine Entscheidungen mir guttun oder nicht.

Klaus:

Auch wenn der gewonnene Tag in diesem Schritt noch mal eine kleine Wiederholung war, hat er doch einen bleibenden Eindruck bei mir hinterlassen. So eine kleine Übung mit einer so großen Wirkung. Was würde ich an einem gewonnenen Tag machen? JA, eigentlich genau das, was mir wirklich, wirklich, wirklich wichtig ist im Leben, und das ist Zeit mit meiner Familie und mit mir zu verbringen. Ich werde mir vorstellen, dass ich, rein hypothetisch, nur noch einen Tag zu leben habe, und mir dann die Frage stellen: „Bin ich bereit, das zu tun, was ich heute vorhabe zu tun? Wenn die Antwort für zu viele Tage hintereinander ‚nein' ist, dann weiß ich, ich muss etwas verändern!" (ein abgeändertes Zitat von Steve Jobs)

Im Umgang mit meinen Kollegen, Freunden oder Familie habe ich im gestressten Zustand nicht immer die richtige Wortwahl getroffen. Die Übung mit der beziehungsfördernden Kommunikation hat mir noch mal gezeigt, wie wichtig es ist, erst gut zuzuhören. Dann über den nächsten Satz nachzudenken, bevor ich ihn viel zu schnell herausplappere. Und mir die Wirkung eines jeden meiner ausgesprochenen Worte bewusst zu machen. Ich kann durch eine gezielte und auf den Punkt gebrachte Kommunikation viel erreichen. Gleichzeitig erfahre ich aber auch viel über mich selbst und über meinen Gemütszustand. Indem ich mir gut zuhöre, was ich von mir gebe.

Bei der Übung „Wer bin ich ohne meine Vergangenheit?" hat es eine Weile gedauert, bis ich es schaffte, mich ohne meine Vergangenheit zu sehen. Ständig identifizierte ich mich mit meinen beruflichen Errungenschaften oder knüpfte an die privaten Familiensituationen an. Dabei ist es mir schwergefallen, nur mich zu sehen. Doch nach und nach kam ich dahinter, wer ich wirklich bin. Und tief in meinem Kern fand ich eine sehr liebevolle Person, die so oft verletzt wurde, dass der heile Kern fast nicht mehr zu finden war. Doch mit Wissen, dass ich im Inneren ein wundervoller Mensch bin, wird mir vieles in meinem Leben leichter fallen.

Ich bin sehr bewegt und dankbar für die Feedbacks von Nicole und Klaus. „Ich danke euch beiden für die Offenheit und die schöne Zeit, die wir miteinander verbringen durften. Ich wünsche euch eine aussichtsreiche Zukunft. Denkt daran, dass ihr wundervolle Geschöpfe seid, und bleibt euch selbst immer treu. Trefft Entscheidungen, die euch guttun und die mit eurer inneren Stimme in Resonanz sind.

Achtet auf eure vier Lebensquellen, füllt sie immer wieder auf und haltet sie im oberen Bereich im Gleichgewicht. Ich freue mich, dass ihr in den letzten Wochen hier Ergebnisse, Erkenntnisse und Errungenschaften gemacht habt, die euch das ganze Leben begleiten werden. Ihr werdet gestärkt in das alte Leben zurückgehen und alles erreichen, was ihr euch nur vorstellen könnt. Genießt jeden Augenblick eures Lebens, die lauten, aber auch die ganz leisen. Seid achtsam und erlebt alles in der Gegenwart. Lebt ein ZUFRIEDENES Leben! Für euch und für alle Menschen, mit denen ihr es zu tun bekommt. Ich wünsche euch eine wunderschöne Urlaubswoche und bestellt euren Lieben zu Hause Grüße, DANKE!"

> *Für euch, Nicole und Klaus, mein lieber Leser und allen Menschen auf dieser Welt, wünsche ich volle ZUFRIEDENHEIT!*

Heute ist Samstag, der letzte Tag von Nicole und Klaus hier bei uns im Camp, bevor es heute Nachmittag zur Weiterreise für die beiden für eine weitere Woche nach

Las Vegas und zum Grand Canyon geht. Dies im Hinterkopf wird das Mittagessen heute etwas länger ausgedehnt als sonst und man vertieft sich in ergiebige Gespräche mit den vielen inzwischen bekannten Menschen. Als ich zu ihnen stoße, sind sie gerade fertig und wollen gehen.

Nicole und Klaus haben jeder ein weinendes und ein lachendes Auge. Zum einen sind sie traurig, dass die Zeit hier zu Ende ist, sie freuen sich auf die nächste Woche Urlaub und natürlich auch, ihre Lieben in Deutschland wieder zu sehen. Wie so oft wird es eine sehr intensive, aber auch sehr herzliche Abschiedszeremonie und wie immer mit Tränen. Wir danken uns gegenseitig für die tollen Gespräche, die super Zeit und die Fortschritte, die beide gemacht haben. Dann bleibt uns nur noch übrig, dem Auto hinterherzuwinken.

FAZIT FÜR DEN 8. SCHRITT:
Pflege positive Beziehungen und finde dein inneres Gleichgewicht

ZUSAMMENFASSUNG DER 8 SCHRITTE

Der 1. Schritt:

Sei ganz bei dir und lebe im Hier und Jetzt
Achtsamkeit ist die Basis zum Errichten deines Lebenshauses

Lebe jeden Moment deines Lebens bewusst und ohne zu bewerten. Sei ganz bei dir und mache genau das, was du in diesem Moment machen möchtest, und zwar zu 100 %, ohne dass du dich von der Vergangenheit oder der Zukunft ablenken lässt. Ein Leben ganz im Hier und Jetzt hat die Möglichkeit, all deine wahren Fähigkeiten und Talente zu aktivieren.

Der 2. Schritt:

Spüre deinen Körper und nimm dir Zeit für dich
Der Körper ist das Fundament deines Lebenshauses

Werde eins mit deinem Körper. Er redet ständig mit dir, lerne ihm zuzuhören und unterstütze ihn, wann immer es dir möglich ist. Er wird dir sagen, wann er mehr Bewegung und Training braucht. Oder wann es an der Zeit ist, einfach mal zu stoppen oder langsamer zu werden, um zu reflektieren, wo der Weg denn eigentlich hingehen soll. Nimm dir eine kleine Auszeit, wenn deine Konzentration abfällt oder dein Stresslevel ansteigt. Dein Immunsystem, deine Zellen und deine Organe werden es dir danken.

Der 3. Schritt:

Trainiere deine positive Grundeinstellung
Der Verstand sind die Wände deines Lebenshauses
Achte jede Minute, jede Stunde und jeden Tag auf Ereignisse, Situationen und Menschen, die gut für dich sind und die dir einen zufriedenen und glücklichen Moment bescheren. Nimm diese Momente bewusst wahr. Frage dich, warum sie so schön sind, genieße und feiere sie. Es ist wie beim Aussäen eines Saatkorns. Damit eine Pflanze wachsen kann, braucht sie tägliche Pflege, Sonne und Wasser, so kann sie gut gedeihen. Genauso ist es auch bei uns. So funktioniert das Training der positiven Grundeinstellung.

Der 4. Schritt:

Verstehe dein Unterbewusstsein und erreiche motiviert deine Ziele
Das Unterbewusstsein ist das Innenleben der Wände deines Lebenshauses
Deine Gedanken werden zu Worten. Deine Worte werden zu Handlungen. Deine Handlungen werden zu Gewohnheiten. Achte auf deine Gedanken, damit du bewusste Entscheidungen für dein Leben treffen kannst. Die bewussten Gedanken sind es, die unser Unterbe-

wusstsein prägen und formen. Bist du in deinem Unterbewusstsein in einer positiven oder negativen Reise unterwegs? Das Verstehen des Unterbewusstseins ist ein wichtiger Bestandteil, um deine Ziele motiviert zu erreichen.

Der 5. Schritt:

Fülle das Bankkonto deiner positiven Emotionen und sammle Glücksmomente
Die Emotionen sind das Dach deines Lebenshauses
Die positiven Emotionen sind wertvolle und ergiebige Energiequellen, die es zu pflegen und zu kultivieren gilt. Die Wissenschaft hat belegt, dass mehrere positive Emotionen nötig sind, um eine negative auszugleichen. Also, sammle so viele positive Emotionen wie möglich und zahle diese in dein positives „Emotionskonto" ein. Hör aber auch auf die negativen Emotionen, denn sie haben dir oft Wichtiges mitzuteilen. Lerne sie nach dem Empfangen ihrer Botschaft auch wieder loszulassen.

Der 6. Schritt:

Erkenne und lebe deine Stärken, Ressourcen und Fähigkeiten
Deine Stärken sind die Dämmung des Daches deines Lebenshauses
„Das Leben ist ein Berg und kein Strand", heißt es in einem indianischen Sprichwort. Doch wenn du dein Leben Revue passieren lässt und schaust, wann du am

meisten dazugelernt hast, dann wirst du feststellen, das war, als du aus einem Tal wieder aufgestiegen bist. Dazu hast du deine Stärken, Ressourcen und Fähigkeiten eingesetzt, die immer in dir waren und heute noch sind.

Der 7. Schritt:

Lebe ein sinnhaftes Leben nach deinen Werten und Leidenschaften

Die Seele ist der Garten um dein Lebenshaus

Hier sind die wichtigen Punkte für ein erfülltes Leben angesiedelt. Wichtige Fragen in diesem Teil sind: Was ist dein Lebenssinn, welche Werte sind dir wichtig und welche Leidenschaften treiben dich an? Daraus resultieren weitere Fragen: Was ist dein Lebensziel und wofür brennst du? Die Antworten sind wichtig für deine Orientierung und für eine klare Zielsetzung für ein zufriedeneres Leben.

Der 8. Schritt:

Pflege positive Beziehungen und finde dein inneres Gleichgewicht

Das innere Gleichgewicht ist das Universum um dein Lebenshaus

Lebe ein achtsames Leben und nimm einfach nur wahr, was um dich herum passiert. Achte auf deinen Körper, deinen Verstand, deine Emotionen und deine Seele. Sie sind die wichtigsten Richtungsweiser und unterstützen dich auf deinem Weg. Ruhe in dir und agiere aus deinem inneren Gleichgewicht heraus. Dein inneres Gleichgewicht unterstützt dich dabei, positive Beziehungen für das Leben zu finden und zu pflegen. Umgib dich mit Menschen, die dir positive Energie schenken.

Schlusswort

Du hast dein Leben selber in der Hand. Deine Gedanken und deine innere Einstellung sind ausschlaggebend, wie du dein Leben lebst. Du hast alles in dir, was du benötigst, um ein zufriedenes Leben zu führen. Du hast nur das eine Leben, mach das Beste daraus. Suche deine Antworten in deinem Inneren und nicht zu oft im Außen. Du hast alle Antworten in dir, nur manchmal benötigst du etwas Hilfe, damit du sie findest. Viel Erfolg dabei und alle Zufriedenheit dieser Welt. Lass deine Lebensquellen wieder sprudeln!

Ein wichtiger Hinweis, falls du Lust auf Big Bear bekommen hast:
Dies ist für alle Amerikafans, die beim Lesen dieses Buches schon das Reisefieber packt. Den Ort Big Bear, Big Bear Lake, den wunderschönen See, die beiden Skigebiete, das romantische Village und das Camp gibt es wirklich. Doch es ist ein Kinder-Sommer-Sport-Camp und kein Mental-Trainingscamp.

Als ich dort als Manager arbeitete, hatten wir in den Sommermonaten Erwachsenen-Gruppen, die das gesamte Camp gemietet und das sehr gesunde Essen genossen haben. Doch diese Gruppen haben meistens viel Tennis gespielt, am Pool gechillt oder Frisbee-Golf gespielt. Natürlich konnte ich dem einen oder anderen mit meinen Erfahrungen als Mentaltrainer einige gute Tipps geben, doch das war nicht ihr Hauptanliegen.

Alle Personen und Handlungen in diesem Buch sind frei erfunden.

Mit meiner Story habe ich dich nach Kalifornien entführt. Doch wenn du meine Unterstützung als Mentaltrainer benötigst, wirst du mich heute in Deutschland finden. Als Redner und Coach für das Thema Zufriedenheit und Spitzenleistung findest du mich in Aalen, Baden-Württemberg.

Frank Fuhrmann

Pommernstr. 36

73431 Aalen

+49 (0) 160 440 6543

behappy@frank-fuhrmann.com

www.frank-fuhrmann.com

Ich freue mich auf dich und wünsche dir viel Erfolg mit den Erkenntnissen und Fortschritten, die du aus diesem Buch für dich mitnehmen konntest.

Wenn du die Inhalte des Buches in einer Gruppe vertiefen möchtest, findest du alle aktuellen Termine in meinem Newsletter und erhältst sie auf Anfrage per E-Mail: behappy@frank-fuhrmann.de. Über diese E-Mail kannst du auch jederzeit ein Einzelcoaching mit mir vereinbaren.

DANKSAGUNGEN

Der erste Dank geht an meine Familie, meine liebe Frau Susanne und meine super Kinder Dennis & Joy.

Danke, mein Schatz, für deine von Herzen kommende Unterstützung und dass du wie ein Fels in der Brandung immer bei mir stehst, egal, was wir gemeinsam erleben. Dank auch dir, Dennis, dass du mir die Kraft gegeben hast, 2013 mit dir zwei Weltrekorde aufstellen zu dürfen. Deine mich immer wieder von Neuem aufmunternde Art, deine Unbeschwertheit und dein grenzenloser Optimismus sind eine wichtige Kraftquelle für mich.

Danke, liebe Joy, dass du ein sprühender, nie versiegender Brunnen der Freude bist. Du steckst in deinen jungen Jahren schon so voller Weisheit, dass ich viel von dir lernen kann. Dein Name macht dir alle Ehre, du bist eine FREUDE!

Danke an meinen besten Freund Klaus, der heute leider nicht mehr unter uns weilt. Er hat immer an mich geglaubt, ist bis zum heutigen Tag eine große Hilfe und Inspiration für mich.

Danke auch an meinen großen Mentor und Ausbilder, Robert Holden. Du hast mich mit deiner Arbeit sehr inspiriert. Besonders danke ich dir für deine tatkräftige und mentale Unterstützung, die du mir in Seminaren und in persönlichen Gesprächen gegeben hast.

Ein ganz besonderer Dank auch an meine Ausbilderin Daniela Blickhan. Sie lehrt die Positive Psychologie mit einer großen Begeisterung und hohem Fachwissen.

Danke an Dr. Wayne Dyer und Nick Vujicic, zwei großartige Menschen, die unwissentlich sehr große Mentoren für mich waren und sind. Obwohl wir uns nie persönlich vorgestellt wurden, haben beide einen erheblichen Teil zu meiner positiven Grundeinstellung beigetragen.

Danke an all die Menschen, die nie aufgegeben haben, an das Gute im Menschen zu glauben. Dazu gehörst auch du, lieber Ralf Möller, vielen Dank für alles.

Einen ganz außerordentlichen Dank möchte ich meiner Beraterin und Begleiterin für dieses Buchprojekt aussprechen, danke, liebe Karen Christine Angermayer und dem sorriso Verlag, für deine Energie, deinen Glauben an mich und deine so wertvollen Ratschläge. Ohne dich hätte ich all das nicht geschafft.

Ich danke dir, lieber Leser, dass du dich für dieses Buch entschieden hast. Ich wünsche dir viel Spaß beim Lesen und viele neue Anregungen, die du individuell für deine eigene Lebenszufriedenheit einsetzen kannst.

Ich möchte mich auch an dieser Stelle bei allen Amerikanern bedanken, die mir in den sechs Jahren, in denen ich in Kalifornien leben durfte, gezeigt haben, wie warmherzig und gastfreundlich sie sind.

Vielen Dank auch an die vielen fleißigen Helfer, Korrekturleser und Ideenlieferer. Danke euch von ganzem Herzen, liebe Susanne, Monika, Rosemarie, Sabine, Sonja, Heike, Henriette, Dirk und Benno.

MEINE GESCHICHTE: WIE ICH DAZU KAM, DIESES BUCH ZU SCHREIBEN

Mein Weg zur Positiven Psychologie und zu einer gesteigerten Lebenszufriedenheit begann mit einem Weckruf, der es auf meine Gesundheit abgesehen hatte. An einem freien Tag, beim Grillen, fing mein Herz plötzlich an, schneller zu schlagen. Es war irritierend und machte mich und meine Familie sehr nervös. Doch als mein Herz am nächsten Tag wieder normal schlug, war alles wie vergessen und ich machte weiter wie bisher. Jeden Tag arbeiten, bis zu 16 Stunden, davon bis zu zehn Stunden auf dem Tennisplatz, der Rest im Auto oder am Schreibtisch.

So bin ich erzogen worden: Man muss hart arbeiten, um in seinem Leben etwas zu erreichen. Mein gewähltes Los der Selbstständigkeit mit dem unterschwellig immer stärker werdenden Existenzdruck, all dies führte zu einem sehr hektischen und ruhelosen Lebensrhythmus: Ab und zu mal eine Zigarette, abends zwei bis vier Bier, wenig Schlaf, viel Arbeit und ständig die Angst vor den Konsequenzen meiner stark vernachlässigten Familie. Doch die habe ich immer wieder sehr schnell verdrängt und einfach weitergemacht. Ich dachte: Es ist ja alles gut, mir wird schon nichts passieren.

Ein Jahr später, während eines Tennispunktspiels in der Oberliga, kam der zweite Warnschuss. Ich war zu diesem Zeitpunkt 42 Jahre alt. Auch diesmal diagnostizierte ich das Vorhofflimmern falsch und schob es auf die Hochspannungskabel, die direkt über dem Tennisplatz verliefen. Ein Mannschaftskamerad, der Physiotherapeut ist, half mir trotz der Probleme, mein Punktspiel zu Ende zu spielen und auch noch zu gewinnen. Doch wie blöd und verrückt muss man sein, wenn man, wie ich, eine wunderbare Frau und zwei tolle Kinder zu Hause sitzen hat und mit einem Herzproblem ein Tennispunktspiel zu Ende spielen muss oder will?

Doch auch diesmal schlug mein Herz am nächsten Tag wieder normal. Es ist interessant, wie schnell man ein Unwohlsein und gute Vorsätze vergessen kann, wenn es einem wieder gut geht. Ich arbeitete und hetzte wieder viel zu schnell, der Alltag hatte mich wieder und ich änderte an meinem Leben nichts. Man sollte doch meinen, dass sich ein Mensch sofort verändert, wenn ihm solche Zeichen gesandt werden. Weit gefehlt, ich arbeitete weiter wie eine Maschine, ohne nachzudenken.

Ein Zeichen der positiven Art bekam ich dann an einem Spätsommertag, als ein Buch mit dem Titel „Heute ist mein bester Tag" von Arthur Lassen auf unserem Wohnzimmertisch lag. Dieses Buch war eigentlich für meine Frau gedacht und wurde ihr von einer guten Freundin geliehen. Ich möchte mich an dieser Stelle ganz herzlich bei dir, Sonja, bedanken. Auch wenn das Buch nicht für mich gedacht war (oder doch?), hast du mein Leben, ohne es zu wissen, in eine neue Richtung gelenkt. Dieses Buch begeisterte mich und ich las immer wieder darin, noch nicht wissend, welchen Weg ich dadurch einschlagen würde.

Ich war einfach gefesselt von diesen kurzen, aber sehr treffenden und positiven Aussagen. Sie bewegten etwas in mir. Aber auch hier habe ich festgestellt, dass der Alltag mit seiner normalen hektischen Geschäftigkeit einen schneller einholt, als es einem lieb ist. Da hatte mir dieses Buch doch so viele schöne Stunden beim Lesen beschert und mir gezeigt, dass ich mich viel mehr um mich und meinen Körper kümmern sollte – trotzdem war alles andere wieder einmal wichtiger.

Doch ab dem folgenden Jahr, als meine gesundheitlichen Probleme stark zunahmen und ich mich zweimal auf der Intensivstation unseres Krankenhauses wiederfand, erkannte ich endlich, dass es sehr ernst war.

Ich stand kurz vor einer Herzoperation. Ich hätte auf die körperlichen Zeichen viel eher hören sollen. Da waren einige Zeichen, die ich ignoriert hatte, wie zum Beispiel immer häufiger auftretende Hautirritationen, stärker werdende Allergien und Kopfschmerzen. Zum Glück war es nur der Wink mit dem Zaunpfahl und nicht mit dem ganzen Wald gewesen. Das war der Zeitpunkt, an dem ich endlich anfing, mehr und mehr an mich selbst zu denken. Nicht im egoistischen Sinne, sondern indem ich mir mehr Zeit für mich nahm und jeden Tag trainierte, mich glücklicher, ausgeglichener und zufriedener zu fühlen.

Ich begann viel zu lesen. Jede freie Minute verbrachte ich damit, Sachbücher im Bereich der Persönlichkeitsentwicklung zu lesen und mich mit Hörbüchern und Seminaren weiterzubilden. Dieses Hobby wurde zu einer Berufung, einer Leidenschaft und ein Teil von mir. Inzwischen habe ich eine Bibliothek von über 800 Büchern und mehr als 900 DVDs, CDs und Hörbücher von Seminaren. Pro Jahr besuche ich über zehn Weiterbildungsseminare.

Unsere Lebenszufriedenheit ist wie ein Muskel! Diese Erkenntnis hat mir als Sportler sehr gefallen, denn wie man Muskeln trainiert, das hatte ich gelernt. Je mehr ich einen Muskel trainiere, desto besser kann er sich weiterentwickeln. Wir sollten also täglich trainieren, zufriedener zu sein. Das bedeutet, dass jeder von uns seit seiner Geburt seine ganz eigene Lebenszufriedenheit in sich trägt und diese Zufriedenheit auch jederzeit aktivieren und weiterentwickeln kann.

Heute habe ich das geschafft, von dem die Ärzte gesagt haben, es wäre unmöglich: Ich bin geheilt. Ich steuere jetzt mein eigenes Leben in die Richtung, in die ich fahren möchte, und bin nicht mehr fremdbestimmt. Meine Erfahrungen und Methoden möchte ich mit diesem Buch an all die Leser weitergeben, die ein gesünderes, längeres und erfolgreicheres Leben führen wollen.

MEIN GESCHENK FÜR DICH: EIN 50-€-GUTSCHEIN

Mit dem Kauf dieses Buches hast du einen Gutschein über 50 € erworben. Diesen kannst du bei einem zweistündigen Coaching mit mir anrechnen lassen. Bitte schreib mir, um einen Termin zu vereinbaren, und gib in deiner E-Mail diesen Gutscheincode an: LEBENS 100% ZUFRIEDENHEIT. Damit weiß ich, dass du dir dieses Buch gekauft hast und bis zur letzten Seite gelesen hast, danke dafür.

ÜBER DEN AUTOR

Ich bin Frank Fuhrmann, Gründer der Vier-Lebensquellen-Methode, die Menschen und Mitarbeiter in Unternehmen dabei unterstützen, ihr volles Leistungspotenzial abzurufen. Ich halte Vorträge, Seminare und Workshops zu diesem Thema und engagiere mich im betrieblichen Gesundheitsmanagement, um präventiv etwas gegen die psychologischen Ermüdungserscheinungen zu tun.

VORTRÄGE

Ich bin ein gefragter Redner, der bei Ihrer nächsten Tagung, Betriebsfeier oder Jahresabschlusstagung gerne auch ihre Mitarbeiter begeistert.

Zufriedenheit und Spitzenleistung ist das Kernthema meiner Veranstaltungen und Vorträge. Ich ziehe meine Zuhörer durch meinen lebendigen, interaktiven und authentischen Vortragsstil in den Bann. Als erfolgreicher Unternehmer, zweifacher Tennis-Weltrekordhalter und ehemaliger Leistungssportler schaffe ich es immer wieder, in den Vorträgen und Seminaren komplexe Zusammenhänge aus Beruf und Sport, wie die Superkompensation im Leistungssport, verständlich, motivierend und wertschätzend zu vermitteln – und dadurch etwas zu bewirken! Hier eine Auswahl meiner Vortragstitel, die ich gerne für Ihre Veranstaltung mit Ihnen inhaltlich abstimme.

Spitzenleistung Heute
Gesundheit & Erfolg & Zufriedenheit

Das sind die drei großen Wünsche, die jeder Mensch auf dieser Welt hat. Möchten auch Sie ein gesundes, erfolgreiches und zufriedenes Leben führen? Das ist trainierbar wie ein Muskel. Zuerst widmen Sie sich Ihrer inneren Zufriedenheit und üben sich täglich darin, Ihre positive Grundeinstellung zu erweitern. Mit diesem gesteigerten Wohlbefinden werden Sie ein gesünderes und erfülltes Leben führen. Um erfolgreicher zu sein, benötigen Sie Spitzenleistung. Dabei helfen Ihnen Ihre Stärken, Ressourcen und eigenen Werte. Ihr Lebenssinn und die damit verbundenen Ziele sind die Motivation und Grundlage für ein erfolgreiches Leben. Lassen Sie sich von dem dreifachen Weltrekordhalter Frank Fuhrmann zeigen, welche Parallelen es vom Leistungssport zum erfolgreichen Unternehmen gibt.

Nutzenaspekte:
- Lernen Sie, wie Sie aus dem Hamsterrad des Lebens aussteigen können und gerade deswegen mehr Erfolg haben.
- Sie werden erkennen, was Ihnen in Ihrem Leben wirklich, wirklich, wirklich wichtig ist und wie Sie Ihre Ziele jederzeit erreichen können.
- Ihre Einstellung zum Leben entscheidet darüber, ob Ihr Leben leicht, begeisternd und fröhlich ist.
- Das Leben ist ein Berg und kein Strand. Sie lernen, wie Sie mit den Veränderungen in Ihrem Leben umgehen können und daraus gestärkt hervorgehen.
- Leben Sie ein zufriedenes, harmonisches und erfülltes Leben im privaten und beruflichen Alltag.

Jetzt erst recht!
Gegenwind ist meine Motivation

Das Leben bietet viele Herausforderungen und Hindernisse. Ich zeige Ihnen, wie Sie mit den Veränderungen umgehen können und diese zu Ihrer persönlichen Weiterentwicklung nutzen können. Verfolgen Sie mit Leidenschaft Ihre Lebensziele, und mit einer von innen kommenden Motivation werden Hindernisse überwindbar. Ein 4-Schritte-Programm, das mit Blockaden aufräumt und Zufriedenheit und Erfolg in Ihr Leben bringt.

> *Das Leben ist ein Berg und kein Strand.*
>
> Indianisches Sprichwort

Nutzenaspekte:
- Erfolg beginnt im Kopf: Erleben Sie diese beste Grundlage für eine positive Einstellung.
- Entwickeln Sie effektive Strategien im Umgang mit Veränderungen, dem inneren Schweinehund und Blockaden.
- Erfahren Sie Ihre Motivation von innen, angepasst an Ihre leidenschaftlichsten Ziele.
- Verinnerlichen Sie das Vier-Schritte-Programm, das Ihnen eine Verdoppelung Ihrer Lebenszufriedenheit und eine gesteigerte Begeisterung einbringt.

Zufrieden wie ein Weltrekordhalter
So holen Sie locker das Beste aus sich heraus!
Ich zeige Ihnen, wie die vier Lebensquellen Körper, Verstand, Emotionen und Seele maßgeblich dazu bei-

tragen, wie Sie Ihre eigenen Rekorde aufstellen können. Dies ist eine Reise zu zwei Tennisweltrekorden, die am 20.07.2013 in Bayreuth aufgestellt wurden. Menschen, die es schaffen, ihr inneres Gleichgewicht zu finden, sind einfach gesünder, erfolgreicher und haben eine höhere Lebenszufriedenheit.

Sie erhalten viele Tipps, Anregungen und Übungen aus den wissenschaftlichen Errungenschaften der Positiven Psychologie, die Sie auf Ihrem Weg zum Erfolg unterstützen.

Nutzenaspekte:
- ▶ Sie finden Ihr eigenes, ganz persönliches inneres Gleichgewicht und können so Ihre Ziele erfolgreich umsetzen.
- ▶ Sie erhalten Tipps, wie Sie Ihre Widerstandsfähigkeit aufbauen und dadurch mit Stress und anderen Belastungen besser umgehen können.
- ▶ Sie werden achtsamer und erkennen, was Sie benötigen, um ein erfolgreicher und zufriedener Mensch zu sein.

Die richtige Einstellung beginnt im Kopf!
Finden Sie die richtigen Stellschrauben und leben Sie Ihren Erfolg!

Möchten Sie gesund, erfolgreich und zufrieden sein? Dann ändern Sie Ihre Einstellung, sodass Sie eine Krise in einen Sieg umwandeln können. Hören Sie auf, Ihre Lebenszufriedenheit im Außen zu suchen, denn

Sie werden diese nur in Ihrem Inneren finden. Fangen Sie heute an, sich eine positive Grundeinstellung zuzulegen, denn die ist trainierbar wie ein Muskel. Dieser Vortrag liefert Ihnen Ideen und zeigt lösungsorientierte Ansätze, mit denen Sie Ihre richtige Einstellung finden. Erleben Sie, zu was Sie alles fähig sind, wenn Sie ganz im Hier und Jetzt sind.

Nutzenaspekte:
- Finden Sie den Zugang zu Ihrem Unterbewusstsein und lösen Sie so bewusst alte Muster auf und gestalten Sie Ihr Leben neu.
- Ein Paradigmenwechsel ist die beste Möglichkeit, um neue und lebensverändernde Gedanken zuzulassen.
- Durch achtsamen Umgang mit sich und den eigenen Gedanken wird Stress abgebaut und einer psychologischen Ermüdung vorgebeugt.

Glücklich sein im Alltag
Zehn Tipps für ein zufriedeneres Leben!

Jeder Mensch möchte ein glückliches Leben führen. Ja, auch Sie können glücklich sein, das ist trainierbar wie ein Muskel. Glückliche Menschen leben länger, sind gesünder und haben bessere Beziehungen, das ist wissenschaftlich nachgewiesen. Warum wächst dann aber die Zahl der Depressionen zur zweitgrößten Volkskrankheit hinter den Herzerkrankungen an? Das Leben hat immer die zwei Seiten der Medaille für uns parat. Die

Personen, die sich für das Glücklichsein entschieden haben, kommen nach einem Tiefschlag schneller wieder an die Oberfläche, versuchen Sie's!

Nutzenaspekte:
- ▶ Durch die Energie Ihrer positiven Grundeinstellung und Ihres gestärkten Selbstbildes werden Sie Ihre Ziele besser erreichen.
- ▶ Die bewusste Achtsamkeit steuert die positive Energie für Ihren Körper und mithilfe eines kindlichen Humors wächst Ihre Lebenszufriedenheit.
- ▶ Umgeben Sie sich mit positiven Beziehungen. Sie lernen zu vergeben, aber auch zu geben, und dadurch wächst der Glaube an sich und das Universum.

SEMINARE, WORKSHOPS & COACHINGS

Ich setze als Coach und Berater das seit Jahren gesammelte und ausgeprägte Fachwissen aus dem Feld der Positiven Psychologie ein. Damit ergeben sich bei den Teilnehmern schnelle und lang anhaltende Erfolge. Hier einige der Interventionsbausteine, die ich in der Zusammenarbeit mit Unternehmen einsetze.

Die Interventionsbausteine sind ein speziell auf die Bedürfnisse der heutigen Unternehmen ausgearbeitetes Übungsbuffet. Aus diesem Buffet kann sich der Firmeninhaber/Geschäftsführer/Führungskräfte mehrere Interventionen auswählen, die jederzeit nach Rücksprache ergänzt, ausgetauscht oder angepasst werden können. Auf diese Art und Weise kann ich sehr gezielt auf die Wünsche und Bedürfnisse eines Unternehmens eingehen.

Gesundes Führen
Seien Sie ein Vorbild! Schenken Sie sich und Ihren Mitarbeitern genügend Aufmerksamkeit, um mögliche Stressoren und Ermüdungserscheinungen zu erkennen.

Die positive Grundeinstellung
Was ist eine positive Grundeinstellung und wie kann ich diese Einstellung fördern? Sie ist der Schlüssel zu mehr Lebenszufriedenheit.

Das innere Gleichgewicht
Wie kann ich die vier Lebensquellen auffüllen, um in Balance zu kommen, und wie bringt mich mein inneres Gleichgewicht dann zu äußerem Erfolg?

Konzentration statt Multitasking
Sind wir multitaskingfähig und wie positiv wirkt sich die Achtsamkeit auf unsere tägliche Arbeit aus? Das Leben im Augenblick verhindert Stress, Angst und Sorgen.

Der Mini-Urlaub
Wie können wir unsere Energiespeicher wieder auf-

füllen und uns gestärkt unseren Tätigkeiten widmen? Was ist ein Mini-Urlaub und wie kann ich diesen in meinen Alltag einbauen?

Die eigenen Stärken „stärken"
Was sind Charakterstärken und Signaturstärken? Wie viele Stärken haben wir und wie wirken sie? Wie kann ich Stärken bewusst mobilisieren, um zufriedener und effektiver zu arbeiten?

Der Motivationsregler
Wie sehen die unterschiedlichen Motivationsstufen aus und wie können wir mithilfe eines Reglers in den verschiedenen Stufen hin und her wechseln? Die Motivation verstehen, um sich selbst und andere in der Motivation zu unterstützen.

Die beziehungsfördernde Kommunikation
Wie können wir unterstützend kommunizieren, wie können wir effektives und konstruktives Feedback geben?

Der wahre Selbstwert „Yes – I can"
Wie können wir unseren Selbstwert steigern und diesen langfristig in uns festigen?

Das Gruppenmanagement
Wie funktionieren Gruppen und wie kann ich eine Gruppe führen, ohne dies zu verbalisieren? Welche Dynamiken kann ich in einer Gruppe freisetzen?

Die Stress-Busters

Was stresst uns und wie können wir die richtigen Ansätze finden, um zu entspannen? Wie werde ich achtsamer und erkenne Wege aus meiner Stressfalle?

Ziele & Everest-Ziele

Wie können wir unsere Zukunftsorientierung in die eigenen Hände nehmen und dabei zielstrebig auf unsere Ziele zugehen? Wie kann das PÖSITIV-Modell uns dabei unterstützen? Die Magie: „Visualisierung".

Der innere Schweinehund

Was ist der Grund dafür, dass wir uns so viel vornehmen und es dann doch nicht zur Umsetzung kommt? Es werden Wege aufgezeichnet und Lösungen angeboten, die zu einem Schritt aus der Wohlfühlzone motivieren.

Die Resilienz/die Widerstandsfähigkeit

Wie können wir unsere Widerstandskräfte aufbauen, die uns genügend Kraft geben, um uns vor den psychologischen Ermüdungserscheinungen zu schützen?

COACHING

Bei mir können Sie entweder ein Business- oder ein Privatcoaching buchen. Jederzeit stelle ich mich mit viel Einfühlungsvermögen auf Ihre Situation ein, um Ihnen die bestmögliche Unterstützung anzubieten.

MASTERKURSE

Ich biete auch MasterKurse für jede einzelne Quelle an. So besteht die Möglichkeit, die Arbeit an der eigenen Spitzenleistung und Lebenszufriedenheit noch intensiver und punktuell gezielter zu gestalten. Für die komplette Auswahl an Kursen kontaktieren Sie mich bitte: behappy@frank-fuhrmann.com.

PRODUKTE

Ich habe einige Produkte auf den Markt gebracht, die alle nur eine Aufgabe haben, und das ist: Menschen dabei zu unterstützen, ihre eigene Lebenszufriedenheit auszubauen.

- **Buch:** Zufriedenheit ist mein Ziel
- **Übungen:** Positive Psychologie Interventionskarten Set I
- **Übungen:** Positive Psychologie Interventionskarten Set II
- **Hörbuch:** Ein Blick hinter die Kulissen zweier Weltrekorde

Zum Bestellen schreiben Sie mir einfach eine Mail: behappy@frank-fuhrmann.com

KOSTENLOSER E-MAIL-NEWSLETTER

Einmal im Monat versende ich einen Glücklich-sein-Newsletter. Dieser Tipp muntert Sie auf, gibt Denkanstöße und zeigt Ihnen Wege zu einer höheren Lebenszufriedenheit. Zum kostenfreien Ausprobieren einfach eine E-Mail schreiben an:

> behappy@frank-fuhrmann.com
> Betr.: Glücklichsein-Tipp

Der Newsletter ist jederzeit kündbar.

LITERATURHINWEISE FÜR DIESES BUCH: SCHRITT FÜR SCHRITT

Die Story
- WELLENSIEK, SYLVIA KÉRÉ (2012). Fels in der Brandung statt Hamster im Rad: Zehn praktische Schritte zu persönlicher Resilienz. Weinheim und Basel: Beltz Verlag

Der erste Schritt: Sei ganz bei dir und lebe im Hier und Jetzt
- HANH, THICH NHAT & HUONG NGUYEN ANH (2008). Geh-Meditation: Mit Unterweisungs-DVD und 5 geführten Meditationen auf CD. München Arkana Verlag in der Verlagsgruppe Random House GmbH. Original (2006). Walking Meditation. Boulder: Verlag Sounds True Inc.
- KABAT-ZINN, JON (2011). Gesund durch Meditation, Das große Buch der Selbstheilung. München: Knaur Taschenbuch ein Imprint der Verlagsgruppe Droemer Knaur GmbH & Co. KG; Original (1990). Full Catastrophe Living. Delacorte Press, an imprint of Dell Publishung, a devision of Bantam Doubleday Dell Publishing Group, Inc.; New York
- KABAT-ZINN, JON (2010/15). Im Alltag Ruhe finden: Meditationen für ein gelassenes Leben. München: Knaur Taschenbuch ein Imprint der

Verlagsgruppe Droemer Knaur GmbH & Co. KG; Original (1994). Where ever you go, there you are. New York Hyperion
- ▶ ZEN BUDDHISMUS; Lesung: Wenn ich sitze, dann sitze ich...
- ▶ METZ, GERD (2017). MBSR Mindfulness Based Stress Reduction; Seminar Heiligenfeld Akademie; Modul I. Seminar-Unterlagen

Der zweite Schritt: Spüre deinen Körper und nimm dir Zeit für dich
- ▶ BÖCKH-BEHRENS, W.-U./BUSKIES, W. (2006). Fitness-Krafttraining, Thema: Superkompensation, Seite 26; Rowohlt Taschenbuch Verlag, Reinbek

Der dritte Schritt: Trainiere deine positive Grundeinstellung
- ▶ BLICKHAN, DANIELA (2015). Positive Psychologie: Ein Handbuch für die Praxis. Paderborn: Junfermann Verlag
- ▶ HOLDEN, ROBERT PH. D. (2009). Be happy: release the power of happiness in YOU. United States: Hay House, Inc.
- ▶ MAIL ZUR FREUNDSCHAFTSWOCHE (2001): Lesung: Geht es uns wirklich so schlecht?

Der vierte Schritt: Verstehe dein Unterbewusstsein und erreiche motiviert deine Ziele
- ▶ BLICKHAN, DANIELA (2015). Positive Psycho-

logie: Ein Handbuch für die Praxis. Paderborn: Junfermann Verlag
- DYER, DR WAYNE W. (2009). Keine Ausreden! Wie wir destruktive Denkmuster ändern können. Arkana, München in der Verlagsgruppe Random House GmbH
- FRÄDRICH, STEFAN (2011). Das Günther-Prinzip: So motivieren Sie Ihren inneren Schweinehund. Offenbach: GABAL Verlag GmbH
- HAY, LOUISE L. (2004). I can do it, how to use affirmations to change your life. Hay House Verlag, USA
- HAY, LOUISE L. (2011). Finde Deine Lebenskraft: Wie Affirmationen unser Leben verändern. Ullstein Buchverlage GmbH, Berlin
- HOLDEN, ROBERT PH. D. (2009). Be happy: release the power of happiness in YOU. United States: Hay House, Inc.
- TALMUD; Lesung: Achte auf deine Gedanken, denn...
- KONFUZIUS; Zitat: Der Weg ist das Ziel

Der fünfte Schritt: Das Bankkonto deiner positiven Emotionen und das Sammeln von Glücksmomenten
- BLICKHAN, DANIELA (2015). Positive Psychologie: Ein Handbuch für die Praxis. Paderborn: Junfermann Verlag
- FREDRICKSON, BARBARA L. (2011). Die Macht der guten Gefühle: Wie eine positive Haltung Ihr Leben dauerhaft verändert. Frankfurt am Main

(u. a.): Campus-Verlag GmbH
- HOLDEN, ROBERT PH. D. (2009). Be happy: release the power of happiness in YOU. United States: Hay House, Inc.
- RUMI, MEWLANA JALALUDDIN; Lesung: The guest house, Das Gästehaus
- SHIMOFF, MARCI & KLINE, CAROL (2008). Glücklich sein ohne Grund: In 7 Schritten das Glück entdecken, das längst in Ihnen steckt. München: Wilhelm Goldmann Verlag. Originalausgabe (2008) Happy for no reason. Free Press, a devision of Simon & Schuster, Inc.
- SPARKS, NICHOLAS & MILLS, BILLY (2001). Die Suche nach dem verborgenen Glück. München: Wilhelm Heyne Verlag GmbH & Co. KG. Original (1990) by Billy Mills

Der sechste Schritt: Erkenne und lebe deine Stärken, Ressourcen und Fähigkeiten
- BISWAS-DIENER, ROBERT (2010). Practicing Positive Psychology Coaching: Assessment, Activities, and Strategies for Success. Hoboken, NJ: John Wiley & Sons, Inc.
- BLICKHAN, DANIELA (2015). Positive Psychologie: Ein Handbuch für die Praxis. Paderborn: Junfermann Verlag
- BLICKHAN, DANIELA (2015). Ausbildung zum Berater der Positiven Psychologie Seminar Level 2; im Inntal Institut, Bad Aibling
- Indianisches Sprichwort: Das Leben ist ein Berg

und kein Strand
- SELIGMAN, MARTIN (2012). Flourish – Wie Menschen aufblühen. München: Kösel Verlag

Der siebte Schritt: Lebe ein sinnhaftes Leben nach deinen Werten und Leidenschaften

- ATTWOOD, JANET BRAY & CHRIS (2007). Passion Test: Entdecken Sie Ihre Leidenschaft. Bielefeld: J. Kamphausen Verlag & Distribution GmbH. Original (2006) The Passion Test. Fairfield, Iowa: 1st World Publishing
- BLICKHAN, DANIELA (2015). Positive Psychologie: Ein Handbuch für die Praxis. Paderborn: Junfermann Verlag
- BLICKHAN, DANIELA (2015). Ausbildung zum Berater der Positiven Psychologie Seminar Level 2; im Inntal Institut, Bad Aibling
- CSIKSZENTMIHALYI, MIHALY (1992). Flow, Das Geheimnis des Glücks. Stuttgart: Klett-Cotta, J. G. Cotta'sche Buchhandlung Nachfolger GmbH, gegr. 1659
- HOLDEN, ROBERT PH. D. (2009). Be happy: release the power of happiness in YOU. United States: Hay House, Inc.
- JACKSON, ADAM (2008). Die zehn Geheimnisse des Glücks. Hamburg: Nikol Verlag GmbH & Co. KG. Originaltitel (1997). München: Droemersche Verlagsanstalt Th. Knaur Nachf. GmbH & Co KG
- SHIMOFF, MARCI & KLINE, CAROL (2008). Glücklich sein ohne Grund: In 7 Schritten das

Glück entdecken, das längst in Ihnen steckt. München: Wilhelm Goldmann Verlag. Originalausgabe (2008) Happy for no reason. Free Press, a devision of Simon & Schuster, Inc.
- ▶ THE BUCKET LIST (2007); Das Beste kommt zum Schluss; Film; USA

Der achte Schritt: Pflege positive Beziehungen und finde dein inneres Gleichgewicht

- ▶ BLICKHAN, DANIELA (2015). Positive Psychologie: Ein Handbuch für die Praxis. Paderborn: Junfermann Verlag
- ▶ HOLDEN, ROBERT PH. D. (2009). Be happy: release the power of happiness in YOU. United States: Hay House, Inc.
- ▶ HOLDEN, ROBERT PH. D. (2011). Seminar: Coaching Happiness; London
- ▶ JOBS, STEVE; Zitat: Jeden Morgen habe ich mich vor den Spiegel gestellt und mich gefragt, wenn dies der letzte Tag deines Lebens wäre, möchtest du das tun, was du heute vor hast zu tun, und wenn die Antwort für zu viele Tag hintereinander NEIN war, dann wusste ich, ich muss etwas verändern!
- ▶ LYNEN, PATRICK (2014); Buch: How to get Gelassenheit? KOHA-Verlag GmbH Burgrain
- ▶ LYNEN, PATRICK (2015) Hörbuch. How to get Gelassenheit? CD 1-4; KOHA-Verlag GmbH Burgrain
- ▶ SHIMOFF, MARCI & KLINE, CAROL (2008).

Glücklich sein ohne Grund: In 7 Schritten das Glück entdecken, das längst in Ihnen steckt. München: Wilhelm Goldmann Verlag. Originalausgabe (2008) Happy for no reason. Free Press, a devision of Simon & Schuster, Inc.

Weitere Literaturhinweise, die mich inspiriert haben

- ▶ ASGODOM, SABINE (2012). So coache ich: 25 überraschende Impulse, mit denen Sie erfolgreicher werden. München: Kösel-Verlag in der Verlagsgruppe Random House GmbH
- ▶ BAO, SHI YAN & SPÄTH, DR. THOMAS (2011). Shaolin: Das Geheimnis der inneren Stärke. München: Gräfe und Unzer Verlag GmbH
- ▶ BECK, MARTHA (2007). Enjoy your life: 10 kleine Schritte zum Glück. München: Piper Verlag GmbH. Originalausgabe (2003) The joy diet. 10 daily practices for a happier life. New York: Crown Publisher
- ▶ BEN-SHAHAR, TAL (2007). Glücklicher: Lebensfreude, Vergnügen und Sinn finden. München: Riemann Verlag in der Verlagsgruppe Random House GmbH.
- ▶ BERGER, M. Prof. Dr.; BOHUS, M. Prof. Dr.; LYSSENKO, L; WENNER, M.; AOK (2013). Lebe Balance: Das Programm für innere Stärke und Achtsamkeit. Stuttgart: Trias Verlag in MVS Medizinverlage GmbH & Co. KG
- ▶ BERNSTEIN, GABRIELLE (2015). A hip guide to

happiness: 12 Impulse für ein schwungvolles Leben. Berlin – München: L-E-O Verlag in der Scorpio Verlag GmbH & Co. KG. Original (2010). Add more – ing to your life – a hip guide to happiness. New York Tree River Press, Crown Publishing Group, a division of Random House Group.
- ▶ BETZ, ROBERT (2011). Willst du normal sein oder glücklich? Aufbruch in ein neues Leben und Lieben. München: Wilhelm Heyne Verlag in der Verlagsgruppe Random House GmbH
- ▶ BUCAY, JORGE (2007). Komm, ich erzähl dir eine Geschichte. Frankfurt: S. Fischer Verlag GmbH. Original (1999). Dejame que te cuente... Buenos Aires: Editiorial del Nuevo Extremo
- ▶ BORMANS, LEO (2011). Glück: The world book of happiness. Köln: DuMont Buchverlag. Original (2010). Geluk. The world book of happiness. Uitgeverij Lannoo nv
- ▶ CANFIELD, JACK & HANSEN, MARK VICTOR (2000). Hühnersuppe für die Seele: Geschichten, die das Herz erwärmen. München: Arkana in der Verlagsgruppe Random House GmbH. Genehmigte Lizenzausgabe für Verlagsgruppe Weltbild GmbH Augsburg. Original (1993). Chicken Soup for the Soul. Deerfield Beach/FL: Health Communications
- ▶ CARNEGIE, DALE (2003). Sorge dich nicht – lebe!: Die Kunst, zu einem von Ängsten und Aufregungen befreiten Leben zu finden. Frankfurt am Main: S. Fischer Verlag GmbH. Original (1984).

How to stop worrying and start living. Frankfurt
- CHRIST, CLAUDIA & FENN, BERNHARD (2010). Der Glücksweg: Kommen Sie endlich da an, wo Sie hinwollen. Ariston Verlag, in der Gruppe Random House GmbH
- COVEY, STEPHEN R. (1989). The 7 habits of highly effective People: Powerful lessons in personal change. New York, First Fireside Edition is a registered trademark of Simon & Schuster Inc.
- EMOTO, MASARU (----). Die Botschaft des Wassers: Sensationelle Bilder von gefrorenen Wasserkristallen. Burgrain: KOHA-Verlag GmbH. Original (----). Message from Water. Hado Kyoikusha Co., Ltd.
- FRANCKH, PIERRE (2008). Einfach glücklich sein! 7 Schlüssel zur Leichtigkeit des Seins. München: Wilhelm Goldmann Verlag in der Verlagsgruppe Random House GmbH
- GOUNELLE, LAURENT (2010). Der Mann, der glücklich sein wollte: Unterwegs auf der Reise zu sich selbst. München: Arkana in der Verlagsgruppe Random House GmbH. Originalausgabe (2008). L'homme qui voulait Etre heureux. Paris: Edition Anne Carriere
- HAAS, OLIVER (2010). Corporate Happiness als Führungssystem: Glückliche Menschen leisten gerne mehr. Berlin: Erich Schmidt Verlag GmbH & Co. KG
- HANH, THICH NHAT (2007). Zeiten der Achtsamkeit. Freiburg im Breisgau: Verlag Herder

- HOLDEN, ROBERT PH. D. (2007). Happiness now: Timeless wisdom for feeling good fast. United States: Hay House, Inc. Original (1998) by Robert Holden
- HOLDEN, ROBERT PH. D. (2008). Success intelligence: Essential lessons and practices from the world's leading coaching programme on authentic success. United Kingdom: Hay House, Inc. Original (2005) by Robert Holden; Hodder & Stoughton
- HORNBACH, WOLFF (2008). 77 Wege zum Glück. München: Gräfe und Unzer Verlag GmbH
- JACKSON, ADAM (2011). Die zehn Geheimnisse der Gesundheit. Hamburg: Nikol Verlag GmbH & Co. KG. Originaltitel (1996). München: Droemersche Verlagsanstalt Th. Knaur Nachf. GmbH & Co KG
- JENNER, PAUL (2010). How to be happier. Original (2007). London: Hodder Education, part of Hachette UK
- JOHNSON, SPENCER (2000). Die Mäusestrategie für Manager: Veränderungen erfolgreich begegnen. München: Heinrich Hugendubel Verlag. Original: Who moved my cheese? (1998) by Spencer Johnson. New York, G. P. Putnam's Sons member of Penguin Putnam Inc.
- KNUF, ANDREAS (2010). Ruhe da oben! Der Weg zu einem gelassenen Geist. Freiburg: Arbor Verlag GmbH
- KÜSTENMACHER, WERNER TIKI (2011). Simplify your life: Einfacher und glücklicher leben. Mün-

chen, Frankfurt am Main: Campus Verlag GmbH
- ▶ KÜSTENMACHER, MARION & WERNER TIKI mit SEIWERT, LOTHAR (2001/2005). Simplify your life: Den Alltag gelassen meistern. München: Droemersche Verlagsanstalt Th. Knaur Nachf. GmbH & Co. KG. Original (2005). Frankfurt am Main: Campus Verlag GmbH
- ▶ LAMA, DALAI (2004). So einfach ist das Glück. Freiburg im Breisgau: Verlag Herder
- ▶ LASSEN, ARTHUR (1988/2006). Heute ist mein bester Tag. Bruchköbel: LET Verlag
- ▶ LYUBOMIRSKY, SONJA (2008). Glücklich sein: Warum Sie es in der Hand haben, zufrieden zu leben. Frankfurt am Main: Campus Verlag GmbH. Original (2008). The how of happiness: A scientific approch for getting the life you want. New York: The Pinguin Press
- ▶ MATTHEWS, ANDREW (2004). Tu, was dir am Herzen liegt. Kirchzarten bei Freiburg: Seashell Publishers and VAK Verlags GmbH (Deutsches Original 1999); Australische Originalausgabe (1997). Follow Your Heart. Finding purpose in your life and work. Queensland, Australia: Andrew Matthews and Seashell Publishers
- ▶ MATTHEWS, ANDREW (2004). So geht's dir gut. Kirchzarten bei Freiburg: Seashell Publishers and VAK Verlags GmbH (Deutsches Original 1992); Australische Originalausgabe (1988). Being happy. Singapore: Andrew Matthews and Media Masters Pte. Ltd.

- MATTHEWS, ANDREW (2014). How life works. Queensland, Australia: Andrew Matthews and Seashell Publishers
- MORGAN, MARLO (1995). Traumfänger. München: Wilhelm Goldmann Verlag in der Verlagsgruppe Random House GmbH. Original (1994). Mutant Message Down Under. New York: Harper Collins Publisher, Inc.
- NEILL, MICHAEL (2008). Feel happy now. United States: Hay House, Inc.
- NEILL, MICHAEL (2009). Supercoach: 10 secrets to transform anyone's life. United States: Hay House, Inc.
- ORZECHOWSKI, PETER (2006). Das Vier-Elemente-Programm der Schamanen: Entdecken Sie das Geheimwissen der Indianer und nutzen Sie es für Glück Gesundheit Erfolg. München: F. A. Herbig Verlagsbuchhandlung GmbH
- OZANIEC, NAOMI (2007). 101 Meditation: bewährte Tipps. Leonberg: garant Verlag. Original (1997). Everyday Meditation. London: Dorling Kindersley Limited
- RENSCHAW, BEN (2003). The secrets of happiness: 100 ways to true fulfilment. London: Vermilion, an imprint of Ebury Press, Random House
- RUBIN, GRETCHEN (2010). Das Happiness-Projekt: Oder wie ich ein Jahr damit verbrachte, mich um meine Freunde zu kümmern, den Kleiderschrank auszumisten, Philosophen zu lesen und überhaupt mehr Freude am Leben zu haben.

Frankfurt am Main: Scherz Verlag einem Unternehmen der S. Fischer Verlag GmbH.
- ▶ SCHWARTZ, TONY (2010). Be excellent at anything: The four keys to transforming the way we work and live. New York: Free Press a devision of Simon & Schuster, Inc.
- ▶ SEIWERT, J. LOTHAR (2010) 4. Auflage. Balance your life: Die Kunst, sich selbst zu führen. München: Piper Verlag GmbH. Original (2001). Life-Leadership: Sinnvolles Selbstmanagement für ein Leben in Balance. Frankfurt/Main: Campus Verlag GmbH
- ▶ STERZENBACH, SLATCO (2007). Der perfekte Tag: Die richtige Energie zum richtigen Zeitpunkt. München: Wilhelm Heyne Verlag ist ein Verlag der Verlagsgruppe Random House GmbH
- ▶ TAN, CHADE-MENG (2012). Search inside yourself: Das etwas andere Glücks-Coaching. München: Arkana in der Verlagsgruppe Random House GmbH.
- ▶ VON STADEN, SONJA ARIEL & SIRANUS (2012). Frag dich glücklich: Wie Powerfragen dein Leben verändern können. Darmstadt: Schirmer Verlag

Hörbücher, die dich unterstützen können
- ▶ BERGER, M. Prof. Dr.; BOHUS, M. Prof. Dr.; LYSSENKO, L; WENNER, M.; AOK (2013). Lebe Balance: Übungen für innere Stärke und Achtsamkeit. Stuttgart: Trias Verlag in MVS Medizinverlage GmbH & Co. KG

- BISCHOFF, CHRISTIAN (2015). Meisterwerk Leben. CD-Box mit 22 CDs
- CANFIELD, JACK (----). 64 Erfolgsprinzipien. CH-Lenzberg: Rusch Verlag AG
- DR. DISPENZA, JOE (2016). Erhöhe dein Potential: Geführte Meditation. By Dr. Joe Dispenza
- ENKELMANN, NIKOLAUS B. (2007). Das Glückstraining. Heidelberg: mvgVerlag Redline GmbH, ein Unternehmen von Süddeutscher Verlag/Mediengruppe
- ESSWEIN, JAN THORSTEN (2010). Achtsamkeitstraining. München: Gräfe und Unzer Verlag GmbH
- HANH, THICH NHAT (2006). Fünf Wege zum Glück. Bielefeld: Theseus Verlag in J. Kamphausen Mediengruppe
- HANH, THICH NHAT (2006) Das Wunder des bewussten Atems. Bielefeld: Theseus Verlag in J. Kamphausen Mediengruppe
- HOLDEN, ROBERT PH. D. (2009). Be happy: release the power of happiness in YOU. CD 1-6. United States: Hay House, Inc.
- JOHNSTONE, DR. CHRIS & AKHTAR MIRIAM (2008). The happiness trainings plan. Gaiabeat Productions
- KORNFIELD, JACK (2005). Meditation für Anfänger. München: Wilhelm Goldmann Verlag in der Verlagsgruppe Random House GmbH
- LAMA, DALAI (2003). Der Weg zum Glück: Sinn im Leben finden. DAV Der Audio Verlag GmbH

- ▶ LAMA, DALAI (2007). So einfach ist das Glück. Berlin: Theseus Verlag in der Verlag Kreuz GmbH
- ▶ MATTHEWS, ANDREW (2014). 144 Strategies for success & happiness. CD 1-6 Queensland, Australia: Andrew Matthews and Seashell Publishers
- ▶ SPRENGER, REINHARD K. (2010). Die Entscheidung liegt bei Dir! Campus Hörbuch

DVDs mit wertvollem Inhalt

- ▶ BIRKENBIHL, VERA F. (----). Einige Denk-Anstöße zum Thema: Erfolgs-Psychologie. B E S T Entertainment
- ▶ CHOPRA, DEEPAK (2010). Das Rezept zum Glücklichsein. ASCOT Life! Elite Film AG
- ▶ DISNEY – PIXAR (2016). Alles steht Kopf. Disney Pixar
- ▶ DR. DISPENZA, JOE (2010). Evolve your brain: Verändern Sie Ihr Bewusstsein. Horizon: www.horizon.de
- ▶ DYER, DR WAYNE W. (2009). The shift. Hay House Inc. DVD 1-3
- ▶ FREDRICKSON, BARBARA L. (2014). Praktische Arbeit mit Positiven Gefühlen und Positiver Resonanz in Therapie, Coaching, Beratung und Erziehung. Mühlheim: Auditorium Netzwerk; PPG14-W1D Workshop Positive Psychologie 27.–30. Juni 2014 in Graz/Österreich DVD 1-4
- ▶ GEOkompakt (2014). Ausgebrannt: Das Phänomen Burnout. Spiegel
- ▶ HAY, LOUISE L. (2007). You can heal your life.

USA: Hay House Inc. DVD 1-2
- HEIMSOETH, ANTJE (2013). Mentale Gesundheit – Gesundheit, Erfolg, Selbstvertrauen und Lebensfreude. Schwarzach/M.: Auditorium-Verlag. Vortrag: Kongress für Mentale Stärke, 7.–8. Juni 2013 in Wien/Österreich
- HOLDEN, ROBERT PH. D. (2009). Coaching Happiness. DVD 1-10. United States: Hay House, Inc. & Robert Holden
- LIPTON, PH. D. BRUCE H. (2016). Intelligente Zellen. DVD, KOHA-Verlag GmbH Burgrain
- MILLMAN, DAN (2012). Der friedvolle Krieger. Mühlheim/Baden: Auditorium Netzwerk, Berns Ulrich. DVD 1-3
- ROLAND, CATHARINA (2012). Awake. Ein Reiseführer ins Erwachen. Berlin: Trinity Verlag in der Scorpio Verlag GmbH & Co. KG
- FREI, THOMAS & IRENE (2011). Der Film Deines Lebens: Von den Geheimnissen des Lebens und der Magie des Glücks. Berlin: Ullstein Buchverlage GmbH. Original (2011): TRIASPower Films.

Nützliche Apps

- LOEWER, MARC Dr. med.; Die „Achtsamkeit App"

EINE KLEINE GESCHICHTE ZUM SCHLUSS

Ich habe noch eine indianische Weisheit für dich. Verweile noch einen Moment hier und lass diese Geschichte einfach auf dich wirken:

> (Trotz intensiver Recherchen ist es mir nicht gelungen, den Urheber dieser Geschichte herauszufinden.)

Ein Indianerhäuptling erzählt seinem Sohn folgende Geschichte.
„Mein Sohn, in jedem von uns
tobt ein Kampf zwischen zwei Wölfen.
Der eine Wolf ist böse.
Er kämpft mit Ärger, Neid, Eifersucht, Angst,
Sorgen, Gier, Arroganz, Selbstmitleid, Lügen,
Überheblichkeit, Egoismus und Missgunst.
Der andere Wolf ist gut.
Er kämpft mit Liebe, Freude, Frieden, Hoffnung,
Gelassenheit, Güte, Mitgefühl, Großzügigkeit,
Dankbarkeit, Vertrauen und Wahrheit."
Der Sohn fragt seinen Vater:
„Und welcher Wolf gewinnt den Kampf?"
Der Vater antwortet ihm:
„Der, den du fütterst."

Tschüs, dein Frank!

„SIE HABEN DAS **GRUNDSTÜCK,**
WIR HABEN DEN **PLAN"**

LEHNER HAUS®
schwäbisch gut

Aufhausener Str. 29-33 | 89520 Heidenheim
Tel: 07321 - 96 700 | Fax: 07321 - 96 70 11
E-Mail: info@lehner-haus.de

Besuchen Sie uns auf Facebook:
www.facebook.com/lehnerhaus

Weitere Homestories finden Sie unter:
www.lehner-haus.de

Bad, Heizung und Flaschnerei komplett in guten Händen.

Komplettbadsanierung, Heizungsmodernisierung, Flaschnerarbeiten – aus einer Hand von Vitus König.

Ob kreative Flaschnerarbeiten, problemlose Badrenovierung oder intelligente Energiesysteme: Wir haben für alles überzeugende Antworten. Schließlich will ein neues Bad, ein regeneratives Heizsystem oder Ihre moderne Fassade gut überlegt und noch besser umgesetzt werden.

Bei Vitus König erhalten Sie sämtliche Leistungen aus einer Hand – von der Beratung über die Planung bis zur Ausführung.
Garantiert stressfrei, termingerecht und zu Ihrer Zufriedenheit!

Vitus König
Bauen. Wohnen. Leben.

Robert-Bosch-Str. 19 · 73431 Aalen
T (07361) 94 99-0 · info@vituskoenig.de
www.vituskoenig.de

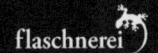

energie experte   bad & heizung   flaschnerei

vita sports

www.vitasports.net

VITA sports | Gesundheits- und Freizeitzentrum | Schulze-Delitzsch-Str. 17 | 73434 Aalen
Telefon: +49 7361 41001 | e-Mail: info@vitasports.net | Facebook: vitasportsaalen

Milton Keynes UK
Ingram Content Group UK Ltd.
UKHW010725200923
429044UK00001B/24